ŒUVRES
COMPLÈTES
DE CONDILLAC.

TOME V.

A PARIS,

Chez
- Gratiot, cul-de-sac Pecquay, rue des Blancs-Manteaux.
- Houel, rue du Bacq, N°. 940.
- Guillaume, rue de l'Eperon, N°. 12.
- Pougin, rue des Pères, N°. 61.
- Gide, place St.-Sulpice.

Et A STRASBOURG,

Chez Levrault, libraire.

ŒUVRES
DE CONDILLAC,

Revues, corrigées par l'Auteur, imprimées sur ses manuscrits autographes, et augmentées de LA LANGUE DES CALCULS, ouvrage posthume.

COURS D'ÉTUDES

POUR L'INSTRUCTION

DU PRINCE DE PARME.

LA GRAMMAIRE.

A PARIS,

DE L'IMPRIMERIE DE CH. HOUEL.

AN VI. — 1798. (E. vulg.)

DISCOURS
PRÉLIMINAIRE.

La méthode que j'ai suivie pour l'instruction du prince, paroîtra nouvelle, quoique dans le fond elle soit aussi ancienne que les premières connoissances humaines. Il est vrai qu'elle ne ressemble pas à la manière dont on enseigne; mais elle est la manière même dont les hommes se sont conduits pour créer les arts et les sciences. C'est ce dont on sera convaincu par le plan raisonné dont je vais rendre compte.

On suppose que les enfans sont incapables des connoissances qui demandent quelques réflexions; et on attend, pour leur donner ces connoissances, qu'ils aient un certain âge, qu'on nomme l'âge de raison, et qu'on ne fixe pas. On diroit qu'il y a dans la vie un moment où la raison, que nous n'avions pas le moment d'auparavant, nous est tout-à-coup infuse. Voyons quelle est la cause de ce préjugé.

Dans l'origine des sociétés, il n'y avoit encore ni arts ni sciences. Toutes les connoissances se bornoient à quelques observations que le besoin avoit fait faire, et qui étoient en trop petit nombre pour qu'on sentit la nécessité de les distribuer dans différens corps.

Lorsque les observations en tous genres se furent multipliées, on eut besoin d'y mettre de l'ordre, et c'est alors qu'on les distribua par classes. On fit une collection de celles qui appartenoient à l'agriculture, une autre de celles qui concernoient l'astronomie, etc.

Pour ne rien confondre dans ces collections, on réduisit à des principes généraux les observations qu'on avoit faites. Par ce moyen toutes les connoissances se trouvèrent exprimées d'une manière abrégée, et il fut facile de les parcourir en descendant des plus générales aux moins générales.

Ceux qui rédigèrent ainsi les connoissances humaines, parurent avoir créé les sciences. Leur méthode étoit bonne pour eux et pour toutes les personnes qu'ils supposoient instruites. Mais il est évident qu'elle exposoit les connoissances dans un ordre contraire à celui dans lequel on les avoit acquises. Car enfin on n'avoit pas commencé par des principes généraux, on avoit commencé par des observations.

Cependant, parce que cette méthode étoit claire, qu'elle étoit même la plus simple pour ceux qui avoient observé ; on jugea qu'elle devoit être encore la plus propre à l'instruction, et on oublia qu'on s'étoit instruit par une autre méthode. Au lieu donc de conduire les enfans d'observation en observation, comme des ignorans qu'on veut instruire ; on commença avec eux, comme s'ils avoient été instruits, et qu'il ne restât plus qu'à mettre de l'ordre dans leurs connoissances. Ils ne purent rien comprendre aux principes généraux, parce que ces principes supposoient des observations qu'on ne leur avoit pas fait faire, et ce fut alors qu'on dit : *ils ne sont pas capables de connoissances ; il faut attendre qu'ils aient l'âge de raison.* Mais il n'y a point d'âge, où l'on puisse comprendre les principes généraux d'une science, si on n'a pas fait les observations qui ont conduit à ces principes. L'âge de raison est donc celui où l'on a observé; et, par conséquent, la raison viendra de bonne heure, si nous engageons les enfans à faire des observations.

Pour savoir comment nous devons nous conduire avec eux, la première précaution à prendre est de savoir comment nous concevons nous-mêmes les choses que nous avons apprises. Il faut décomposer l'esprit humain, c'est-à-dire, observer les opérations de l'entendement, les habitudes de l'ame et la génération des idées.

Aussitôt que cette analyse est faite, le plan d'instruction est trouvé; on sait du moins par où on doit commencer, et il n'en faut pas davantage. On verra que la vraie et l'unique méthode est de conduire un élève du connu à l'inconnu; qu'il suffit, par conséquent, de commencer par ce qu'il sait, pour lui apprendre quelque chose qu'il ne sait pas encore : et qu'en reprenant à chaque connoissance qu'on lui aura donnée, on pourra le faire passer, sans effort, à une connoissance nouvelle. Il faudra seulement être attentif à ne franchir aucune des idées intermédiaires ; encore cette précaution deviendra-t-elle inutile, lorsque son esprit plus exercé, les pourra suppléer.

Ce plan est simple. Il ne condamne pas le précepteur à étudier les sciences dans les systêmes qu'on a faits. Au contraire, il faut qu'il oublie tous les systêmes, et que, paroissant les ignorer autant que son élève, il commence avec lui, et aille avec lui d'observation en observation, comme s'ils faisoient ensemble les mêmes découvertes. C'est ainsi que les peuples se sont éclairés. Pourquoi donc chercher une autre méthode pour nous éclairer nous-mêmes?

Mais, dira-t-on, les peuples se sont instruits par des moyens bien lents, et leur enfance a duré plusieurs siècles. Comment donc une méthode, qui semble avoir ralenti les progrès de leur esprit, pourroit-elle s'employer dans une éducation qui doit finir après peu d'années?

Je réponds que la nature a indiqué aux premiers hommes l'unique méthode des découvertes, puisqu'elle les a mis dans la nécessité d'observer; et que s'ils n'ont fait d'abord que des progrès bien lents, ce n'est pas que cette méthode soit lente par elle-même, c'est que l'instrument, avec lequel ils observoient, ne leur étoit pas assez connu.

Ils se seroient servi de leur esprit, avec la même facilité qu'ils se servoient de leurs bras, si, dès les commencemens, ils avoient connu les facultés de leur entendement, aussi-bien qu'ils connoissoient les facultés de leur corps. Capables de régler toutes les operations de la pensée, ils auroient bientôt appris à lui donner de nouvelles forces. Ils auroient trouvé des méthodes, comme ils ont trouvé des leviers ; et nous remarquerions en eux des progrès rapides , toutes les fois qu'ils auroient senti le besoin d'employer les forces de leur esprit, comme ils ont senti le besoin d'employer les forces de leur corps.

Le progrès des connoissances humaines n'a donc été retardé, que parce que les hommes n'ont ni assez connu leur esprit, ni assez senti le besoin de l'exercer. Par conséquent, pour faire usage, dans l'éducation, de l'unique méthode à laquelle nous devons tous ce que nous avons appris, il faut d'abord faire connoitre à un enfant les facultés de son ame, et lui faire sentir le besoin de s'en servir. Si on réussit à l'un et à l'autre, tout deviendra facile : car, au lieu d'imaginer autant de principes, autant de règles, autant de méthodes, qu'on en distingue dans les arts et dans les sciences, on n'aura plus qu'à observer avec lui.

Ce projet n'est pas impossible à exécuter. Car si les facultés de l'entendement sont les mêmes dans un enfant que dans un homme fait, pourquoi seroit-il incapable de les observer ! Il est vrai qu'il les a exercées sur moins d'objets : mais enfin il les a exercées, et souvent avec succès. Pourquoi donc ne pourroit-on pas lui faire remarquer ce qui s'est passé en lui, lorsqu'il a fait des jugemens et des raisonnemens, lorsqu'il a eu des désirs, lorsqu'il a contracté des habitudes ? Pourquoi ne pourroit-on pas lui faire remarquer les occasions où il a bien conduit ses facultés, celles

où il les a mal conduites, et lui apprendre, par sa propre expérience, à les conduire toujours mieux? Quand on lui aura fait faire ces premières observations, il en exercera ses facultés avec plus de connoissance : dès-lors il sera plus curieux de les exercer ; et, en les exerçant davantage, il se fera insensiblement une habitude de cet exercice.

Or, dès qu'un enfant connoîtra l'usage des facultés de son esprit, il n'aura plus qu'à être bien conduit, pour saisir le fil des connoissances humaines, pour les suivre dans leurs progrès depuis les premières jusqu'aux dernières, et pour apprendre en peu d'années ce que les hommes n'ont appris qu'en plusieurs siècles. Il suffira de lui faire faire des observations, lorsqu'il sera à portée d'en faire ; et lorsqu'il ne pourra pas observer par lui-même, il suffira de lui donner l'histoire des observations qui ont été faites.

Cette méthode a plusieurs avantages. Elle débarrasse nos études d'une multitude de superfluités, qui nous arrêtent sans nous instruire. Elle proscrit les sciences vaines, qui ne s'occupent que de mots ou de notions vagues, et qu'on appelle *sciences premières* ou *élémentaires*; comme s'il falloit perdre du temps à ne rien apprendre, pour se préparer à étudier un jour avec fruit. Elle écarte les dégoûts qu'un enfant ne peut manquer d'éprouver, lorsque rencontrant, dès les commencemens, des obstacles qu'il ne peut vaincre, et condamné à charger sa mémoire de mots qu'il n'entend pas, il est puni pour n'avoir pas retenu ce qu'il n'a pas compris ou pour n'avoir pas appris ce qu'il n'a pas senti la nécessité d'apprendre. Elle l'éclaire au contraire et promptement, parce que, dès la première leçon, elle le conduit de ce qu'il sait à ce qu'il ne savoit pas. Elle excite sa curiosité, parce qu'il juge, aux connoissances qu'il acquiert, de la facilité d'en acquérir d'autres, et que son amour propre, flatté de ses premiers progrès, lui fait désirer d'en faire encore. Elle l'instruit presque sans efforts de sa part, parce qu'au lieu d'étaler des principes, elle réduit les sciences à l'histoire des observations, des expériences et des découvertes. Enfin, comme elle ne varie jamais, et qu'elle est la même dans chaque étude, elle lui devient tous les jours plus familière : plus il s'instruit, plus il a de facilité à s'instruire ; et si le temps de son éducation a été trop court, il peut sans secours et par lui-même, acquérir seul les connoissances qu'on ne lui a pas données.

Je conviens que l'éducation, qui ne cultive que la mémoire, peut faire des prodiges, et qu'elle en fait. Mais ces prodiges ne durent que le temps de l'enfance. D'ailleurs ce n'est pas sur les enfans qui sont nés avec d'heureuses dispositions, que cette méthode a plus de succès. Ils ont au contraire un éloignement naturel pour des études, où la réflexion n'a point de part, et où la mémoire ne se remplit que des mots. Aussi montrent-ils peu de talens, et si par la suite ils se distinguent, c'est qu'ils ont eux-mêmes recommencé leur éducation. Mais combien d'inutilités ont-ils à oublier! combien de préjugés à détruire! combien d'idées fausses à corriger! quel travail pour se débarrasser des entraves où l'on a tenu les facultés de leur ame! et quels obstacles au développement et au progrès de leur raison!

Ce n'est pas qu'on doive négliger la mémoire : mais si l'éducation, qui se borneroit à la cultiver, est d'autant plus mauvaise qu'elle ne cultiveroit en effet que cette faculté, celle qui paroitroit la négliger, l'exerceroit encore assez, lors même qu'elle s'occuperoit uniquement de la réflexion. Celui qui a beaucoup réfléchi, a beaucoup retenu. Si quelque chose lui échappe, il le peut retrouver ; parce que les réflexions qui lui sont devenues familières, tiennent les unes aux autres, et peuvent toujours le conduire où elles l'ont déjà conduit. Celui, au contraire, qui ne sait que par cœur, ne sait rien en quelque sorte ; et ce qu'il a oublié, il ne le retrouve plus, ou du moins il ne peut s'assurer de le retrouver.

C'est donc à la réflexion à préparer les matériaux de nos connoissances, à les mettre en ordre dans la mémoire, à en régler toutes les proportions ; et celui qui n'a pas appris à réfléchir, n'est pas instruit, ou il l'est mal, ce qui est pire encore.

Cependant on se récrie et on admire, lorsqu'un enfant récite sans intelligence de longs morceaux d'histoire, ou qu'il parle plusieurs langues, sans savoir encore ce qu'il dit dans aucune. Ce ne sont pas là des connoissances ; on est forcé d'en convenir : mais on croit que l'enfance n'est pas capable de meilleures études. On juge donc que pour ne pas perdre un temps si précieux, il faut se hâter de remplir la mémoire de quelque manière que ce soit ; et on se flatte qu'il restera toujours quelque chose, parce qu'il restera toujours des mots : comme si des idées ne resteroient pas plus sûrement, et qu'il n'y en eût pas, pour tout âge, à la portée de l'esprit.

On demandera peut-être quel

terme on doit se proposer dans l'instruction d'un enfant. Je réponds que, s'il ne faut pas négliger de l'instruire, on ne doit pas non plus se proposer de le rendre profond dans toutes les choses qu'on lui enseigne. Ce projet seroit chimérique ou même nuisible. Son âge n'étant pas capable d'une application assez soutenue pour suivre les sciences dans leurs derniers développemens, il suffira de lui en ouvrir l'entrée, et d'assurer ses premiers pas, en écartant tous les embarras. Son éducation sera achevée, lorsqu'il aura de bons élémens sur les choses qu'il est de son état de savoir. S'il a des talens, il avancera dans la suite de lui-même, et il avancera rapidement. S'il en a, dis-je : car les talens ne se donnent pas.

Il ne s'agit donc pas de donner à un enfant toutes les connoissances qui lui serviront un jour ; il suffit de lui donner les moyens de les acquérir. Il importe peu qu'il exerce son esprit sur une chose, jusqu'à ce qu'il l'ait approfondie, ou sur plusieurs sans en approfondir aucune : c'est assez qu'il l'exerce, qu'il se plaise à l'exercer, et qu'il se fasse toujours des idées justes. En un mot, il s'agit de lui apprendre à penser.

Pour lui donner de pareilles leçons, il faut savoir comment nous pensons nous-mêmes.

L'ame pense par habitude ou par réflexion. Elle pense par habitude, lorsqu'elle juge d'après une manière de juger, qui lui est devenue familière; et ses jugemens sont alors si prompts, qu'elle est incapable de remarquer dans le moment tous les motifs qui la déterminent, et toutes les idées qui s'offrent à elle. C'est ainsi, par exemple, que nous jugeons, au premier coup d'œil, de la beauté d'un tableau.

L'ame pense par réflexion, toutes les fois qu'elle observe des objets qui sont nouveaux pour elle. Alors elle conduit les opérations de son entendement avec une lenteur, qui lui permet de remarquer successivement les idées qu'elle se fait, et les jugemens qu'elle porte. C'est ainsi que nous étudions les arts et les sciences.

Au premier moment qu'un peintre se récrie à la vue d'un tableau, il ne démêle pas encore tous les jugemens, qui déterminent son admiration. C'est qu'ils s'offrent à lui tous à la fois, et qu'il ne peut les démêler, qu'autant qu'il les prononce les uns après les autres.

Il y a donc cette différence entre juger par habitude et juger par réflexion: que dans le premier cas, les jugemens ne se remarquent pas, parce qu'ils se font tous ensemble; et que dans le second, ils se remarquent, parce qu'ils se succèdent.

Toutes les habitudes du corps ont pour principe des jugemens d'habitude. Quand j'évite une pierre, dont je suis menacé, c'est que je juge de sa direction, du mal qu'elle me fera, si elle me frappe, et du mouvement que je dois faire pour l'éviter. Tous ces jugemens se font en moi, et si je ne les remarque pas, c'est qu'ils se font tous au même instant.

Ces habitudes veillent à notre conservation; elles sont un secours prompt. Il est évident que la réflexion seroit trop lente pour nous secourir.

Si on ne comprend pas qu'il a fallu comparer, juger et raisonner pour les acquérir, c'est que nous ne pouvons nous rappeler le temps où nous ne les avions pas. Mais jugeons de ces habitudes par celles que nous nous souvenons d'avoir acquises, et qui ont demandé de notre part une longue étude. Telle est, par exemple, l'habitude de lire.

Il est à remarquer que dans les habitudes que l'esprit contracte, les idées se lient entre elles de deux manières. Si elles s'associent pour s'offrir toujours à nous, toutes, au même instant, nous avons de la peine à les observer les unes après les autres. Si, au contraire, elles se lient pour former des suites, nous les voyons se succéder, et une seule suffit pour en rappeler successivement plusieurs. Ces liaisons, lorsqu'elles deviennent familières, sont autant d'habitudes auxquelles la pensée obéit, sans aucune réflexion de notre part.

On voit par-là que la liaison des

idées est le principe de la mémoire ; elle est, pour ainsi dire, l'unique ressort de la pensée. C'est elle qui lui donne une rapidité qui nous étonne; et c'est par elle que l'imagination fait, avec promptitude, une multitude de combinaisons.

Comme le corps paroît se mouvoir par instinct, lorsqu'il obéit à ses mouvemens d'habitude; l'ame paroît penser par inspiration, lorsqu'elle obéit à ses liaisons d'idées. L'un et l'autre doivent à leurs habitudes toutes les graces et tous les talens dont ils sont susceptibles.

C'est ainsi, par exemple, que le goût se forme d'après les habitudes que nous avons contractées. Il n'est que le résultat de plusieurs idées que nous avons liées ; et ces liaisons conservent en nous des modèles, que nous n'examinons plus, et d'après lesquels nous jugeons rapidement du beau.

Mais, quoique les habitudes se soient acquises par une suite de comparaisons et de jugemens, il ne s'ensuit pas que nous y ayons toujours assez réfléchi, avant de les contracter. La facilité avec laquelle nous les acquérons, ne le permettoit pas. Voilà pourquoi elles sont bonnes et mauvaises. Si elles sont le principe de toutes les graces et de tous les talens, elles sont aussi la cause de tous nos défauts et de toutes nos erreurs. Locke a remarqué que la folie vient uniquement de quelque association d'idées, c'est-à-dire, de quelques faux jugemens, d'après lesquels nous nous sommes fait une habitude de juger. Ce sont de pareilles assotiations qui nous font un mauvais goût et un esprit faux.

D'après ces considérations, j'avois en général pour objet de faire prendre de bonnes habitudes à l'esprit du prince, de lui donner, par conséquent, des idées de bien des espèces, de l'accoutumer à les lier, et de le garantir des fausses liaisons.

Mais par où devois-je commencer ? Pour m'en assurer, je considérai par où les peuples, qui se sont instruits, ont commencé eux-mêmes.

Je voyois, dans l'origine des sociétés, quelques lois ou des usages qui en tenoient lieu, quelques arts grossiers, quelques connoissances astronomiques, un commencement d'agriculture, et un commencement de commerce. On faisoit dans chaque genre des progrès fort lents, parce que les hommes, peu recherchés dans leurs besoins, et contens des premiers moyens qui s'offroient à eux, sentoient moins la nécessité d'observer, et attendoient du hasard de nouvelles découvertes.

Or les premières connoissances des peuples, qui commencent à sortir de l'ignorance, étoient certainement à la portée d'un enfant qui avoit appris à réfléchir sur lui-même. Le prince avoit déjà observé le développement de ses facultés et la génération de ses idées; il pouvoit observer, avec plus de facilité encore, les sociétés dans leur origine et dans leurs premiers progrès.

En lui faisant faire cette étude, je lui donnois une multitude de connoissances, qui tenoient toutes les unes aux autres. Les liaisons se trouvoient faites, et son esprit pouvoit, sans effort, se faire une habitude de passer et de repasser rapidement sur toute la suite des idées qu'il avoit acquises.

Si d'un côté, je lui faisois comprendre comment les observations ont conduit aux découvertes ; de l'autre je lui faisois remarquer comment, en les négligeant, en les faisant mal, ou en se hâtant trop de juger, on est tombé dans l'erreur ; et comment on s'est éclairé, à mesure qu'on a mieux observé, et avec moins de précipitation.

Les hommes se sont rarement trompés sur les moyens de satisfaire aux besoins les plus pressans. S'ils ont jugé avant d'avoir fait assez d'observations, ou après les avoir mal faites, l'expérience les aura bientôt avertis de leurs méprises.

Il n'en étoit pas de même des choses de spéculation. Lorsqu'ils en jugeoient mal, l'expérience ne les éclairoit pas, ou ne les éclairoit que difficilement, et ils devoient rester dans leurs erreurs pendant des siècles.

Les sociétés, observées dans leur origine, étoient donc une occasion de faire remarquer au prince, qu'il y a des études où il est très-facile d'acquérir des connoissances exactes; et qu'il y en a d'autres où il est très-difficile d'éviter l'erreur. Or il est aussi curieux qu'utile d'observer les associations d'idées, qui, donnant aux peuples différentes manières de penser, différens usages et différentes mœurs, avancent ou retardent le progrès des connoissances humaines, et transmettent quelquefois, jusqu'aux siècles éclairés, des restes de la première barbarie.

Un préjugé, commun à tous les hommes dans leur enfance, est de croire que les choses ont toujours été comme elles sont; car dans l'âge où nous commençons, il semble que nous soyons portés à croire que rien n'a commencé. Aussi le Prince pensoit-il que les usages, les coutumes et les opinions avoient toujours été les mêmes, et il n'imaginoit pas que les arts eussent eu un commencement.

Mais plus il étoit prévenu que les choses avoient toujours été telles qu'il les voyoit, plus il fut curieux de savoir ce qu'elles avoient été dans leur origine et dans leurs progrès. Il s'en occupoit, lorsqu'il travailloit avec moi, et il s'en occupoit encore dans ses momens de récréation, se faisant un amusement d'imiter l'industrie des premiers hommes, et prenant les arts naissans pour des jeux de son enfance. Ce fut alors que M. de Keralio lui fit commencer un petit cours d'agriculture, dans un jardin qui tenoit à l'appartement. Le prince bêcha son champ, sema du bled, le vit croître, le vit mûrir et le moissonna. Plus curieux de son jardin, depuis qu'on en avoit arraché les fleurs, il desira de semer d'autres grains, et il voulut voir croître des arbres de différentes espèces. Il étoit alors à-peu-près au même point où se trouvèrent les hommes, lorsqu'ils eurent pourvu aux besoins de première nécessité.

Les peuples n'ont fait des recherches, que parce qu'ils ont senti la nécessité de s'instruire ; et les connoissances, d'abord en petit nombre, parce qu'on avoit peu de besoins, se sont multipliées ensuite, à mesure que de nouveaux besoins ont fait faire de nouvelles études.

Il devoit donc arriver un temps, où les sociétés, assurées de leur subsistance, rechercheroient les choses qui pouvoient contribuer aux commodités et aux agrémens de la vie. Ce fut alors que commencèrent les beaux-arts, et le goût commença avec eux.

PRÉLIMINAIRE. xxix

Le goût se perfectionna, parce qu'on raisonna sur les choses qui en sont l'objet, comme on avoit raisonné sur les choses de première nécessité. A mesure qu'on se crut plus capable de raisonner, on appliqua le raisonnement à de nouvelles études. Peu-à-peu on raisonna sur tout : les esprits, toujours plus avides de connoissances, se portèrent à des recherches de pure spéculation ; et on eut des philosophes comme on avoit des poëtes.

Tel est donc l'ordre des études, dans lesquelles les peuples ont été engagés par leurs besoins : ils ont commencé par des observations sur les choses de première nécessité, ils ont ensuite recherché les choses de goût, et ils ont fini par raisonner sur les choses de spéculation.

L'histoire de l'esprit humain me montroit, par conséquent, l'ordre que je devois suivre moi-même dans l'instruction du prince. Elle m'apprenoit qu'après l'avoir fait réfléchir sur les commencemens des sociétés, mon premier soin devoit être de lui former le goût ; et qu'il falloit réserver, pour un autre temps, les recherches qui occupent les philosophes. Mais quelle méthode devois-je suivre dans ces études ? L'histoire de l'esprit humain me l'apprenoit encore.

En effet, on n'avoit pas créé les arts et les sciences, lorsque les peuples ont commencé à s'instruire. Il faut donc qu'un enfant s'instruise, sans savoir encore qu'il y a des arts et des sciences. Il faut qu'il refasse lui-même ce que les peuples ont fait : je veux dire que c'est à lui à généraliser ses idées, à mesure qu'il en acquiert. Lorsque, de la multitude des connoissances qui s'accumuleront dans son esprit, et de la multitude des rapports qu'il appercevra entre elles, il verra naître les principes généraux et les règles générales, alors on lui fera remarquer que ces principes et ces règles, auparavant inutiles à son instruction, lui deviennent nécessaires pour mettre de l'ordre dans ses connoissances. En le conduisant d'après cette méthode, il fera lui-même différentes distributions des choses qu'il aura apprises, et il paroitra créer à son tour les arts et les sciences.

On n'a fait, par exemple, des recherches sur l'art de parler, que lorsqu'on a pu observer les tours que l'usage autorise : on n'a observé ces tours, qu'après que les grands écrivains en ont eu enrichi les langues ; et il y a eu des poëtes et des orateurs, avant qu'on imaginât de faire des grammaires, des poétiques et des rhétoriques. Il seroit donc inutile, et même peu raisonnable, d'enseigner ces arts à un enfant qui n'auroit pas encore appris de l'usage les tours propres à sa langue; et qui, par conséquent, n'étant pas capable de sentir le beau, n'est certainement pas capable de juger s'il a des règles.

En conséquence de ces réflexions, je crus que, pour former le goût du prince, je devois lui donner des modèles du beau, et m'appliquer surtout à les lui rendre familiers. Il falloit donc lui faire lire et relire les meilleurs écrivains. Je choisis les poëtes dramatiques. Si tous les peuples ont été sensibles à la poésie, pouvois-je croire que mon élève y seroit insensible ? Il se plut dans la lecture des poëtes; il apprit sa langue, en paroissant moins étudier que s'amuser.

En se familiarisant avec les meilleurs écrivains, le Prince observoit ce qu'il avoit éprouvé dans ses lectures; et ses observations le conduisoient naturellement à la découverte des règles de l'art de parler. C'est pour le soutenir dans ces recherches, que je fis une *Grammaire* et un *Traité de l'Art d'Ecrire*. En composant ces ouvrages, mon dessein étoit moins de lui apprendre sa langue, que de le faire réfléchir sur ce qu'il en savoit déjà. Je voulois développer, d'une manière plus distincte et plus étendue, les observations qu'il avoit faites dans ses lectures, et par-là le confirmer dans l'habitude de juger des beautés de style.

Son goût se formoit : je crus pouvoir essayer de lui donner des connoissances philosophiques. Puisqu'il s'étoit déjà exercé à faire des observations sur les facultés de son ame;

sur l'origine des sociétés, et sur la langue, je ne doutai point qu'il ne fût capable d'observer avec les philosophes, et de les suivre dans leurs découvertes. Car si on conduit, de vérité en vérité, un esprit qui sait réfléchir, je ne vois pas pourquoi il y auroit des connoissances hors de sa portée.

L'ouvrage que j'intitule l'*Art de Raisonner*, a pour objet de mettre sous les yeux du Prince une partie des découvertes des philosophes. Je ne me propose pas, comme dans une logique, d'enseigner les règles du raisonnement, en faisant raisonner sur rien; parce que je ne conçois pas de quelle utilité il est de raisonner, quand on ne pense pas à faire des découvertes, ou à s'assurer des découvertes des autres. Je crois donc que l'art de raisonner n'est, dans le fond, que l'art de bien observer et de bien juger.

Le Prince connoissoit déjà cet art. Il ne s'agissoit pas de lui en apprendre les règles ; il suffisoit de les lui faire appliquer à de nouveaux objets. Je dis plus : c'est qu'il savoit raisonner avant que j'arrivasse à Parme : car s'il n'avoit pas su faire un raisonnement, j'avoue qu'il n'auroit rien appris avec moi. Qu'avois-je donc fait pour l'instruire ? Je l'avois engagé dans des études auxquelles il ne se seroit pas porté de lui-même ; et je l'avois fait étudier avec moi, comme il étudioit seul, quand il étudioit bien.

L'art de raisonner n'enseigne donc pas de nouvelles règles. Nous lui devons les commencemens même des arts et des sciences ; mais les hommes n'ont pas toujours su en faire usage. Les philosophes qui raisonnoient bien sur les choses de goût, ont été des siècles avant de savoir raisonner sur les objets de leurs recherches ; en sorte que l'art d'appliquer le raisonnement à la philosophie est un art tout nouveau.

Quoique nous commencions à connoître l'art de penser, lorsque nous commençons à faire usage de nos sens ; cet art néanmoins ne peut être connu dans toute son étendue, qu'après que les trois autres ont été portés à leur perfection. Il n'est qu'un dernier développement des observations qu'on a faites en les étudiant. Je donne ce développement dans un ouvrage qui est à la suite de l'Art de Raisonner.

Au reste, l'art de parler, l'art d'écrire, l'art de raisonner et l'art de penser ne sont, dans le fond, qu'un seul et même art. En effet, quand on sait penser, on sait raisonner ; et il ne reste plus, pour bien parler et pour bien écrire, qu'à parler comme on pense, et à écrire comme on parle.

Si on considère d'ailleurs combien, sans l'usage des signes, nous serions bornés dans nos connoissances, on jugera que, si nous avions moins de mots, nous aurions moins d'idées, et que, par conséquent, nous serions moins capables de penser et de raisonner. L'art de parler n'est donc que l'art de penser et l'art de raisonner, qui se développe à mesure que les langues se perfectionnent, et il devient l'art d'écrire, lorsqu'il acquiert toute l'exactitude et toute la précision dont il est susceptible. Mais quoique, dans le vrai, tous ces arts se réduisent à un seul, et qu'il soit même utile de les considérer sous ce point de vue, afin de les ramener aux mêmes principes, il est cependant nécessaire de les traiter séparément, quand on veut suivre le développement de nos facultés et le progrès de nos connoissances.

J'ai fait voir que tous ces arts se confondent dans un seul. Je dirai plus, c'est qu'ils se réduisent tous à l'art de parler.

Je ne saurois exprimer un jugement avec des mots, si, dès l'instant que je vais prononcer la première syllabe, je ne voyois pas déjà toutes les idées dont mon jugement est formé. Si elles ne s'offroient pas toutes à la fois, je ne saurois par où commencer, puisque je ne saurois pas ce que je voudrois dire. Il en est de même lorsque je raisonne; je ne commencerois point, ou je ne finirois point un raisonnement, si la suite des jugemens qui le composent, n'étoit pas en même temps présente à mon esprit.

Ce n'est donc pas en parlant que

je juge et que je raisonne. J'ai déjà jugé et raisonné, et ces opérations de l'esprit précèdent nécessairement le discours.

En effet nous apprenons à parler, parce que nous apprenons à exprimer par des signes les idées que nous avons, et les rapports que nous appercevons entre elles. Un enfant n'apprendroit donc pas à parler, s'il n'avoit pas déjà des idées, et s'il ne saisissoit pas déjà des rapports. Il juge donc et il raisonne avant de savoir un mot d'aucune langue.

Sa conduite en est la preuve, puisqu'il agit en conséquence des jugemens qu'il porte. Mais parce que sa pensée est l'opération d'un instant, qu'elle est sans succession, et qu'il n'a point de moyen pour la décomposer, il pense, sans savoir ce qu'il fait en pensant; et penser n'est pas encore un art pour lui.

Si une pensée est sans succession dans l'esprit, elle a une succession dans le discours, où elle se décompose en autant de parties qu'elle renferme d'idées. Alors nous pouvons observer ce que nous faisons en pensant, nous pouvons nous en rendre compte; nous pouvons par conséquent, apprendre à conduire notre réflexion. Penser devient donc un art, et cet art est l'art de parler.

Pour s'en convaincre, il suffit de considérer que l'art de décomposer nos pensées, par le moyen d'une suite de signes qui en représentent successivement les parties, est une analyse, qui, comme toutes les méthodes analytiques, conduit l'esprit de découverte en découverte, ou de pensée en pensée.

Car autant la faculté de penser est bornée dans celui qui n'analyse pas ses pensées, et qui, par conséquent, n'observe pas tout ce qu'il fait en pensant, autant cette faculté doit s'étendre dans celui qui analyse ses pensées, et qui en observe jusqu'aux plus petits détails.

Un enfant, qui ne parle pas encore, est donc très-borné à cet égard. Mais en apprenant à exprimer ses jugemens par des mots, il apprend à les analyser, parce qu'il apprend à les observer partie par partie. Il apprend donc ce qu'il fait quand il juge, et il en est plus capable de juger. L'art de penser n'est, par conséquent, pour lui, que l'art de parler et c'est à cet art qu'il devra le développement de ses facultés et le progrès de ses connoissances.

Voilà pourquoi je considère l'art de parler comme une méthode analytique, qui nous conduit d'idée en idée, de jugement en jugement, de connoissance en connoissance ; et ce seroit en ignorer le premier avantage , que de le regarder seulement comme un moyen de communiquer nos pensées.

Les langues sont donc plus ou moins parfaites, à proportion qu'elles sont plus ou moins propres aux analyses. Plus elles les facilitent, plus elles donnent de secours à l'esprit. En effet, nous jugeons et nous raisonnons avec des mots, comme nous calculons avec des chiffres; et les langues sont pour les peuples ce qu'est l'algèbre pour les géomètres. En un mot, les langues ne sont que des méthodes, et les méthodes ne sont que des langues. Par conséquent, si les géomètres n'ont fait des progrès qu'autant qu'ils ont perfectionné leurs méthodes, l'esprit d'un peuple ne fera des progrès qu'autant qu'il perfectionnera sa langue; et comme l'imperfection des méthodes met des bornes à l'art de calculer, l'imperfection du langage met des bornes à l'art de penser. Un peuple n'a donc pas le même goût, la même intelligence, la même étendue d'esprit dans tous les temps, par la même raison, que les géomètres de tous les siècles n'ont pas été capables de résoudre les mêmes problêmes. On voit, par-là que l'art d'écrire, l'art de raisonner et l'art de penser se réduisent à l'art de parler; comme toute la géométrie se réduit à l'art de calculer avec méthode.

Dès que toutes les études que le Prince avoit faites jusqu'alors, n'étoient, dans le fond, qu'un seul et même art, il est évident qu'elles concouroient ensemble à le familiariser avec les mêmes idées, et par conséquent à faire prendre les mêmes habitudes à son esprit. L'une ne faisoit pas diversion à l'autre : toutes tendoient au même but, c'est-à-dire, à lui apprendre à penser.

Si nous recherchons, dans nos palais, la grandeur et la magnificence, nous nous contentons de trouver des commodités dans nos maisons, et lorsque nous ne pouvons bâtir que pour avoir un abri, nous ne bâtissons que des chaumières.

Voilà l'image des différences qui doivent se trouver dans l'éducation des citoyens. Puisqu'ils ne sont pas faits pour contribuer tous de la même manière aux avantages de la société, il est évident que l'instruction doit varier, comme l'état auquel on les destine. Il suffit aux dernières classes de savoir subsister de leur travail ; mais les connoissances deviennent nécessaires à mesure que les conditions s'élèvent.

La difficulté est d'y préparer les esprits, comme le plus difficile est quelquefois de disposer les lieux où l'on veut bâtir. Il y a des situations ingrates; il y a tel sol où l'on ne peut qu'à grands frais asseoir des fondemens : on pourroit même s'y tromper, et le bâtiment s'écrouleroit de toutes parts. Cependant un prince, destiné à commander, devroit s'élever au milieu de son peuple, comme un palais régulier et solide s'élève au milieu des campagnes dont il est l'ornement.

Toutes les études, que j'avois fait faire au Prince, se bornoient à l'art de parler, considéré comme l'art qui apprend à penser. Elles avoient formé son esprit, et elles le préparoient à d'autres connoissances. Ce fut alors que je lui fis étudier l'histoire.

Je considère l'histoire comme un recueil d'observations qui offre, aux citoyens de toutes les classes, des vérités relatives à eux. Si nous savons y puiser les choses à notre usage, nous nous éclairons par l'expérience des siècles passés. Il ne s'agit donc pas de ramasser tous les faits, et d'en charger sa mémoire. Il y a un choix à faire.

Un prince doit apprendre à gouverner son peuple; il faut donc qu'il s'instruise, en observant ce que ceux qui ont gouverné ont fait de bien, et ce qu'ils ont fait de mal. Il faut qu'il respecte leurs vertus, qu'il chérisse leurs talens, qu'il plaigne leurs fautes, et qu'il haïsse leurs vices; en un mot, il faut que l'histoire soit pour lui un cours de morale et de législation.

Cette étude embrasse, par conséquent, tout ce qui peut contribuer au bonheur ou au malheur des peuples; c'est-à-dire, les gouvernemens, les mœurs, les opinions, les abus, les arts, les sciences, les révolutions, leurs causes, les progrès de grandeur, et la décadence des empires, considérée dans son principe, dans son accélération et dans son dernier terme. Elle embrasse, en un mot, toutes les choses qui ont concouru à former les sociétés civiles, à les perfectionner, à les défendre, à les corrompre, à les détruire.

Telle est, en général, la manière dont j'ai cru devoir envisager l'histoire. Lorsque nous n'avons besoin de connoître les faits, qu'afin de pouvoir suivre le fil des événemens, je me contente de les indiquer; mais je les développe avec toutes les circonstances qui se sont transmises jusqu'à nous, lorsque ce sont des germes, où se préparent des révolutions qui doivent éclore avec le temps. Pour traiter ainsi l'histoire, je la divise en une multitude de périodes qui sont plus ou moins longues, et qui chacune se terminent à une révolution. Par-là chaque morceau d'histoire est un. Le dernier terme, auquel tout se rapporte, décide sur le choix des faits, et je prépare le développement d'une période entière, par l'exposition que je fais, avant de la commencer. Un coup d'œil, propre à faire connoître les acteurs et le lieu de la scène, est un préliminaire que je crois nécessaire; et je le donne toutes les fois que je le puis. Mais il seroit trop long d'entrer dans les détails que ce sujet demande. Je remarquerai seulement que m'étant fait une loi d'apprendre au Prince où je veux le conduire, et comment je le conduis, j'indique, à chaque époque principale, l'objet que je crois devoir me proposer.

Par l'exposé que je viens de faire, on voit que le Prince se portoit à l'étude de l'histoire avec un esprit exercé. Il connoissoit les facultés de son ame; il avoit observé les sociétés dans leur origine : son goût s'étoit formé par la lecture ; et les découvertes des philosophes avoient achevé de développer sa raison. Si la Grammaire, l'Art d'Écrire, l'Art de Raisonner et l'Art de Penser avoient varié ses études, il retrouvoit dans toutes la même méthode et les mêmes principes, puisque tous ces arts se confondent dans un seul. Il se familiarisoit, par conséquent, avec les connoissances qu'il avoit acquises, et il lui devenoit facile d'en acquérir encore.

MOTIF

DES

LEÇONS PRÉLIMINAIRES.

Nous ne savons que ce que nous avons appris (1). Nous ne jugeons par exemple, des objets, au tact, que parce que nous avons appris à en juger. En effet, une grandeur n'étant déterminée que par les rapports qu'elle a à d'autres, s'en faire une idée, c'est la comparer avec d'autres qu'on observe, et juger qu'elle en diffère plus ou moins. Avec quelque promptitude que nous

---

(1) Je vais encore prouver que les enfans sont capables de raisonner. Quand on combat un préjugé, on est obligé de l'attaquer à plusieurs reprises.

acquérions de pareilles idées, il est donc évident, puisqu'elles sont relatives, que nous ne les avons acquises, que parce que nous avons comparé et jugé. Il en est de même des idées de distance, de figure, de pesanteur : en un mot, toutes les idées qui nous viennent par le toucher, supposent des comparaisons et des jugemens.

A peine le toucher est instruit, qu'il devient le maître des autres sens. C'est de lui que les yeux, qui n'auroient par eux-mêmes que des sentimens de lumière et de couleur, apprennent à juger des grandeurs, des figures et des distances ; et ils s'instruisent même si promptement qu'ils paroissent voir sans avoir appris.

Il est donc démontré que la faculté de raisonner commence aussitôt que nos sens commencent à se développer; et que nous n'avons de bonne heure l'usage de nos sens, que parce que nous avons raisonné de bonne heure.

Mais s'il faut raisonner pour acquérir jusqu'aux premières idées qui nous sont transmises par les sens, il faudra sans doute raisonner encore pour apprendre l'art de communiquer nos pensées.

La nature a mis dans notre organisation les premiers élémens de cet art. En nous formant sur le même modèle, elle nous a donné des organes qui font voir les mêmes actions, lorsque nous éprouvons les mêmes sentimens : ces actions deviennent donc naturellement l'expression des sentimens que nous éprouvons; et il ne reste plus qu'à les observer, pour juger des sentimens que les autres éprouvent.

Or, avant d'avoir appris à parler,

PRÉLIMINAIRES. liij
un enfant a déjà quelque connoissance de ce langage d'action. Il a donc observé ce qui se passe dans ses organes, il a donc observé quelque chose de semblable dans les organes des autres. Il peut s'y tromper, ou plutôt il s'y trompe souvent ; mais ses erreurs mêmes prouvent qu'il a observé, qu'il a comparé, qu'il a jugé.

Ses besoins sont le motif qui le détermine à observer. C'est pourquoi il apprend bientôt à faire connoître ses désirs et ses craintes, à s'assurer des dispositions où l'on est à son égard, et à se procurer les secours qui lui sont nécessaires.

La version interlinéaire, imaginée par M. du Marsais, est sans doute la meilleure méthode pour enseigner une langue. Or c'est précisément la méthode que suit un enfant qui apprend la langue de ses pères. Qu'en effet on pronnoce le nom d'une chose, lorsqu'il montre, par ses mouvemens, qu'il la désire; il jugera aussitôt que ce nom est le signe de la chose même, et il conclura qu'il le peut substituer à son geste. Son action devient donc, en quelque sorte, la version interlinéaire des mots qu'il entend; elle est la traduction de la langue qu'on lui enseigne.

Qu'on dise à un enfant, *on vous punira, si vous n'êtes pas sage;* il pourra répondre, *mais si je le suis, on me récompensera;* jugeant que, puisque de *punir* on fait *punira*, on doit faire de *récompenser récompensera*.

Nous voyons que les enfans commencent de bonne heure à saisir les analogies du langage. S'ils s'y trompent quelquefois, il n'en est pas moins vrai qu'ils ont raisonné; mais l'usage n'est pas toujours aussi conséquent qu'ils le sont. Souvent même nous ne pouvons refuser d'applaudir à leur esprit, lors même qu'ils font des fautes : c'est que ces fautes mêmes supposent des raisonnemens dont nous ne les jugions pas capables. Malgré ces expériences, qui devroient nous ouvrir les yeux, nous nous obstinons à juger qu'ils ne sont pas encore dans un âge à pouvoir raisonner. Nous nous aveuglons au point de ne pas appercevoir un raisonnement, parce qu'il n'est pas développé avec tous les termes dont nous nous servons à cet effet. Cependant le raisonnement est tout fait dans l'esprit, avant qu'il soit énoncé. L'expression ne le fait pas, elle le suppose ; et on ne l'exprimeroit pas, si on ne l'avoit pas déjà fait. Il y a donc eu un raisonnement dans l'esprit d'un enfant, toutes les fois que nous y remarquons une idée qu'il n'a pu acquérir qu'en raisonnant.

Mais, demandera-t-on, lorsqu'un enfant dit, de *punir* on fait *punira* : donc de *récompenser* on doit faire *récompensera*, est-ce là raisonner ? Je réponds que toute l'essence du raisonnement consiste dans cette conséquence que nous exprimons par un *donc*.

En effet, quand Newton, observant les corps qui sont sur la surface de notre globe, dit : ils pèsent vers le centre de la terre, donc la lune pèse vers ce même centre; la lune pèse vers le centre de la terre; donc les satellites pèsent vers le centre de leur planette principale; les satellites pèsent vers le centre de leur planette principale, donc toutes les planettes pèsent vers le centre du soleil : que peut-on supposer de plus dans ces raisonnemens que dans celui-ci ; on dit *punira*, donc on dira *récompensera* ?

Newton, qui développoit le système du monde, ne raisonnoit donc pas autrement que Newton qui apprenoit à toucher, à voir, à parler; il ne raisonnoit pas autrement que Newton qui développoit ses propres sensations. Tous deux observoient; tous deux comparoient ; tous deux jugeoient ; tous deux tiroient des conséquences. L'âge a seulement changé l'objet des études; mais le raisonnement, de la part de l'esprit, a toujours été la même opération.

Il ne faut pas confondre le raisonnement avec les choses sur lesquelles on raisonne. Il y en a sur lesquelles il est difficile de raisonner, parce qu'il est difficile de les bien observer, de s'en faire des idées précises, d'en bien juger, et que d'ailleurs, avant de les étudier, il faudroit avoir fait d'autres études. Ce sont-là des choses sur lesquelles les enfans ne peuvent pas raisonner encore : faut-il en conclure qu'ils ne raisonnent pas sur d'autres ?

Non-seulement ils raisonnent ; mais, guidés par la nature, ils se conduisent mieux que les philosophes ne se conduisent communément ; la méthode qu'ils suivent, est cette méthode que nous nous faisons gloire d'avoir trouvée, et que nous n'avons trouvée qu'après bien des siècles ; car ils vont du connu à l'inconnu, observant, jugeant d'après leurs observations, et montrant une sagacité qui surmonte jusqu'aux obstacles que nous mettons au développement de leur raison. Ils ont déjà fait de grands progrès, lorsqu'ils commencent à parler ; ils en feroient sans doute encore, si, lorsque nous entreprenons de cultiver leur esprit, nous commencions par leur faire remarquer comment ils se sont instruits tout seuls ; et si, après leur avoir fait sentir que la méthode qui leur a donné des connoissances, peut leur en donner encore, nous les conduisions d'observation en observation, de jugement en jugement, de conséquence en conséquence. Mais, parce que nous ne savons pas nous mettre à leur portée, nous les accusons d'être incapables de raison, et cependant notre ignorance fait seule toute leur incapacité.

Convaincu de cette vérité, je jugeai que le prince, dont on m'avoit confié l'instruction, m'entendroit facilement, si, le faisant réfléchir sur les idées qui lui étoient familières, je lui faisois remarquer par quelle suite de raisonnemens il les avoit acquises. Cette méthode, propre à répandre la lumière dans son esprit, devoit encore réveiller sa curiosité, puisqu'elle lui faisoit voir que, pour arriver à de nouvelles connoissances, il n'avoit qu'à se conduire avec moi, comme il s'étoit conduit tout seul. Cette seule considération supprimoit les difficultés, écartoit les dégoûts et donnoit de la confiance.

Ce plan me paroissoit simple. J'avoue cependant que je n'osois me répondre du succès. Car je voyois que ce seroit toujours ma faute, lorsque le prince ne m'entendroit pas; et l'expérience pouvoit seule m'apprendre si je serois capable de me faire toujours entendre.

Le commencement étoit le plus difficile; il n'y avoit même de difficulté qu'à bien commencer. Par conséquent je devois, dès le premier essai, juger de ma méthode et de moi. Je hasardois tout au plus de perdre quelques jours.

On conçoit que, pour exécuter mon plan, il falloit me rapprocher de mon élève, et me mettre tout-à-fait à sa place; il falloit être enfant, plutôt que précepteur. Je le laissai donc jouer, et je jouai avec lui; mais je lui faisois remarquer tout ce qu'il faisoit, et comment il avoit appris à le faire; et ces petites observations sur ses jeux, étoient un nouveau jeu pour lui. Il reconnut bientôt qu'il n'avoit pas toujours été capable des mouvemens qu'il avoit cru jusqu'alors lui être naturels; il vit comment les habitudes se contractent; il sut comment on en peut acquérir de bonnes, et comment on peut se corriger des mauvaises.

Dès qu'il connut que le corps ne peut régler ses mouvemens, qu'autant qu'il s'est fait des habitudes; lui dire que l'esprit ne pense qu'autant qu'il a appris à penser, et qu'il s'en est fait une habitude, c'étoit l'étonner et exciter sa curiosité. Car pouvoit-il soupçonner qu'il n'eût pas toujours eu les idées qu'il avoit, et qu'il n'eût pas toujours pensé comme il pensoit? Ce paradoxe, qui attiroit son attention, faisoit diversion à ses jeux; et l'enfant, qui commençoit à jouer moins, se rapprochoit du précepteur, comme le précepteur s'étoit d'abord rapproché de l'enfant.

Parmi les connoissances qu'il avoit alors, il me fut facile d'en trouver qu'il se souvenoit de n'avoir pas toujours eues; et cette seule observation suffisoit pour lui faire soupçonner qu'elles pouvoient toutes avoir été acquises. D'ailleurs c'étoit assez de lui faire remarquer que, sans les sensations, il n'auroit eu aucune idée des objets sensibles, et que sans les sens ils n'auroit point eu de sensations ; il ne restoit plus qu'à lui expliquer la génération de quelques-unes de ses idées, c'est-à-dire, comment il les avoit faites ; et aussitôt il devoit entrevoir comment elles pouvoient être toutes l'ouvrage de son esprit.

Avant d'écrire la première leçon, je crus devoir la faire avec le prince même. Je l'observai donc pendant quelques jours, je causai avec lui, je lui trouvai de l'intelligence, et j'appris comment je devois m'exprimer. Alors j'écrivis cette première leçon, qui n'étoit qu'un résultat de ce que nous avions dit. Le prince l'entendit à la simple lecture.

Je causai encore avec lui avant d'écrire la seconde ; je fis de même avant d'écrire la troisième ; et c'est avec cette précaution que les leçons préliminaires ont été faites. Ceux qui jugeront superficiellement de la méthode que j'ai suivie, auront de la peine à comprendre qu'un enfant de sept ans ait pu, en moins d'un mois, se familiariser avec toutes les idées qu'elles renferment.

PRÉCIS

DES

LEÇONS PRÉLIMINAIRES.

Les leçons préliminaires avoient pour principaux objets, les idées, les opérations de l'ame, les habitudes, la distinction de l'ame et du corps, et la connoissance de Dieu. J'en vais donner le précis dans cinq articles.

Il est inutile que je donne les leçons mêmes, puisqu'elles ont été faites uniquement pour le prince, et d'après les conversations que j'avois eues avec lui. Souvent, d'une leçon à l'autre, je revenois aux idées avec lesquelles je voulois qu'il se familiarisât, et je les lui présenois d'une nouvelle manière. Quelquefois aussi je m'écartois de mon objet dans la leçon écrite, parce que la curiosité de mon élève m'en avoit écarté dans nos conversations. Autant ces écarts et ces répétitions étoient nécessaires entre le prince et moi, autant il seroit inutile de les donner au public. On n'y trouveroit que du désordre, et on en seroit choqué, parce qu'on ne pourroit pas juger de l'utilité que j'en retirois.

ARTICLE PREMIER.

Des différentes espèces d'idées.

Lorsque les corps sont présens, nous les connoissons par les sensations qu'ils font sur nous; et lorsqu'ils sont absens, nous les connoissons par le souvenir des sensations qu'ils ont faites. Nous n'avons pas d'autre manière de les connoître.

Ce sont donc nos sensations qui nous représentent les corps : ce sont elles qui nous les représentent, lorsqu'elles existent actuellement dans l'ame; et ce sont elles encore qui les représentent, lorsqu'elles ne subsistent que dans le souvenir que nous en conservons.

Les sensations, considérées comme représentant les corps, se nomment *idées*; mot qui, dans son origine, n'a signifié que ce que nous entendons par *image*.

Puisque les images, qui nous représentent les corps ou les idées, sont des sensations, autant nous avons de sensations différentes, autant nous avons d'idées différentes; et puisque nos sensations sont originairement nos seules idées, il ne nous est pas possible d'avoir des idées, lorsque les sensations viennent à nous manquer. Un aveugle-né n'a point d'idées des couleurs; et si nous avions un sixième sens, nous aurions des idées que nous n'avons pas.

Les choses que nos idées ou nos sensations nous représentent dans les corps, se nomment *qualités, manière d'être ou modifications*. Qualités, parce que par elles les corps sont distingués les uns des autres : manière d'être, parce que c'est la manière dont ils existent : modifications, parce qu'une qualité de plus ou de moins modifie un corps, c'est-à-dire, produit quelque changement dans sa manière d'exister. Les qualités, qui sont tellement propres à une chose, qu'elles ne sauroient convenir à d'autres, se nomment *propriétés*. Être terminé par trois côtés, est, par exemple, une propriété du triangle.

Dès que les qualités distinguent les corps, et qu'elles en sont des manières d'être, il y a dans les corps quelque chose que ces qualités modifient, qui en est le soutien ou le sujet, que nous nous représentons dessous, et que, par cette raison, nous appelons *substance*, de *substare*, être dessous.

Les sensations ne nous représentent pas ce quelque chose. Nous n'en avons donc aucune idée. Mais puisque les qualités modifient, il faut bien qu'il y ait quelque chose qui soit modifié. Le mot *substance* est donc un nom donné à une chose que nous savons exister, quoique nous n'en ayons point d'idée.

Si vous vouliez connoître l'intérieur d'une montre, vous la démonteriez ou décomposeriez : vous arrangeriez avec ordre toutes ses parties devant vous; vous examineriez séparément comment chacune est faite, comment l'une agit sur l'autre, et comment le mouvement, communiqué par un premier ressort, passe de roue en roue jusqu'à l'aiguille qui marque les heures.

De même, si vous voulez connoître un corps, vous le démonterez, pour ainsi dire; vous le décomposerez. Voyons comment se fait cette décomposition.

Aucun sens ne représente toutes

PRÉLIMINAIRES. lxxj

les qualités que nous appercevons dans un corps. La vue représente les couleurs; l'oreille, les sons, etc. En nous servant séparément de nos sens, les corps commencent donc à se décomposer : nous observons successivement les différentes qualités, comme nous observions successivement les parties d'une montre. Le toucher est, de tous les sens, celui qui nous découvre le plus de qualités. Mais, lorsqu'il en représente plusieurs à la fois, il ne les fait cependant remarquer que l'une après l'autre. Si je veux juger de la longueur, de la largeur et de la profondeur d'un corps, il faut que je les observe séparément.

Or, puisque les sens nous représentent successivement les qualités, il dépend de nous de les considérer les unes après les autres. Nous pouvons donc les observer comme si elles existoient séparées de la substance qu'elles modifient. Je puis, par exemple, penser à la blancheur, sans penser à ce papier, ni à la neige, ni à tout autre corps blanc. Or la blancheur, considérée séparément de tout corps, est ce qu'on nomme une *idée abstraite*, d'*abstrahere*, qui signifie *séparer de*.

Si, par conséquent, de toutes les idées qui me viennent par les sens, je fais autant d'idées abstraites, j'aurai la décomposition de toutes les qualités que je connois dans les corps, puisque je les aurai toutes séparées.

Comme on recompose une montre, lorsqu'on rassemble les parties dans l'ordre où elles étoient avant qu'on l'eût démontée, on recompose l'idée d'un corps, lorsqu'on rassemble les qualités dans l'ordre dans lequel elles co-existent, c'est-à-dire, dans lequel elles existent ensemble.

Il est nécessaire de décomposer, pour connoitre chaque qualité séparément ; et il est nécessaire de recomposer, pour connoitre le tout qui résulte de la réunion des qualités connues.

Cette décomposition et cette recomposition est ce que je nomme *analyse*. Analyser un corps, c'est donc le décomposer pour en observer séparément les qualités, et le recomposer pour saisir l'ensemble des qualités réunies. Quand nous avons ainsi analysé un corps, nous le connoissons, autant qu'il est en notre pouvoir de le connoitre.

Il y a dans chaque corps des qualités qu'on peut connoitre sans le comparer avec un autre. Telle est l'étendue. Ces qualités se nomment *absolues*. Il y a aussi, dans chaque corps, des qualités qu'on ne peut connoitre qu'autant qu'on le compare avec un autre. Telle est la grandeur. Ces qualités se nomment *relatives*.

Pour connoître les corps, il ne suffit donc pas d'en observer les qualités absolues ; il faut encore en observer les qualités relatives ; et, par conséquent, il faut, à mesure qu'on les analyse, les comparer les uns avec les autres.

Mais quel ordre suivrons-nous dans ces comparaisons? Il est évident que nous confondrons tout, si nous ne nous conduisons pas avec quelque méthode.

Si je veux faire usage de ma bibliothèque, je mets dans un endroit les livres d'histoire, dans un autre les livres de poésie, etc.; je distingue ensuite l'histoire en histoire ancienne et en histoire moderne; l'histoire moderne en histoire de France, en histoire d'Angleterre, etc.; par-là je fais de mes livres différentes collections que j'appelle *classes*.

Les classes d'histoire ancienne et d'histoire moderne sont des subdivisions de la classe que j'ai nommée *livres d'histoire*; comme les classes d'histoire de France et d'histoire d'Angleterre sont des subdivisions de la classe que j'ai nommée *histoire moderne*.

J'appelle *classes subordonnées les unes aux autres*, les classes qui se forment par une suite de subdivisions. Ainsi les classes d'histoire de France et d'histoire d'Angleterre sont subordonnées à la classe *d'histoire moderne*, comme les classes d'histoire moderne et d'histoire ancienne sont subordonnées à la classe de *livres d'histoire*. Il est certain que quand j'aurai de la sorte classé tous mes livres, il me sera plus facile de les retrouver.

C'est ainsi que nous classons les choses à mesure que nous les observons, et par ce moyen nous nous faisons différentes espèces d'idées.

Chaque chose est une, et on l'appelle, par cette raison, *singulière* ou *individuelle*. Pierre et Paul, par exemple, sont deux *individus*.

Un enfant, à qui on dit que Pierre est un homme, remarquera que Paul est un homme également, parce que Paul ressemble à Pierre. Bientôt il appliquera le nom *d'homme* à tous les individus qui ressemblent à Pierre et à Paul, et alors il aura fait une classe de tous ces individus.

Quand il remarquera que, parmi les hommes, il y a des nobles et des roturiers, des ecclésiastiques et des militaires, des savans et des ignorans, etc., la classe, qu'il désignoit par le mot *homme*, se subdivisera en plusieurs autres classes, qu'il distinguera par des noms différens.

De même, quand il considérera ce que les hommes ont de commun avec les chiens, les chevaux, etc., et qu'il remarquera que les hommes, les chiens, les chevaux, quand on n'a égard qu'à ce qu'ils ont de commun, se désignent tous par le nom d'*animal*; alors il jugera qu'homme, chien, cheval, etc., ne sont que des subdivisions de la classe d'*animal*, et il mettra dans cette classe tous les animaux, à mesure qu'il aura occasion de les remarquer.

Noble ne se dit que d'une partie des individus qu'on désigne par le nom d'*homme*. Or on nomme *générale* la classe qui comprend le plus grand nombre d'individus, et on nomme *particulière* la classe qui n'en comprend qu'un certain nombre. *Noble* est donc une classe particulière par rapport à *homme*, et *homme* est une classe générale par rapport à *noble*, *roturier*, etc.

Mais comme la classe d'*homme* est générale par rapport aux classes dans lesquelles on la subdivise, elle est elle-même une classe particulière par rapport à la classe dont elle est une subdivision. *Homme* est donc une classe particulière par rapport à *animal*, et *animal* est une classe générale par rapport à *homme*, *chien*, *cheval*, etc.

On donne encore à ces classes les noms de *genre* et d'*espèce*; et on comprend sous le nom de genres les classes générales, et sous le nom d'espèces les classes particulières. Par exemple, *noble* et *roturier* sont des espèces par rapport à *homme*; et *homme*, qui est un genre par rapport à *noble* et *roturier*, est une espèce par rapport à *animal*.

Comme on classe les objets sensibles, on classe aussi leurs qualités. Quand on considérera, par exemple, les qualités par rapport aux sens qui nous en donnent la connoissance, on en distinguera, en général, de cinq espèces ; et chacune de ces espèces deviendra un genre par rapport aux classes dans lesquelles elle sera subdivisée. *Couleur*, par exemple, est un genre par rapport aux qualités qui nous sont connues par la vue ; et les couleurs se subdivisent en plusieurs espèces, *blanc*, *noir*, *rouge*, etc.

Classer ainsi les choses, c'est les distribuer avec ordre. Alors nous pouvons remonter, de classe en classe, depuis l'individu jusqu'au genre qui comprend toutes les espèces, comme nous pouvons descendre de ce genre jusqu'aux individus.

Ce n'est donc qu'afin de pouvoir,

à notre choix, aller de l'espèce au genre, et revenir du genre à l'espèce, que nous distribuons les choses dans des classes subordonnées. Sans cette distribution, toutes nos idées se confondroient, et il nous seroit impossible d'étudier la nature.

Quand cette distribution est faite, nos idées se trouvent elles-mêmes distribuées par classes, comme les choses que nous avons observées. Alors nous avons des idées singulières ou individuelles, qui nous représentent les individus ; des idées particulières, qui nous représentent les espèces ; et des idées générales, qui nous représentent les genres. L'idée, par exemple, que j'ai de Pierre est singulière ou individuelle ; et comme l'idée d'homme est générale, par rapport aux idées de noble et de roturier, elle est particulière par rapport à l'idée d'animal.

Après avoir vu comment nos idées se forment, il est aisé de connoitre ce qu'elles sont chacune en elles-mêmes.

Un homme, en général, une couleur, en général, ne peuvent tomber sous les sens. Nous ne pouvons voir que tel homme, telle couleur; en un mot, nous ne voyons que des individus.

Dès que les sens ne nous offrent que des individus, nous ne pouvons avoir, à parler à la rigueur, que des idées individuelles. Que sont donc les idées générales? Ce sont les noms des classes que nous avons faites, à mesure que nous avons senti le besoin de distribuer nos connoissances avec ordre. Que représentent ces idées? Elles ne représentent que ce que nous appercevons dans les individus mêmes. L'idée générale d'homme ne représente que ce que nous voyons de commun dans Pierre dans Paul, etc. : c'est pourquoi je dis qu'à parler à la rigueur nous n'avons que des idées individuelles. En effet nous n'appercevons dans les idées générales, que ce que nous appercevons dans les individus.

Cette manière d'expliquer la génération des idées est simple. Peut-être même le paroîtra-t-elle trop à quelques lecteurs. Mais on conviendra que, si les philosophes avoient eu cette simplicité-là, ils se seroient épargné bien des questions frivoles et beaucoup de mauvais raisonnemens.

On conçoit, au reste, que pour rendre ces choses familières à un enfant, il faut apporter plus ou moins d'exemples. On en trouvera facilement, parce qu'un enfant qui sait parler, a déjà bien des idées d'individus, d'espèces et de genres.

Il ne s'agit pas de lui faire faire quelque chose de nouveau, il s'agit seulement de lui faire remarquer ce qu'il a fait lui-même, et de lui apprendre quelques nouvelles dénominations.

Dès qu'il n'y a, dans le vrai, que des mots à lui enseigner, ceux qui pensent qu'il ne peut apprendre que des mots, conviendront que tout ce que j'ai exposé dans cet article est à sa portée.

ARTICLE II.

Des opérations de l'ame.

L'ATTENTION.

On nomme, en général, *objet* tout ce qui s'offre aux sens ou à l'esprit. Lorsque vous jetez indifféremment les yeux sur tous les objets qui se présentent à vous, vous ne remarquez pas plus les uns que les autres. Mais si vous fixez les yeux sur l'un d'eux, vous remarquez plus particulièrement les sensations qu'il fait sur vous, et vous ne vous appercevez plus des sensations que les autres vous envoient. Or les sensations que vous recevez de cet objet, et que vous remarquez plus particulièrement, vous font connoître ce qui se passe en vous, lorsque vous donnez votre attention.

L'attention suppose donc deux choses, l'une de la part du corps, l'autre de la part de l'ame. De la part du corps, c'est la direction des sens ou des organes sur un objet ; de la part de l'ame, c'est la sensation même que cet objet fait sur vous, et que vous remarquez plus particulièrement.

La direction des organes, qui fait que vous remarquez plus particulièrement une sensation, n'est que la cause de l'attention. C'est uniquement dans votre ame que l'attention se trouve, et elle n'est que la sensation particulière que vous éprouvez.

Ainsi, lorsque, de plusieurs sensations qui se font en même temps sur vous, la direction des organes vous en fait remarquer une, de manière que vous ne remarquez plus les autres, cette sensation devient ce que nous appelons *attention*.

L'attention peut se porter sur un objet, sur une partie, ou seulement sur une qualité. Dans tous ces cas, elle n'est jamais qu'une sensation qui se fait remarquer, et qui fait disparoître les autres.

Comme l'attention, donnée à un objet présent, n'est que la sensation plus particulière qu'il fait sur vous, l'attention donnée à un objet absent, n'est que le souvenir des sensations qu'il a faites : souvenir qui est assez vif pour se faire remarquer, et qui n'est lui-même qu'une sensation plus ou moins distincte.

LA COMPARAISON.

Donner tout-à-la-fois votre attention à deux objets, c'est les remarquer en même temps. Or les remarquer en même temps, c'est les comparer. La comparaison n'est donc que l'attention donnée à deux choses.

Vous pouvez comparer deux objets présens, deux objets absens, ou un objet présent avec un objet absent. Dans tous ces cas, la comparaison n'est jamais que l'attention donnée aux idées que vous avez de deux choses ; c'est-à-dire, aux sensations que les objets font sur vous, s'ils sont présens ; et au souvenir des sensations qu'ils ont faites, s'ils sont absens.

Dire que nous donnons notre attention à deux choses, c'est dire qu'il y a en nous deux attentions. La comparaison n'est donc qu'une double attention.

Nous venons de voir que l'attention n'est qu'une sensation qui se fait remarquer. Deux attentions ne sont donc que deux sensations qui se font remarquer également ; et, par conséquent, il n'y a dans la comparaison que des sensations.

Mais, pourroit-on demander, si l'attention n'est que sensation, comment donnons-nous notre attention ? que signifie même ce langage, *donner son attention ?*

Il signifie, si l'objet est présent, que nous dirigeons nos sens sur lui, pour recevoir, d'une manière plus particulière, les sensations qu'il fait, et pour les recevoir, en quelque sorte, à l'exclusion de toute autre. Aussi avons-nous remarqué que la direction des sens est la cause de l'attention.

Mais nous ne pouvons pas diriger nos sens sur un objet absent; comment donc alors donnons-nous notre attention ?

Je réponds que nous ne donnons

notre attention à un objet absent, qu'autant que le souvenir, qui s'en retrace à notre esprit, a prévenu notre attention ; car nous n'y penserions pas, si nous ne nous en souvenions point du tout. Or quand le souvenir s'en retrace, il suffit, pour y donner notre attention, que nous ne la donnions pas à autre chose ; car, alors, ce souvenir sera la sensation que nous remarquerons plus particulièrement.

LE JUGEMENT.

Lorsque vous comparez deux objets, vous voyez qu'ils font sur vous les mêmes sensations, ou des sensations différentes : vous voyez donc qu'ils se ressemblent ou qu'ils diffèrent : or c'est-là juger. La comparaison renferme donc le jugement; et, par conséquent, il n'y a dans le jugement, comme dans la comparaison, que ce que nous appelons sensation.

Les choses ne peuvent que se ressembler ou différer. Nos jugemens ne découvrent donc dans les objets que des ressemblances ou des différences, des égalités ou des inégalités. Vous mettez une feuille de papier sur une autre, et vous jugez si elles sont égales ou inégales en grandeur. Vous les placez l'une à côté de l'autre, et vous jugez si elles se ressemblent par la couleur, ou si elles diffèrent. Or les rapprocher ainsi, pour juger de leur égalité ou de leur inégalité, de leur ressemblance ou de leur différence, c'est ce qu'on appelle les *rapporter* l'une à l'autre; et, en conséquence, on dit qu'elles ont des rapports de ressemblance ou de différence, d'égalité ou d'inégalité. Voilà les rapports les plus généraux, sous lesquels on peut considérer les choses.

LA RÉFLEXION.

Vous pouvez conduire successivement votre attention sur plusieurs choses, sur plusieurs parties de la même, ou sur plusieurs qualités; et à mesure que vous la conduisez ainsi, vous pouvez comparer ces choses, ces parties, ces qualités, et en juger. Lorsque l'attention fait de la sorte une suite de comparaison, et porte une suite de jugemens, vous remarquez qu'elle réfléchit en quelque sorte d'une chose sur une autre, d'une partie sur une partie, d'une qualité sur une qualité. Alors elle prend le nom de réflexion. La réflexion n'est donc que l'attention, qui va et revient d'une idée à une autre, jusqu'à ce que nous ayons assez observé et assez comparé, pour juger de la chose que nous voulons connoître.

L'IMAGINATION.

Mon attention peut se porter sur le souvenir d'un objet absent, et me le représenter comme présent. Elle peut aussi se porter par exemple, d'un côté, sur l'idée d'homme, et de l'autre sur l'idée de cent coudées, et faire des deux une seule idée. Dans l'un et l'autre cas, l'attention prend le nom d'*imagination*. C'est pourquoi on dit qu'un homme à imagination est un esprit créateur. En effet, de plusieurs qualités que l'auteur de la nature a répandues dans différens objets, il en fait un seul tout, et il crée des choses qui n'existent que dans son esprit.

LE RAISONNEMENT.

Un homme vertueux mérite d'être récompensé. Pierre est un homme vertueux ; donc Pierre mérite d'être récompensé. Voilà un *raisonnement:* il est formé de trois jugemens, qu'on appelle *propositions.*

Or, puisqu'un jugement n'est que l'attention qui compare et qui apperçoit un rapport, il est évident qu'un raisonnement ne peut être que l'attention même, puisqu'il n'est formé que de jugemens. Il nous reste à considérer ce qu'il y a de particulier dans les jugemens dont un raisonnement est composé.

D'après l'exemple que je viens d'apporter, nous voyons que ce qui constitue un raisonnement, c'est que le troisième jugement est renfermé dans les deux premiers; car lorsque je dis, *Pierre est un homme ver-*

tueux et *un homme vertueux mérite d'être récompensé*, c'est dire que Pierre mérite d'être récompensé, la chose est même sensible à l'œil. Voilà pourquoi celui qui a apperçu la vérité des deux premiers jugemens, ne peut pas ne pas assurer le troisième. Il infère donc que Pierre mérite d'être récompensé; et, en tirant cette conséquence, il ne fait qu'énoncer explicitement ce qu'il a déjà dit implicitement.

D'après cette explication, je dis qu'un raisonnement n'est que l'attention qui est déterminée à porter un troisième jugement, parce qu'elle le voit renfermé dans deux jugemens qu'elle a faits.

L'ENTENDEMENT.

Comme l'oreille entend les sons, l'ame entend les idées; et on dit *l'en-*

tendement de l'ame. Or comment l'ame entend-elle les idées? C'est en donnant son attention, en comparant, en jugeant, en réfléchissant, en imaginant, en raisonnant. L'entendement embrasse donc toutes les opérations; il n'en est que le résultat.

On donne à ces opérations le nom de *faculté*, et alors on ne veut pas dire qu'elles sont actuellement dans l'ame, on veut dire seulement que l'ame en est capable. Ce nom se donne aussi, dans le même sens, aux actions du corps. Nous avons la faculté de voir, de marcher, de comparer et de juger ; parce que nous sommes capables de voir, de marcher, de comparer et de juger.

D'après ce que nous venons d'exposer dans cet article, on peut conclure que les opérations de l'entendement ne sont que la sensation même, qui se transforme en attention, en comparaison, en jugement, en réflexion.

LE DÉSIR.

La privation d'une chose que vous jugez vous être nécessaire, produit en vous un mal-aise ou une inquiétude, en sorte que vous souffrez plus ou moins : c'est ce qu'on nomme *besoin*.

Le mal-aise détermine vos yeux, votre toucher, tous vos sens, sur l'objet dont vous êtes privé. Il détermine encore votre ame à s'occuper de toutes les idées qu'elle a de cet objet, et du plaisir qu'elle pourroit en recevoir. Il détermine donc l'action de toutes les facultés du corps et de l'ame.

Cette détermination des facultés sur l'objet dont on est privé est ce qu'on appelle *désir*. Le désir n'est donc que la direction des facultés de l'ame, si l'objet est absent; et il enveloppe encore la direction des facultés du corps, si l'objet est présent.

Les désirs sont plus ou moins vifs, à proportion que l'inquiétude, causée par la privation, est plus ou moins grande; car, plus nous souffrons de la privation d'une chose, plus il y a de vivacité dans la direction des facultés du corps et de l'ame.

Les désirs prennent le nom de *passions*, lorsqu'ils sont vifs et continus; c'est-à-dire, lorsque nos facultés se dirigent avec force, et continuent sur le même objet.

Si, au désir de la chose dont on est privé, on ajoute ce jugement, *je l'obtiendrai*, alors naît l'espérance. Ainsi l'espérance suppose la privation de la chose, le jugement qu'elle nous est nécessaire, et le jugement qu'on l'obtiendra.

Si à ce jugement, *je l'obtiendrai*, on substitue, *je ne dois point trouver d'obstacle, rien ne peut me résister*; le désir est alors ce qu'on nomme *volonté*. *Je veux*, signifie donc, *je désire, et je pense que rien ne peut contrarier mon désir.*

LA VOLONTÉ CONSIDÉRÉE COMME FACULTÉ.

Dans un sens plus général, la volonté se prend pour une faculté qui embrasse toutes les opérations qui naissent du besoin ; comme l'entendement est une faculté qui embrasse toutes les opérations qui naissent de l'attention.

LA FACULTÉ DE PENSER.

Ces deux facultés, la volonté et l'entendement, se confondent dans une faculté plus générale, qu'on nomme la *faculté de penser*. Avoir des sensations, donner son attention, comparer, etc., c'est *penser*. Éprouver un besoin, désirer, vouloir, c'est encore *penser*. Enfin, le mot *pensée* peut se dire, en général, de toutes les opérations de l'ame, et de chacune en particulier, comme le mot *mouvement* s'applique à toutes les actions du corps.

Le mot *penser* vient de *pensare*, qui signifie *peser*. On a voulu dire que, comme on pèse des corps, pour savoir dans quel rapport le poids de l'un est au poids de l'autre, l'ame pèse, en quelque sorte, les idées, lorsque nous les comparons pour savoir dans quels rapports elles sont entr'elles.

Par-là vous voyez que le mot *penser* a eu deux acceptions. Dans la première, qui est celle de *peser*, il s'est dit du corps, et il étoit pris au propre : dans la seconde, qui est celle que nous lui donnons aujourd'hui, il a été transporté à l'ame, et il se prend au figuré, ou, comme on dit encore, métaphoriquement. Les Latins exprimoient la pensée par une autre métaphore. Ils se servoient d'un mot qui signifie *rassembler, mettre ensemble ;* parce qu'en effet les opérations de l'entendement et de la volonté demandent que l'ame rassemble des idées.

Cet article est un peu plus difficile que le premier : j'en conviens. Cependant je me borne à faire observer à un enfant ce qu'il fait continuellement. Le grand point est de lui faire comprendre ce que c'est que l'attention ; car dès qu'il le comprendra, tout le reste sera facile.

ARTICLE III.

Des Habitudes.

Le mot *agir* se dit du corps et de l'ame. Or, que fait le corps quand il agit ? Il se meut. Le mouvement est donc l'action du corps, et autant on distingue de mouvemens dans le corps, autant on distingue d'actions différentes.

Parmi les actions, les unes sont naturelles, parce qu'elles se font par une suite de notre conformation, et sans être dirigées par notre volonté. Tels sont les mouvemens qui sont le principe de la vie.

D'autres actions du corps se font parce que nous les voulons faire, parce que nous dirigeons nous-mêmes nos mouvemens. Vous vous promenez, parce que vous voulez vous promener. Ces actions se nomment *volontaires*.

Lorsqu'on fait souvent faire au corps les mêmes actions, il arrive enfin qu'il les fait avec tant de facilité, que nous n'avons plus besoin d'en diriger les mouvemens : il agit alors comme s'il y étoit déterminé par sa seule organisation. Ces sortes d'actions sont ce qu'on nomme des *habitudes*. Il est aisé d'en trouver des exemples.

Mais quoique les actions tournent en habitudes, elles ont été volontaires dans le commencement; et elles ne sont devenues habituelles, que parce que notre corps les a souvent répétées. Pour en contracter l'habitude, il faut qu'elles soient dirigées par l'attention; et quand l'habitude est contractée, elles préviennent la volonté, et se font sans nous, c'est-à-dire, sans que nous soyons obligés d'y penser. Nous avons, par exemple, eu beaucoup de peine à apprendre à lire, et aujourd'hui nous lisons, comme si nous n'avions pas eu besoin d'apprendre.

Les actions de l'ame, c'est-à-dire, les opérations de l'entendement et de la volonté, deviennent habituelles, ainsi que les actions du corps. Il y a des choses que nous n'aurions pas entendues dans notre enfance, et sur lesquelles nous raisonnons aujourd'hui avec la même facilité que si nous les avions toujours sues. Une multitude de jugemens d'habitude se décèlent dans l'usage que nous faisons de nos sens. De pareils jugemens se montrent encore d'une manière plus sensible dans ces liaisons d'idées, qui sont tout-à-la-fois le principe de nos égaremens et de notre intelligence. Souvent nous ne nous trompons, que parce que nous obéissons, sans nous en douter, à de fausses liaisons, qui nous sont devenues habituelles, et c'est alors que nous nous opiniâtrons davantage dans nos erreurs. D'autres fois nous ne concevons avec facilité, que parce que nous jugeons d'après des liaisons qui ont été mieux faites. Plus ces liaisons nous sont habituelles, moins nous les remarquons, et plus aussi notre conception est rapide. Notre esprit n'est même étendu, qu'à proportion que nous avons eu occasion de former beaucoup de liaisons de cette espèce. Ces exemples ne sont pas à la portée d'un enfant; mais il sera facile d'en trouver dans les jugemens qu'il portera lui-même; et on lui fera remarquer ce que ses jugemens d'habitude ont de vrai ou de faux.

Lorsque les habitudes sont une fois contractées, nous paroissons faire les choses naturellement, parce que nous les faisons avec la même facilité, que si la nature seule nous les faisoit faire. Mais si l'on nous dit que de pareilles actions sont naturelles, on parle improprement ; et pour nous assurer qu'elles sont un effet des habitudes que nous avons contractées, il suffit de nous rappeler que nous avons appris à les faire.

Nous pouvons augmenter le nombre de nos habitudes, parce que nous n'avons qu'à faire souvent une chose, et nous contracterons l'habitude de la faire. Nous pouvons aussi diminuer le nombre de nos habitudes ; car si nous cessons de faire une chose, il arrivera que nous la ferons avec moins de facilité, et que nous aurons même de la peine à la faire. Alors, bien loin de la faire par habitude, il nous sera difficile de la faire, même lorsque nous le voudrons.

De-là il résulte que nous pouvons acquérir de bonnes habitudes, et nous corriger des mauvaises.

ARTICLE IV.

Que l'ame est une substance différente du corps.

Lorsque nous touchons, nous ne pouvons remarquer, dans les organes du tact, que des mouvemens qui varient comme les impressions qui se font sur les fibres ; et ces mouvemens occasionnent en nous des sensations de solidité ou de fluidité, de dureté ou de mollesse, de chaleur ou de froid, etc.

Lorsque nous voyons des couleurs, les rayons de lumière, qui réfléchissent de dessus les objets, viennent frapper les fibres d'une membrane qui est au fond de l'œil, et y causent un ébranlement.

Lorsque nous entendons des sons, les vibrations du corps sonore se communiquent à l'air, et de l'air au tympan.

En un mot, il ne peut y avoir que du mouvement dans les organes, et cependant une sensation, quoique produite à l'occasion du mouvement, n'est pas ce mouvement même. Les sensations ne sont donc pas dans les organes.

Elles sont par conséquent dans quelque chose, qui est différent de tout ce qui est corps ; c'est-à-dire, dans une substance où il y a autre chose que du mouvement. C'est ce qu'on nomme *ame, esprit,* ou *substance spirituelle.* Plus nous réfléchirons sur les propriétés de cette substance, plus nous nous convaincrons qu'elle est tout-à-fait différente du corps.

L'ame compare les sensations qui lui sont transmises par différens organes. Toutes les sensations se réunissent donc en elle, comme dans une seule substance. Car si les cinq espèces de sensations appartenoient à cinq substances, comme les mouvemens qui les occasionnent appartiennent à cinq organes différens, aucune de ces substances ne les pourroit comparer.

En quoi donc consiste l'unité de l'ame? Est-elle une dans le même sens que nous disons qu'un corps est un? Mais un corps est composé de deux moitiés, et chaque moitié l'est de deux autres; en sorte que, pour arriver à une substance qui soit une, il faudroit arriver à une substance qui n'eût pas deux moitiés, qui n'eût pas plusieurs parties, qui ne fût point composée, c'est-à-dire, à une substance simple.

Si l'ame est une dans le même sens que le corps, elle n'est pas une proprement; elle est, au contraire, une collection de plusieurs substances.

Dans ce cas, ou les sensations se partageroient entre les substances, en sorte que l'une en auroit que l'autre n'auroit pas, ou chaque sensation appartiendroit également à toutes les substances et à chacune. Si les sensations se partageoient entre toutes les substances, il n'y en auroit aucune en nous qui pût les comparer. Cette supposition ne peut donc pas avoir lieu.

Si toutes les sensations se réunissent dans chacune également, c'est une conséquence que chaque substance soit une, proprement et absolument, sans composition. Voudrat-on supposer qu'elles sont composées ? Je répéterai le même raisonnement, et je dirai : ou les sensations se partagent entre les substances, ou elles se rassemblent toutes dans chacune. On sera donc obligé de reconnoître enfin qu'elles ne peuvent se trouver ensemble que dans une substance qui n'est pas composée de plusieurs autres, que dans une substance simple. L'ame est donc simple et sans composition (1).

Nous voyons la substance étendue, nous la touchons; c'est-à-dire, que nous en appercevons les qualités, telles que la solidité, la figure, le mouvement. Nous voyons également, et nous touchons en quelque sorte la substance inétendue ou l'ame; car nous appercevons des opérations qui n'appartiennent qu'à elle, et que nous avons comprises sous le nom général de *pensée*. Mais comme nous n'appercevons pas ce qui est, dans le corps, le sujet de la solidité, de

---

(1) Dans le Traité sur l'Art de Raisonner, on donnera un nouveau jour à cette démonstration.

la figure et du mouvement, nous n'appercevons pas non plus ce qui est, dans l'ame, le sujet des opérations de l'entendement et de la volonté. En un mot, soit que nous observions la substance étendue, soit que nous observions la substance simple, nous ne pouvons appercevoir que les qualités qui leur appartiennent; et, dans l'un et l'autre cas, ce que nous nommons substance, c'est-à-dire, sujet ou soutien des qualités, nous est également inconnu.

Les corps ne sont figurés, mobiles, etc., que parce qu'ils sont étendus. L'étendue est donc la propriété qui les distingue. Toutes les autres qualités supposent cette propriété, et elles n'en sont que des modifications.

De même, l'ame ne juge et ne raisonne, que parce qu'elle a des sensations. La faculté de sentir est donc la propriété qui la distingue, et toutes ses opérations ne sont que des différentes manières de sentir.

On peut donc définir le corps une substance étendue, et l'ame une substance qui sent. Or il suffit de considérer que l'étendue et la sensation sont deux propriétés incompatibles, pour être convaincu que la substance de l'ame et la substance du corps sont deux substances absolument différentes.

ARTICLE V.

Comment nous nous élevons à la connoissance de Dieu.

Nous ne pouvons pas nous dissimuler combien nous sommes foibles. A chaque instant, nous sentons l'impuissance où nous sommes d'avoir ou de faire ce que nous désirons ; et notre bonheur, comme notre vie, est au pouvoir de tout ce qui nous environne.

Mais les corps, dans la dépendance desquels nous sommes, ont-ils dessein d'agir sur nous ? Non sans doute : ils dépendent eux-mêmes, et ils obéissent au mouvement qui leur est donné.

L'aiguille de votre montre marque les heures. Elle n'a pas la volonté de les marquer ; elle obéit au ressort qui est dans votre montre. L'horloger a fait l'aiguille et le ressort : il est la cause et la montre est l'effet.

Vous voyez, dans une montre, une subordination d'effets et de causes. L'aiguille est mue ; voilà un effet : le mouvement lui est donné par une roue qui agit sur elle immédiatement, et cette roue est la cause du mouvement de l'aiguille. Le mouvement de cette roue est un effet par rapport à une autre roue qui la fait mouvoir ; et ainsi successivement. Par-là, depuis le mouvement du premier ressort jusqu'à celui de l'aiguille, il y a une suite de mouvemens, qui sont tout-à-la fois effets et causes, sous différens rapports.

Un exemple plus familier vous rendra la chose encore plus sensible. Lorsque vous faites une procession avec des cartes, vous voyez qu'en faisant tomber la première, toutes les autres tombent ; et vous remarquez que la chûte de la seconde est l'effet de la chûte de la première, et en même temps la cause de la chûte de la troisième. C'est là ce que j'appelle une suite de causes et d'effets subordonnés.

Or il est évident que, dans une suite de causes et d'effets, il faut nécessairement qu'il y ait une première cause. S'il n'y avoit point d'horloger, il n'y auroit point de montre.

Réfléchissez sur vous-même, et vous serez convaincu qu'il y a en vous, comme dans une montre, une suite de causes et d'effets subordonnés. Réfléchissez sur l'univers : ce sera, à vos yeux, une grande montre, où il y a encore une subordination de causes et d'effets.

Nous venons de voir que, lorsqu'il y a une subordination de causes et d'effets, il y a nécessairement une première cause. Il y a donc une première cause qui a fait l'univers.

Pour établir cette subordination entre les choses, il en faut connoître parfaitement tous les rapports, il faut avoir l'intelligence de toutes les parties. Un horloger ne sera pas capable de faire une montre, s'il y a une seule partie dont il ne sache pas les proportions. L'horloger qui a fait l'univers, a donc nécessairement de l'intelligence.

Comme l'intelligence de l'horloger doit embrasser toutes les parties d'une montre, l'intelligence de la première cause doit embrasser tout l'univers. Si une seule partie échappoit à sa connoissance, il ne lui seroit pas possible de la mettre dans l'ordre où elle doit être ; et cependant son ouvrage seroit détruit, si une seule étoit hors de sa place. Or une intelligence qui embrasse tout est une intelligence infinie. L'intelligence de la première cause est donc infinie.

Mais pour faire une montre, il ne suffit pas d'en avoir l'intelligence, il faut encore en avoir l'adresse ou le pouvoir. La puissance de la première cause est donc aussi étendue que son intelligence : elle embrasse tout, elle est infinie.

Puisque cette première cause embrasse tout, elle est par-tout : elle est donc immense.

Dès que cette cause est première, elle est indépendante. Si elle dépendoit, il y auroit une cause qui seroit avant elle. Mais, puisqu'il faut nécessairement qu'il y ait une cause qui soit première, c'est une conséquence que cette même cause soit indépendante.

Cette première cause étant indépendante, toute-puissante et souverainement intelligente, elle fait tout ce qu'elle veut : elle est donc libre.

Elle ne peut pas acquérir de nouvelles connoissances; car son intelligence seroit bornée. Elle voit donc tout-à-la-fois le passé, le présent et l'avenir. Elle ne peut pas non plus changer de résolution ; car si elle en changeoit, elle n'auroit pas tout prévu : elle est donc immuable.

C'est une suite de son indépendance qu'elle n'ait pas commencé et qu'elle ne puisse pas finir. Si elle avoit commencé, elle dépendroit de celle qui lui auroit donné l'être ; et si elle pouvoit finir, elle dépendroit de celui qui pourroit cesser de la conserver. Elle est donc éternelle.

Comme intelligente, elle discerne le bien et le mal, juge le mérite et le démérite. Comme libre, elle agit en conséquence; c'est-à-dire, qu'elle aime le bien, hait le mal, récompense la vertu, punit le vice, et pardonne à celui qui se repent et se corrige. Dans tout cela, elle ne fait que ce qu'elle veut ; parce qu'elle veut le bien, et ne veut que le bien.

Les qualités de cette cause s'appellent attributs, et on donne à l'attribut par lequel elle punit, le nom de *justice*; à celui par lequel elle récompense, le nom de *bonté*; à celui par lequel elle pardonne, le nom de *miséricorde*.

La puissance qui fait tout, l'intelligence qui règle tout, la bonté qui récompense, la justice qui punit, la miséricorde qui fait grace, s'expriment par un seul nom, celui de *providence*. Il vient d'un mot latin qui signifie *pourvoir*. C'est, en effet, par ces attributs que cette première cause pourvoit à tout.

Une première cause toute intelligente, toute-puissante, indépendante, libre, immuable, éternelle, immense, juste, bonne, miséricordieuse, et dont la providence embrasse tout, voilà l'idée que nous devons avoir de Dieu.

Si vous réfléchissez sur les attributs de Dieu, vous verrez dans quel ordre nous les concevons. Vous remarquerez premièrement, que la liberté est le résultat de l'intelligence, de la toute-puissance et de l'indépendance. En second lieu, que la toute-puissance et l'intelligence infinie embrassent l'éternité et l'immensité; car il faut que Dieu voie et agisse dans tous les temps et dans tous les lieux. En troisième lieu, vous jugerez qu'une cause, qui est par tout et qui voit tout, doit être immuable. Vous verrez, en quatrième lieu, que, de sa connoissance et de sa liberté, naissent sa justice, sa bonté et sa miséricorde. Enfin, lorsque vous réunirez tous ces attributs, vous vous ferez l'idée de la providence.

———

Tel est le précis des idées préliminaires, que j'ai jugé nécessaires pour préparer le prince à d'autres connoissances ; mais je ne me suis pas borné à ces idées. Je me suis, par exemple, sur-tout appliqué à lui faire comprendre comment un mot passe du propre au figuré. Il en a vu des exemples dans les noms des opérations de l'entendement : je lui en ai donné d'autres, en lui expliquant ce qu'on entend par *intelligence, pénétration, sagacité, discernement, esprit, talent, génie.*

A l'occasion des habitudes et de la manière dont elles se forment, je lui ai expliqué ses principaux devoirs, et je lui ai donné quelque notion de ce qu'il y a de plus essentiel dans les lois des sociétés civiles.

Il m'est arrivé aussi, pour satisfaire sa curiosité, de m'écarter quelquefois sur des choses qui ne devoient pas faire partie des leçons préliminaires. Par exemple, à l'occasion de l'action des objets sur les sens, je lui ai expliqué la vision.

MOTIF
DES ÉTUDES

Qui ont été faites après les leçons préliminaires.

———

Le jeune prince connoissoit déjà le systême des opérations de son ame, il comprenoit la génération de ses idées, il voyoit l'origine et le progrès des habitudes qu'il avoit contractées, et il concevoit comment il pouvoit substituer des idées justes aux idées fausses qu'on lui avoit données, et de bonnes habitudes aux mauvaises qu'on lui avoit laissé prendre. Il s'étoit familiarisé si promptement avec toutes ces choses, qu'il s'en retraçoit la suite sans effort, et comme en badinant. Cette expérience me confirma dans l'opinion où j'étois, que les enfans sont capables de raisonner, et que les notions les plus abstraites sont à leur portée, lorsqu'on leur en montre la génération.

Le prince ne pouvoit manquer de se rendre, tous les jours, plus familières les choses qu'il avoit apprises dans les leçons préliminaires : car les connoissances que je voulois lui donner dans la suite, devoient être pour lui autant d'occasions de réfléchir encore sur les opérations de son ame et sur la génération de ses idées. Je crus donc devoir passer à d'autres études.

Après l'avoir fait réfléchir sur son enfance, je jugeai, comme je l'ai dit (1), que l'enfance du monde se-

___
(1) Discours préliminaire.

roit pour lui l'objet le plus curieux et le plus facile à étudier.

Il n'imaginoit pas que le monde eût été autrement qu'il le voyoit; il avoit, à ce sujet, le même préjugé qu'il avoit eu sur lui-même, lorsqu'il imaginoit n'avoir pas appris à penser. Le monde enfant étoit donc un paradoxe qui devoit exciter sa curiosité. Il pouvoit l'observer, comme il s'étoit observé lui-même, et rien ne me paroissoit plus à sa portée que les commencemens et les premiers progrès des arts.

Dans cette étude, je trouvois encore d'autres avantages. Je lui donnois des idées de toute espèce; je lui faisois voir comment les besoins ont conduit les hommes de connoissance en connoissance, d'usage en usage, d'opinion en opinion; et commençant à lui faire remarquer l'influence des causes physiques et des causes morales, je lui représentois les sociétés soumises à des changemens continuels.

Au milieu de ce flux et reflux d'usages et d'opinions, il devoit s'accoutumer à juger que ce qui se fait n'est pas toujours ce qui se doit faire; et voyant des préjugés par-tout, il devoit commencer à se méfier de lui-même; il devoit craindre d'en avoir, et il se préparoit à s'en défaire.

L'origine des lois de M. Goguet, ouvrage tout-à-fait propre à remplir mon objet, paroissoit depuis quelques mois. J'en fis copier tout ce que je croyois pouvoir faire entendre au prince, et j'y ajoutai les éclaircissemens que je jugeai nécessaires. La leçon de l'après-midi fut destinée à cette lecture. Le matin nous lisions les poëtes.

Nous commençâmes par le Lutrin, d'où nous passâmes à des pièces de théâtre. Nous lûmes quelques comédies de Molière, quelques tragédies de Corneille, quelques-unes de Racine, et nous nous fîmes l'idée d'un drame. Le prince comprit comment une action s'expose, s'intrigue, se dénoue; il vit comment les événemens se préparent, comment ils sont amenés sans être prévus; il remarqua l'art avec lequel on soutient un caractère; il distingua les personnages épisodiques, et il jugea de leur utilité ou de leur inutilité.

Voulant alors lui donner une connoissance plus développée de la poésie, je lui fis lire l'Art Poétique de Despréaux; et pour achever de lui faire connoître ce poëte, nous lûmes encore quelques-unes de ses meilleures satyres et de ses meilleures épîtres.

Après toutes ces lectures, nous nous bornâmes pendant un an, ou même davantage, à celle de Racine, que nous recommençâmes une douzaine de fois. De tous les écrivains que nous avions lus, c'étoit certainement le plus propre à former le goût : aussi le prince l'apprit-il presque tout par cœur.

Il ne trouva pas d'abord, dans la lecture des poëtes, la même facilité que dans les leçons préliminaires. Je l'avois prévu. Je savois qu'il ne manqueroit d'intelligence, que parce qu'il lui manquoit des idées que je ne voyois pas d'impossibilité à lui donner. Dans les commencemens, les lectures furent courtes, et les explications fort longues : chaque mot nous arrêtoit ; il sembloit que les vers fussent écrits dans une langue tout-à-fait étrangère ; mais insensiblement les explications devinrent moins nécessaires, et les lectures devinrent plus longues.

Je n'exigeois pas d'abord qu'il entendît absolument tout ce qu'il lisoit ; il me suffisoit qu'il en comprît assez pour suivre une action. Quelquefois les derniers actes nous faisoient entendre ce que nous n'avions pas compris dans les premiers ; d'autres fois, les dernières pièces que nous lisions, nous faisoient revenir aux premières avec une nouvelle intelligence ; et, après plusieurs lectures, nous parvenions enfin à tout entendre. C'est ainsi que le prince, se familiarisant avec la poésie, se faisoit peu à peu des modèles du beau : alors il me fut facile de lui faire sentir ce que peut le choix des expressions ; il ne fallut que traduire en prose les vers de Racine, et substituer d'autres mots à ceux de ce poëte. Je m'appliquois sur-tout à lui faire saisir un ensemble, et bientôt il embrassa des objets d'une assez grande étendue.

Les vraies connoissances sont dans la réflexion qui les acquiert beaucoup plus que dans la mémoire qui s'en charge ; et on sait mieux les choses qu'on est capable de retrouver, que celles dont on peut se ressouvenir. Il ne suffit donc pas de donner des connoissances à un enfant : il faut qu'il s'instruise en cherchant lui-même ; et le grand point est de le bien guider. S'il est conduit avec ordre, il se fera des idées exactes ; il en saisira la suite et la liaison : alors, maitre de les parcourir, il pourra se rapprocher des plus éloignées, et s'arrêter à son choix sur celles qu'il voudra considérer. La réflexion peut toujours retrouver les choses qu'elle a sues, parce qu'elle sait comment elle les a trouvées : la mémoire ne retrouve pas de même celles qu'elle a apprises, parce qu'elle ne sait pas comment elle apprend.

Voilà pourquoi nous ne savons jamais mieux les choses, que lorsque nous les avons apprises sans maître. Moins nous comptons sur des secours étrangers, plus nous sommes forcés à réfléchir nous-mêmes; et nous n'oublions rien, parce que les choses que nous avons trouvées une fois, nous savons les trouver encore.

Mais pour exercer la réflexion, il ne faudroit pas négliger la mémoire. Ces deux facultés sont également nécessaires: elles se donnent des secours mutuels, et ne peuvent se passer l'une de l'autre. C'est à la réflexion à graver les idées dans la mémoire, c'est à la mémoire à les retracer à la réflexion; et plus les idées se sont distribuées avec ordre, plus on est capable de mémoire et de réflexion.

Le prince avoit naturellement de la mémoire, et je la cultivois avec soin. Mais je m'étois fait une loi de ne lui faire apprendre par cœur que des choses qu'il entendroit parfaitement. Chaque jour il apprenoit deux leçons. Lorsque c'étoit de la prose, je n'exigeois pas qu'il les récitât mot à mot ; au contraire, j'aimois mieux qu'il changeât l'expression, pourvu qu'il n'altérât pas le sens. Je réservois la poésie pour accoutumer sa mémoire à plus d'exactitude.

Si on considère les idées qu'il avoit acquises, on jugera que je ne tardai pas à l'instruire de sa religion. Je choisis à cet effet le Catéchisme de l'abbé Fleury et la Bible de Royaumont. Chaque jour nous lisions un article de l'un et de l'autre, quelque chose de l'origine des lois, et un morceau de poésie. Je lui expliquois ce qu'il n'entendoit pas : c'étoit ensuite à lui à me rendre compte de ce qu'il venoit de lire; et il relisoit haut, jusqu'à ce qu'il m'en eût fait un précis.

Avant d'étudier les règles de l'art de parler, il faut être familiarisé avec les beautés du langage; il faut être capable de parler bien et de bien des choses; et l'étude de la grammaire seroit plus fatigante qu'utile, si on la commençoit trop tôt. En effet, pour savoir les règles de l'art de parler, il ne suffit pas de les entendre et de les avoir apprises par cœur, il faut encore s'être fait une habitude de les appliquer.

Lorsque le prince eut contracté cette habitude, je lui fis étudier la Grammaire que j'avois faite pour lui; elle étoit à sa portée, puisque nous avions déjà fait ensemble la plupart des observations qui montrent les règles du langage. Pendant cette étude, nous continuâmes la lecture des poëtes, celle du Catéchisme Historique et celle de la Bible; j'y joignis même quelques lettres de madame de Sévigné, choisissant celles qui commençoient à être à la portée de mon élève, et qui paroissoient devoir l'amuser.

Ces lectures, qui lui perfectionnoient le goût, le préparoient à sentir toujours mieux les beautés de sa langue; de sorte qu'après avoir achevé la Grammaire, il fut en état d'étudier l'Art d'Écrire. Les poëtes et les lettres de madame de Sévigné étoient une occasion de répéter souvent les observations que nous avions faites; et nous songions moins à apprendre les règles par cœur, qu'à contracter l'habitude de les appliquer continuellement à de nouveaux exemples. Nous ne cessions pas pour cela de lire le Catéchisme Historique et la Bible de Royaumont. Nous avons recommencé bien des fois l'un et l'autre ; et pendant deux ans ou environ, nous avons donné chaque jour quelques momens à cette étude. Je croyois faire beaucoup mieux, en mettant souvent sous ses yeux l'Histoire de la Religion, qu'en la gravant une seule fois dans sa mémoire.

Après avoir étudié la Grammaire et l'Art d'Écrire, je jugeai qu'il seroit en état de lire les Tropes de M. du Marsais. En effet il entendit cet ouvrage sans effort.

Son goût commençoit à se former : il avoit des connoissances, il savoit comment il les avoit acquises. Étroitement liées entr'elles, elles étoient confiées à sa réflexion autant qu'à sa mémoire. Ses dernières études ne lui faisoient donc pas oublier les premières : au contraire, elles lui en retraçoient toujours quelque chose ; et plus il avançoit en connoissances, plus il se familiarisoit avec ce qu'il avoit déjà appris. En effet, tout ce que je lui ai enseigné sur la génération des idées, sur les opérations de l'ame, sur la grammaire et sur l'art d'écrire, se réduit, pour le fond, à un très-petit nombre d'idées qui se répètent continuellement, et qui ne sont l'objet de différentes études, que parce qu'on les considère sous différens points de vue. Qu'est-ce que la Grammaire ? C'est un système de mots qui représente le système des idées dans l'esprit, lorsque nous les voulons communiquer dans l'ordre et avec les rapports que nous appercevons ; et l'Art d'Écrire n'est que ce même système, porté au point de perfection dont il est susceptible. En faisant successivement ses études, on ne fait donc que revenir continuellement sur un même fond d'idées : par conséquent, ce qu'on étudie rappelle continuellement ce qu'on a étudié, et rien ne s'oublie. Cette seule considération peut faire comprendre comment le prince a pu faire des progrès dans ces études, et passer rapidement de l'une à l'autre.

L'art de raisonner, ou l'art de conduire son esprit dans la recherche de la vérité, n'est pas un art nouveau pour quelqu'un qui connoît déjà les opérations de son ame, et dont le goût commence à se former. Mais il s'agissoit d'exercer le raisonnement du prince sur de nouveaux objets, et c'étoit une occasion de lui donner de nouvelles connoissances.

Je n'aurois pas cru lui apprendre à raisonner, si je m'étois attaché à lui montrer comment on arrange des mots et des propositions, pour faire ce qu'on appelle un syllogisme; car un syllogisme n'est pas un raisonnement, ce n'est qu'une certaine forme qu'on fait prendre à un raisonnement qu'on a déjà fait; et en s'arrêtant à cette forme, qui substitue les mots aux idées, on ne se fait qu'un jargon. Cependant, pour raisonner, il faut raisonner sur quelque chose, puisqu'il faut observer, comparer et juger. Voulant donc enseigner cet art au prince, je me proposai de lui faire faire de nouvelles études, et de lui montrer comment on observe, suivant la différence des objets qu'on veut étudier, comment on s'assure de ses observations, comment on compare, et comment on analyse pour comparer. Dans la vue de remplir cet objet, je jugeai devoir lui faire remarquer la conduite des meilleurs philosophes : c'étoit lui faire l'histoire des découvertes de l'esprit humain, et, par conséquent, l'instruire en réveillant sa curiosité.

Quand il eut fini l'Art de Raisonner, il lut dans l'ouvrage que madame la marquise du Châtelet a fait sur Newton, le chapitre où elle expose les phénomènes du monde, et celui où elle en donne l'explication. Il lut encore la Préface de Cotes, celle de M. de Voltaire, et la belle épître de ce poëte célèbre, sur le philosophe anglais. Nous fîmes ensuite un extrait du flux et du reflux, d'après madame du Châtelet : enfin nous lûmes le Traité de la Sphère, de M. de Maupertuis, son Voyage au Nord, tout ce qu'il a écrit sur le système du monde, et la seconde partie du Newton de M. de Voltaire. Je puis assurer que ces lectures se trouvèrent à la portée du prince. Voilà où nous en étions après deux ans d'étude, et lorsqu'il entroit dans sa dixième année.

Il n'avoit pas encore été question de latin, parce qu'avant d'entreprendre l'étude d'une nouvelle langue, il faut savoir la sienne, et surtout avoir assez de connoissances pour n'être arrêté que par les mots. Car s'il est utile de laisser à un enfant des difficultés à surmonter, il ne faut pas le dégoûter par des obstacles, ou trop multipliés ou trop grands ; et toute l'attention doit être de proportionner les difficultés à ses forces, et de ne lui en présenter jamais qu'une à la fois.

Si j'eusse fait du latin le premier objet de nos leçons, combien le prince n'auroit-il pas perdu de temps à l'étude de la grammaire ? Comment l'aurois-je mis en état de sentir les beautés de cette langue ? Quel écrivain auroit été à la portée d'un enfant dépourvu de toute connoissance ? et quel avantage aurois-je trouvé à lui faire lire en latin des choses qu'il n'auroit pas entendues en français?

En se familiarisant, au contraire, avec nos meilleurs poëtes, il apprenoit facilement les règles de la grammaire : quelques exemples nous les fournissoient, et nous en faisions bientôt l'application à d'autres. Il se formoit d'ailleurs le goût, et il se préparoit à sentir, dans une langue étrangère, des beautés qu'il commençoit à sentir dans la sienne. Cependant je lui donnois des connoissances dans bien des genres. Je ne lui laissois plus, pour apprendre le latin, que la difficulté d'apprendre des mots; et je devois toujours trouver, pour le fond des choses, des écrivains à sa portée. Aussi me suis-je fait une loi de ne lui faire lire dans cette langue, que des écrivains qu'il 'auroit entendus, s'ils avoient écrit en français. Il est arrivé qu'il a appris le latin facilement, et qu'il n'a trouvé aucun dégoût dans cette étude.

Rien n'est plus inutile que de fatiguer un enfant, en chargeant sa mémoire des règles d'une langue, qu'il n'entend pas encore. Qu'importe, en effet, qu'il sache ces règles par cœur, s'il ne lui est pas possible d'en faire l'application ? J'attendis donc que la lecture l'instruisît peu à peu, et ce fut un ennui de moins pour lui.

Cependant, comme il avoit fait une étude de sa langue, je crus le devoir prévenir sur les principaux points, où la syntaxe latine diffère de la syntaxe française. Son étonnement, en voyant une différence à laquelle il ne s'attendoit pas, lui donna une curiosité tout-à-fait propre à écarter les dégoûts. Depuis nous donnâmes tous les jours quelques momens au latin ; mais il ne fut jamais le principal objet de nos occupations.

Je suivis pendant quelques mois la méthode de M. du Marsais. Mais je l'abandonnai, lorsque le prince put se passer de ce secours ; c'est-à-dire, lorsqu'il eut appris beaucoup de mots latins, et qu'il se fut familiarisé avec la syntaxe de cette langue.

Lorsque nous eûmes suffisamment lu Racine, nous lûmes la Henriade et l'Essai sur la Poésie Épique de M. de Voltaire. Bientôt après nous commençâmes la Poétique d'Horace. Cette dernière lecture, qui, pour le fond des choses, n'étoit pas hors de la portée de mon élève, lui fit faire des progrès rapides dans la langue latine. Après l'avoir faite à plusieurs reprises, je choisis quelques satyres et quelques odes, et je les fis lire au prince.

Jusqu'alors nous avions toujours fait ces sortes de lectures ensemble, et je ne lui avois pas laissé la fatigue et l'ennui de chercher dans un dictionnaire la signification des mots. Alors je le chargeai de se préparer seul à traduire quelques vers de Virgile. Il commença par l'Enéide, qu'il trouva facile, et dont il traduisit les six premiers chants. Il expliqua ensuite les Bucoliques et les Géorgiques; et quand il eut achevé, nous reprimes Horace que nous lûmes plusieurs fois tout entier. Il lisoit alors avec M. de Keralio, les Métarmorphoses d'Ovide.

A mesure qu'il avançoit dans l'étude de l'histoire, il lut quelques morceaux de Tite-Live, les principales Lettres de Cicéron à Atticus, les petits Historiens latins, les Commentaires de César, la Vie d'Agricola, et les mœurs des Germains. Il faisoit la plupart de ces lectures avec M. de Keralio.

Jusqu'à la fin de l'éducation, nous avons continué de donner, chaque jour, quelques momens à l'étude de la langue latine. Quant à la lecture des poëtes francais, nous l'interrompîmes, lorsque le prince eut beaucoup lu plusieurs tragédies de Corneille, tout Racine, tout Molière, tout Regnard, et toutes les pièces de théâtre de M. de Voltaire. Sur la fin de la troisième année, je fis étudier au prince l'ouvrage que j'ai intitulé *l'Art de Penser*. Après cette étude, nous passâmes à celle de l'histoire, et nous en fîmes notre principal objet pendant six ans.

M. de Keralio, qui joignoit à des connoissances dans bien des genres, beaucoup de clarté et de méthode, et avec qui j'ai dit que le prince faisoit souvent des lectures, étoit très-propre à lui donner des idées justes et précises. Il lui enseigna les Mathématiques. Après lui avoir fait observer comment se fait la numération, il lui fit comprendre que la manière dont on procède dans les quatre opérations de l'Arithmétique, n'est qu'une conséquence de la manière dont se fait la numération même, et il le prépara à étudier les élémens de mathématiques et de géométrie de M. le Blond. Le prince poussa ses études en algèbre jusqu'à la résolution des équations du second degré.

Alors, pour lui donner une idée de la géométrie des Courbes, on lui fit lire un traité fort élémentaire des Sections Coniques; et quand il eut acquis ces connoissances, il entendit sans effort le livre de M. Trabaud sur le mouvement et sur l'équilibre. Il étudia aussi l'hydrostatique, l'hydraulique, l'astronomie et la géographie. On lui faisoit copier des cartes.

L'architecture militaire devint alors pour lui une étude facile ; il apprit à la dessiner. On lui fit lire ensuite l'artillerie raisonnée, de M. le Blond, et on mit sous ses yeux des modèles de toutes les pièces d'artillerie.

Pour achever de lui faire connoître cette partie de la science militaire, il ne restoit plus qu'à lui enseigner l'attaque et la défense des places. On eut pour cela les plus grands secours. Le roi envoya au prince, son petit-fils, deux plans en relief, qui facilitèrent et avancèrent beaucoup son instruction. Le premier de ces plans offre aux yeux une place forte, disposée à soutenir un siége. Les arbres des environs sont coupés, les maisons abattues, les chemins creux comblés, etc. On voit ensuite, par des pièces qu'on rapporte successivement, le progrès journalier des travaux des assiégeans, l'ouverture de la tranchée, l'établissement des parallèles, des batteries, des cavaliers de tranchée, le logement du chemin couvert, la descente et le passage du fossé, les assauts aux ouvrages détachés, etc. Les travaux les plus importans sont représentés, lorsqu'ils ne sont encore qu'ébauchés, lorsqu'ils sont poussés jusqu'à un certain point : enfin lorsqu'ils sont perfectionnés et solidement établis.

Le second plan est la même place attaquée comme dans le premier ; mais on y voit de plus, par les pièces qu'on rapporte successivement, les chicanes que les assiégés opposent au progrès des assiégeans, les effets des sorties, ceux des fourneaux sous le glacis, les obstacles qu'on oppose au passage du fossé, à l'attachement du mineur, les retranchemens dans les ouvrages, etc. L'étude réfléchie de ces deux plans peut, sans contredit, suppléer à plusieurs années d'expérience. Voilà les choses que M. de Keralio a enseignées au prince.

Sur la fin de l'éducation, les PP. le Seur et Jacquier furent appelés à Parme pour faire un cours de physique expérimentale sous les yeux du prince, qui, voulant profiter du séjour de ces savans, lit avec eux plusieurs lectures, et repassa tout ce qu'il avoit acquis de connoissances en mathématiques. Il s'engagea même jusques dans le calcul différentiel.

GRAMMAIRE.

GRAMMAIRE.

OBJET DE CET OUVRAGE.

Messieurs de Port-Royal ont les pre-miers porté la lumière dans les livres élémentaires. Cette lumière, il est vrai, étoit foible encore : mais enfin c'est avec eux que nous avons commencé à voir, et nous leur avons d'autant plus d'obligation, que, depuis des siècles, des préjugés grossiers fermoient les yeux à tout le monde.

<small>Écrivains qui ont porté la lumière dans les livres élémentaires.</small>

D'excellens esprits se sont depuis appliqués à frayer la route qui leur étoit ouverte. M. du Marsais, qui a recherché en philosophe les principes du langage, a exposé ses vues avec autant de simplicité que de clarté. M. Duclos a enrichi de remarques la *Grammaire générale et raisonnée*, et a donné, en quelque sorte, une nouvelle vie à cet ouvrage, en le rendant plus commun et plus utile.

Il étoit temps d'avoir une grammaire. M. du Marsais, qui pouvoit ne laisser rien à désirer à cet égard, en avoit promis une, et n'en a donné que quelques articles dans l'Encyclopédie. D'autres ont travaillé en ce genre avec succès, et ont montré beaucoup de sagacité. Cependant j'avoue que je ne trouve point, dans leurs ouvrages cette simplicité qui fait le principal mérite des livres élémentaires.

<small>C'est dans l'analyse de la pensée qu'il faut chercher les principes du langage.</small>

Je regarde la grammaire comme la première partie de l'art de penser. Pour découvrir les principes du langage, il faut donc observer comment nous pensons : il faut chercher ces principes dans l'analyse même de la pensée.

Or l'analyse de la pensée est toute faite dans le discours. Elle l'est avec plus ou moins de précision, suivant que les langues sont plus ou moins parfaites, et que ceux qui les parlent ont l'esprit plus ou moin juste. C'est ce qui me fait considérer les langues comme autant de méthodes analytiques. Je me propose donc de chercher quels sont les signes et quelles sont les règles de cette méthode; et je divise cet ouvrage en deux parties.

<small>De l'analyse du discours, première partie de cette grammaire.</small>

Dans la première, que j'intitule *de l'Analyse du discours*, nous chercherons les signes que les langues nous fournissent pour analyser la pensée. Ce sera une, grammaire générale qui nous découvrira les élémens du langage et les règles communes à toutes les langues.

Dans la seconde, intitulée *des Élémens du discours*, nous observerons les élémens que la première partie nous aura donnés, et nous découvrirons les règles que notre langue nous prescrit pour porter dans l'analyse de nos pensées, la plus grande clarté et la plus grande précision. *Des élémens du discours, seconde partie.*

Persuadé que les arts seroient plus faciles, s'il étoit possible de les enseigner avec des mots familiers à tout le monde, je pense que les termes techniques ne sont utiles qu'autant qu'ils sont absolument nécessaires. C'est pourquoi j'ai banni tous ceux dont j'ai pu me passer, préférant une périphrase, lorsqu'une idée ne doit pas revenir souvent. J'ai encore retranché de cette grammaire, des détails que les étrangers pourroient y desirer; mais je n'écris que pour les Français, à qui l'usage les apprend (1). *Pourquoi on a banni de cette grammaire tous les termes techniques dont on a pu se passer.*

---

(1) Est-il nécessaire d'avertir que ce commencement n'a été fait que pour le lecteur?

PREMIÈRE PARTIE.

De l'analyse du Discours.

CHAPITRE PREMIER.

Du langage d'action.

<small>Des signes du langage d'action.</small> LES gestes, les mouvemens du visage et les accens inarticulés, voilà, Monseigneur, les premiers moyens que les hommes ont eus pour se communiquer leurs pensées. Le langage qui se forme avec ces signes, se nomme *langage d'action.*

Par les gestes, j'entends les mouvemens du bras, de la tête, du corps entier, qui s'éloigne ou s'approche d'un objet, et toutes les attitudes que nous prenons, suivant les impressions qui passent jusqu'à l'ame.

Le désir, le refus, le dégoût, l'aversion, etc. sont exprimés par les mouvemens du bras, de la tête et par ceux de tout le corps; mouvemens plus ou moins vifs suivant la vivacité avec laquelle nous nous portons vers un objet, ou nous nous en éloignons.

Tous les sentimens de l'ame peuvent être exprimés par les attitudes du corps. Elles peignent d'une manière sensible l'indifférence, l'incertitude, l'irrésolution, l'attention, la crainte et le désir confondus ensemble, le combat des passions tour-à-tour supérieures les unes aux autres, la confiance et la méfiance, la jouissance tranquille et la jouissance inquiète, le plaisir et la douleur, le chagrin et la joie, l'espérance et le désespoir, la haine, l'amour, la colère, etc.

Mais l'élégance de ce langage est dans les mouvemens du visage et principalement dans ceux des yeux. Ces mouvemens finissent un tableau que les attitudes n'ont fait que dégrossir; et ils expriment les passions avec toutes les modifications dont elles sont susceptibles.

Ce langage ne parle qu'aux yeux. Il seroit donc souvent inutile si, par des cris, on n'appeloit pas les regards de ceux à qui on veut faire connoître sa pensée. Ces cris sont les accens de la nature: ils varient, suivant les sentimens dont nous sommes affectés; et on les nomme *inarticulés*, parce qu'ils se forment dans la bouche, sans être frappés ni avec la langue, ni avec les lèvres. Quoique capables de faire une vive impression sur ceux qui les entendent, ils n'expriment cependant nos sentimens que d'une manière imparfaite; car ils n'en font connoître ni la cause, ni l'objet, ni les modifications, mais ils invitent à remarquer les gestes et les mouvemens du visage; et le concours de ces signes achève d'expliquer ce qui n'étoit qu'indiqué par ces accens inarticulés.

<small>Le langage d'action est une suite de la conformation des organes.</small> Si vous réfléchissez sur les signes dont se forme le langage d'action, vous reconnoîtrez qu'il est une suite de la conformation des organes; et vous conclurez que plus il y a de différence dans la conformation des animaux, plus il y en a dans leur langage d'action, et que, par conséquent, ils ont aussi plus de peine à s'entendre. Ceux dont la conformation est tout-à-fait différente, sont dans l'impuissance de se communiquer leurs sentimens. Le plus

grand commerce d'idées est entre ceux qui, étant d'une même espèce, sont conformés de la même manière.

Ce langage est naturel à tous les individus d'une même espèce, cependant tous ont besoin de l'apprendre. Il leur est naturel, parce que si un homme qui n'a pas l'usage de la parole montre d'un geste l'objet dont il a besoin, et exprime par d'autres mouvemens, le desir que cet objet fait naître en lui, c'est, comme nous venons de le remarquer, en conséquence de la conformation. Mais si cet homme n'avoit pas observé ce que son corps fait en pareil cas, il n'auroit pas appris à reconnoitre le desir dans les mouvemens d'un autre. Il ne comprendroit donc pas le sens des mouvemens qu'on feroit devant lui : il ne seroit donc pas capable d'en faire à dessein de semblables, pour se faire entendre lui-même. Ce langage n'est donc pas si naturel qu'on je sache sans l'avoir appris. L'erreur où vous pouviez tomber à ce sujet, vient de ce qu'on est porté à croire qu'on n'a appris que ce dont on se souvient d'avoir fait une étude. Mais avoir appris n'est autre

Quoiqu'il soit naturel, on a besoin de l'apprendre.

chose que savoir dans un temps ce qu'on ne savoit pas auparavant. En effet, qu'en conséquence de votre conformation, les circonstances seules vous aient instruit de ce que vous ne saviez pas, ou que vous vous soyez instruit vous-même, parce que vous avez étudié à dessein, c'est toujours apprendre.

<small>En nous donnant des signes naturels l'auteur de la nature nous a mis sur la voie pour en imaginer d'artificiels.</small>

Puisque le langage d'action est une suite de la conformation de nos organes, nous n'en avons pas choisi les premiers signes. C'est la nature qui nous les a donnés : mais en nous les donnant, elle nous a mis sur la voie pour en imaginer nous-mêmes. Nous pourrions, par conséquent, rendre toutes nos pensées avec des gestes, comme nous les rendons avec des mots; et ce langage seroit formé de signes naturels et de signes artificiels.

<small>Il ne faut pas confondre les signes artificiels avec les signes arbitraires.</small>

Remarquez bien, Monseigneur, que je dis de *signes artificiels*, et que je ne dis pas de *signes arbitraires* : car il ne faudroit pas confondre ces deux choses.

En effet, qu'est-ce que des signes arbitraires ? Des signes choisis sans raison et par caprice. Ils ne seroient donc pas entendus. Au contraire, des signes artificiels sont des signes dont le choix est fondé en raison : ils doivent être imaginés avec tel art, que l'intelligence en soit préparée par les signes qui sont connus.

Vous comprendrez quel est cet art, si vous considérez une suite d'idées que vous voudriez rendre par le langage d'action. Prenons pour exemple les opérations de l'entendement. Vous voyez dans toutes un même fonds d'idées, et vous remarquez que ce fonds varie de l'une à l'autre par différens accessoires. Pour exprimer cette suite d'opérations, il faudra donc avoir un signe qui se retrouve le même pour toutes, et qui varie cependant de l'une à l'autre : il faudra qu'il soit le même afin qu'il exprime le fonds d'idées qui leur est commun ; et il faudra qu'il varie, afin qu'il exprime les différens accessoires qui le distinguent.

Alors vous aurez une suite de signes qui ne seront dans le vrai qu'un même signe modifié différemment. Les derniers, par conséquent, ressembleront aux premiers ; et c'est cette ressemblance qui en facilitera l'intelligence. On la nomme *analogie*.

Avec quel art on imagine des signes artificiels.

Vous voyez que l'analogie qui nous fait la loi ne nous permet pas de choisir les signes au hasard et arbitrairement.

Langage d'action des pantomimes. Ce langage, qui vous paroît à peine possible, a été connu des Romains. Les comédiens qu'on appeloit *pantomimes*, représentoient des pièces entières sans proférer une seule parole. Comment donc étoient-ils parvenus à former peu à peu ce langage ? Est-ce en imaginant des signes arbitraires ? Mais on ne les auroit pas entendus; ou le peuple eût été obligé de faire une étude qu'il n'auroit certainement pas faite. Il falloit donc qu'en partant des signes naturels qui étoient entendus de tout le monde, les pantomimes prissent l'analogie pour guide dans le choix des signes qu'ils avoient besoin d'inventer; et les plus habiles étoient ceux qui suivoient cette analogie avec plus de sagacité.

Deux sortes de langages d'action. D'après ce que je viens de dire, nous pouvons distinguer deux langages d'action: l'un naturel, dont les signes sont donnés par la conformation des organes; et l'autre artificiel, dont les signes sont donnés par l'analogie. Celui-là est nécessairement très-borné: celui-ci peut être assez étendu pour rendre toutes les conceptions de l'esprit humain (1); considérons ces deux langages

---

(1) M. l'abbé de l'Epée, qui instruit les sourds et muets avec une sagacité singulière, a fait, du langage d'action, un art méthodique aussi simple que facile, avec lequel il donne à ses élèves des idées de toute espèce ; et j'ose dire des idées plus exactes et plus précises que celles qu'on acquiert communément avec le secours de l'ouïe. Comme dans notre enfance, nous sommes réduits à juger de la signification des mots par les circonstances où nous les entendons prononcer, il nous arrive souvent de ne la saisir qu'à peu près, et nous nous contentons de cet *à peu près* toute notre vie. Il n'en est pas de même des sourds et muets qu'instruit M. l'abbé de l'Epée. Il n'a qu'un moyen pour leur donner les idées qui ne tombent pas sous les sens; c'est d'analyser et de les faire analyser avec lui. Il les conduit donc, des idées sensibles aux idées abstraites, par des analyses simples et méthodiques ; et on peut juger combien son langage d'action a d'avantages sur les sons articulés de nos gouvernantes et de nos précepteurs.

M. l'abbé de l'Epée enseigne à ses élèves le français, le latin, l'italien et l'espagnol ; et il leur dicte, dans ces quatre langues, avec le même langage d'action. Mais pourquoi tant de langues ? c'est afin de mettre les étrangers en état de juger de sa méthode, et il se flatte que peut-être il se trouvera dans celui qui parle et dans celui qui écoute. Il faut me passer cette expression, parce qu'elle est plus précise, et que l'analogie me force à la préférer.

Avec le langage d'action, chaque pensée s'exprime tout-à-la fois et sans succession.

Dans celui qui ne connoît encore que les signes naturels, donnés par la conformation des organes, l'action fait un tableau fort composé : car elle indique l'objet qui l'affecte, et en même temps, elle exprime et le jugement qu'il porte, et les sentimens qu'il éprouve. Il n'y a point de succession dans ses idées. Elles s'offrent toutes à la fois dans son action, comme elles sont toutes à la fois présentes à son esprit. On pourroit l'entendre d'un clin d'œil, et, pour le traduire, il faudroit un long discours.

Ce langage des sourds-muets est seul naturel.

Nous nous sommes fait une si grande habitude du langage traînant des sons

---

une puissance qui formera un établissement pour l'instruction des sourds et muets. Il en a formé un lui-même, auquel il sacrifie une partie de sa fortune. J'ai cru devoir saisir l'occasion de rendre justice aux talens de ce citoyen généreux, dont je ne crois pas être connu, quoique j'aie été chez lui, que j'aie vu ses élèves, et qu'il m'ait mis au fait de sa méthode.

articulés, que nous croyons que les idées viennent l'une après l'autre dans l'esprit, parce que nous proférons les mots les uns après les autres. Cependant ce n'est point ainsi que nous concevons; et comme chaque pensée est nécessairement composée, il s'ensuit que le langage des idées simultanées est le seul langage naturel. Celui, au contraire, des idées successives, est un art dès ses commencemens, et c'est un grand art quand il est porté à sa perfection.

Mais, quoique simultanées dans celui qui parle le langage d'action, les idées deviennent souvent successives dans ceux qui écoutent. C'est ce qui arrive lorsqu'au premier coup d'œil ils laisssent échapper une partie de l'action. Alors ils ont besoin d'un second coup d'œil, ou même d'un troisième pour tout entendre; et par conséquent ils reçoivent successivement les idées qui leur étoient offertes toutes à la fois. Cependant si nous considérons qu'un peintre habile voit rapidement tout un tableau, et d'un clin d'œil y démêle une multitude de détails qui nous échappent, nous jugerons que des hommes qui ne

Les idées simultanées dans celui qui parle, deviennent successives dans ceux qui l'écoutent.

parlent encore que le langage des idées simultanées, doivent se faire une habitude de voir, aussi d'un clin d'œil, presque tout ce qu'une action leur présente à la fois. Ils ont certainement un regard plus rapide que le nôtre.

Les idées successives, dans ceux qui écoutent, sont encore, chacune, des pensées composées.

Quoique celui qui écoute puisse ne saisir qu'à plusieurs reprises la pensée de celui qui parle, il est certain qu'à chaque fois, ce qu'il saisit est encore une pensée composée : ce sera au moins un jugement. Il est donc démontré que le langage d'action, tant qu'il n'est encore qu'une suite de la conformation des organes, offre toujours une multitude d'idées à la fois; les tableaux peuvent se succéder, mais chaque tableau est un ensemble d'idées simultanées.

Le langage d'action a l'avantage de la rapidité.

Le langage d'action a donc l'avantage de la rapidité. Celui qui le parle paroît tout dire sans effort. Avec nos langues, au contraire, nous nous traînons péniblement d'idée en idée, et nous paroissons embarrassés à faire entendre tout ce que nous pensons. Il semble même que ces langues qui sont devenues pour nous une seconde nature, ralentissent l'action de toutes nos facultés. Nous n'avons plus ce coup d'œil qui embrasse une multitude de choses, et nous ne savons plus voir que comme nous parlons, c'est-à-dire, successivement.

Nous ne voyons distinctement les choses qu'autant que nous les observons les unes après les autres. A cet égard, le langage d'action a donc du désavantage : car il tend à confondre ce qui est distinct dans le langage des sons articulés. Cependant il ne faut pas croire que, pour ceux à qui il est familier, il soit confus autant qu'il le seroit pour nous. Le besoin qu'ils ont de s'entendre leur apprend bientôt à décomposer ce langage. L'un s'étudie à dire moins de choses à la fois, et il substitue des mouvemens successifs à des mouvemens simultanés. L'autre s'applique à observer successivement le tableau que le langage d'action met sous ses yeux, et il rend successif ce qui ne l'est pas. Ils apprennent ainsi peu à peu dans quel ordre ils doivent faire succéder leurs mouvemens, pour rendre leurs idées d'une manière plus dis-

Comment l'art peut en faire une méthode analytique.

tincte. Ils savent donc, jusqu'à un certain point, décomposer ou analyser leurs pensées ; car analyser n'est autre chose qu'observer successivement et avec ordre.

Quelque grossière que soit cette analyse, elle est le fruit de l'observation et de l'étude. Le langage d'action, qui la fait, n'est donc plus un langage purement naturel. Ce n'est pas une action qui, obéissant uniquement à la conformation des organes, exprime à la fois tout ce qu'on sent. C'est une action qu'on règle avec art, afin de présenter les idées dans l'ordre successif, le plus propre à les faire concevoir d'une manière distincte ; et, par conséquent, aussitôt que les hommes commencent à décomposer leurs pensées, le langage d'action commence aussi à devenir un langage artificiel.

Il deviendra tous les jours plus artificiel, parce que plus ils analyseront, plus ils sentiront le besoin d'analyser. Pour faciliter les analyses, ils imagineront de nouveaux signes, analogues aux signes naturels. Quand ils en auront imaginé, ils en imagineront encore, et c'est ainsi qu'ils enrichiront le langage d'action. Ils l'enrichiront, plus promptement, ou plus lentement, suivant qu'ils saisiront ou qu'ils laisseront échapper le fil de l'analogie. Ce langage sera donc une méthode analytique plus ou moins parfaite.

Persuadé que l'homme, lorsqu'il crée les arts, ne fait qu'avancer dans la route que la nature lui a ouverte, et faire avec règle, à mesure qu'il avance, ce qu'il faisoit auparavant par une suite de sa conformation ; j'ai cru, Monseigneur, que pour mieux m'assurer des vrais principes des langues, je devois d'abord observer le premier langage qui nous est donné par la conformation de nos organes. J'ai pensé que, lorsque nous connoîtrons les principes d'après lesquels nous le parlons, nous connoîtrons aussi les principes d'après lesquels nous parlons tout autre langage. En effet, Monseigneur, plus vous étudierez l'esprit humain, plus vous vous convaincrez qu'il n'a qu'une manière de procéder. S'il fait, une chose nouvelle, il la fait sur le modèle d'une autre qu'il a faite, il la fait d'après les mêmes règles; et lorsqu'il perfectionne,

Pourquoi on a commencé, dans cette grammaire, par observer le langage d'action.

c'est moins parce qu'il imagine de nouvelles règles, que parce qu'il simplifie celles qu'il connoissoit auparavant. C'est ainsi que le langage d'action les a préparés au langage des sons articulés, et qu'ils sont passés de l'un à l'autre, en continuant de parler d'après les mêmes règles.

A quoi se réduisent tous les principes des langues. L'analogie et l'analyse dont vous venez de voir les commencemens dans le langage d'action, voilà, Monseigneur, à quoi se réduisent, dans le vrai, tous les principes des langues. La première partie de cette grammaire vous en convaincra.

CHAPITRE II.

Considérations générales sur la formation des Langues et sur leurs progrès.

On appelle sons articulés ceux qui sont modifiés par le mouvement de la langue, lorsqu'elle frappe contre le palais ou contre les dents; et ceux qui sont modifiés par le mouvement des lèvres, lorsqu'elles frappent l'une contre l'autre. Vous voyez donc, Monseigneur, que si nous sommes conformés pour parler le langage d'action, nous le sommes également pour parler le langage des sons articulés. Mais ici la nature nous laisse presque tout à faire: cependant elle nous guide encore. C'est d'après son impulsion que nous choisissons les premiers sons articulés, et c'est d'après l'analogie que nous en inventons d'autres, à mesure que nous en avons besoin.

<small>L'homme est conformé pour parler le langage des sons articulés.</small>

On se trompe donc, lorsqu'on pense que dans l'origine des langues, les hommes ont pu choisir indifféremment et arbitrairement

<small>Les mots n'ont pas été choisis arbitrairement.</small>

tel ou tel mot pour être le signe d'une idée. En effet, comment, avec cette conduite, se seroient-ils entendus?

Les accens, qui se forment sans aucune articulation, sont communs aux deux langages; et on a dû les conserver dans les premiers sons articulés dont on s'est servi pour exprimer les sentimens de l'ame. On n'aura fait que les modifier en les frappant avec la langue ou avec les lèvres, et cette articulation, qui les marquoit davantage, pouvoit les rendre plus expressifs. On n'auroit pas pu faire connoître les sentimens qu'on éprouvoit, si l'on n'avoit pas conservé dans les mots les accens mêmes de chaque sentiment.

En parlant le langage d'action, on s'étoit fait une habitude de représenter les choses par des images sensibles : on aura donc essayé de tracer de pareilles images avec des mots. Or il a été aussi facile que naturel d'imiter tous les objets qui font quelque bruit. On trouvera sans doute plus de difficulté à peindre les autres; cependant il falloit les peindre, et on avoit plusieurs moyens.

Premièrement, l'analogie qu'a l'organe de l'ouïe avec les autres sens, fournissoit quelques couleurs grossières et imparfaites qu'on aura employées.

En second lieu, on trouvoit encore des couleurs dans la douceur et dans la dureté des syllabes, dans la rapidité et dans la lenteur de la prononciation, et dans les différentes inflexions dont la voix est susceptible.

Enfin si, comme nous l'avons vu, l'analogie, qui déterminoit le choix des signes, a pu faire du langage d'action, un langage artificiel propre à représenter des idées de toute espèce, pourquoi n'auroit-elle pas pu donner le même avantage au langage des sons articulés ?

En effet, nous concevons qu'à mesure qu'on eut une plus grande quantité de mots, on trouva moins d'obstacles à nommer de nouveaux objets. Vouloit-on indiquer une chose dans laquelle on remarquoit plusieurs qualités sensibles ? On réunissoit ensemble plusieurs mots qui exprimoient chacun quelqu'une de ces qualités. Ainsi les premiers mots devenoient des élémens avec lesquels on en composoit de nouveaux; et il suffisoit de les combiner différemment pour nommer une multitude de choses différentes. Les enfans nous prouvent tous les jours combien la chose étoit facile, puisque nous leur voyons faire des mots, souvent très-expressifs. Vous en avez fait vous-même, Monseigneur. Or est-ce au hasard que vous les choisissiez? non certainement; l'analogie, quoiqu'à votre insu, vous déterminoit dans votre choix. L'analogie a également guidé les hommes dans la formation des langues (1).

C'est une erreur de croire que les noms de la langue primitive exprimoient la nature des choses.

Il y a des philosophes, Monseigneur, qui ont pensé que les noms de la langue primitive exprimoient la nature même des choses. Ils raisonnoient sans doute d'après des principes semblables à ceux que je viens d'exposer, et ils se trompoient. La cause de leur méprise vient de ce qu'ayant

---

(1) Pour se convaincre combien les mots sont peu arbitraires, il faut lire le *Traité de la formation mécanique des langues*, ouvrage neuf, ingenieux, où l'Auteur montre beaucoup d'erudition et de sagacité.

vu que les premiers noms étoient représentatifs, ils ont supposé qu'ils représentoient les choses telles qu'elles sont. C'étoit donner gratuitement de grandes connoissances à des hommes grossiers, qui commençoient à peine à prononcer des mots. Il est donc à propos de remarquer que lorsque je dis qu'ils représentoient les choses avec des sons articulés j'entends qu'ils les représentoient d'après des apparences, des opinions, des préjugés, des erreurs; mais ces apparences, ces opinions, ces préjugés, ces erreurs étoient communes à tous ceux qui travailloient à la même langue et c'est pourquoi ils s'entendoient. Un philosophe, qui auroit été capable de s'exprimer d'après la nature des choses, leur eût parlé sans pouvoir se faire entendre. On pourroit ajouter que nous ne l'entendrions pas nous-mêmes.

Les principes que je viens d'indiquer demanderoient sans doute de plus grands éclaircissemens. Mais j'en ai assez dit, Monseigneur, pour vous faire voir que les langues sont l'ouvrage de la nature; qu'elles se sont formées, pour ainsi dire,

En formant les langues nous n'avons fait qu'obéir à notre manière de voir et de sentir.

sans nous; et qu'en y travaillant, nous n'avons fait qu'obéir servilement à notre manière de voir et de sentir.

En effet, si vous avez appris à parler français, ce n'est pas que vous en eussiez formé le dessein, c'est que vous vous êtes trouvé dans des circonstances qui vous l'ont fait apprendre. Vous avez senti le besoin de communiquer vos idées, et de connoître celles des autres, parce que vous avez senti combien il vous étoit nécessaire de vous procurer les secours des personnes qui vous entouroient. En conséquence, vous vous êtes accoutumé à attacher vos idées aux mots qui paroissoient propres à les manifester. Ainsi, pour apprendre le français, vous n'avez fait qu'obéir à vos besoins et aux circonstances où vous vous êtes trouvé.

Ce qui arrive aux enfans qui apprennent les langues, est arrivé aux hommes qui les ont faites. Ils n'ont pas dit, *faisons une langue:* ils ont senti le besoin d'un mot, et ils ont prononcé le plus propre à représenter la chose qu'ils vouloient faire connoître. Or, comme les enfans, à

GRAMMAIRE.

mesure qu'ils apprennent une langue, éprouvent combien il leur est avantageux de la savoir, et, par conséquent, sentent toujours davantage le besoin de l'apprendre encore mieux ; de même les hommes, qui forment une langue, éprouvent combien elle leur est avantageuse, et sentent toujours davantage le besoin de l'enrichir de quelques nouvelles expressions. Ils l'enrichiront donc peu à peu.

Cet ouvrage est long sans doute. Il n'est pas même possible que toutes les langues se perfectionnent également ; et le plus grand nombre, imparfaites et grossières, paroissent, après des siècles, être encore à leur naissance. C'est que les langues sont à leurs derniers progrès, lorsque les hommes, cessant de se faire de nouveaux besoins, cessent aussi de se faire de nouvelles idées (1).

―――――――――――――――

(1) Quand je parle d'une première langue, je ne prétends pas établir que les hommes l'ont faite, je pense seulement qu'ils l'ont pu faire. Ce n'est pas l'opinion de M. Rousseau. *Pour faire une langue, il falloit*, dit-il, Discours sur l'origine et les fondemens de l'inégalité parmi les hommes,

GRAMMAIRE.

Comment les langues, en proportion avec nos idées, forment un système qui est calqué sur celui de nos connoissances.

Vous savez, Monseigneur, ce que c'est qu'un système, vous entrevoyez comment il s'en forme un de toutes vos connois-

---

ranger les êtres sous des dénominations communes et génériques ; il en falloit connoître les propriétés et les différences ; il falloit des observations et des définitions, c'est-à-dire, de l'histoire naturelle et de la métaphysique, beaucoup plus que les hommes de ce temps là n'en pouvoient avoir.

Une pareille opinion, de la part de cet écrivain, aussi profond qu'éloquent, ne peut être qu'une inadvertance. En effet, il exige dans les hommes, qu'on suppose avoir fait une langue, beaucoup plus de connoissances qu'il ne leur en falloit ; car s'il eût été nécessaire qu'ils eussent assez connu l'histoire naturelle et la métaphysique, pour déterminer les propriétés des choses, pour en marquer les différences, et pour en donner des définitions ; il me semble qu'aujourd'hui les enfans ne pourroient apprendre à parler qu'autant qu'ils sauroient assez d'histoire naturelle et de métaphysique, pour suivre les progrès des langues dans tous les procédés de l'esprit humain. On dira sans doute que toutes ces connoissances sont nécessaires à quiconque veut savoir une langue parfaitement, et j'en conviens. Mais le sont-elles à un enfant, à qui il suffit, pour ses besoins, de s'exprimer grossièrement, et à qui il ne faut qu'un petit nombre de mots ? Or le langage d'un enfant est l'image de la langue primitive, qui, dans son sances. En effet vous concevez que toutes vos idées tiennent les unes aux autres, qu'elles se distribuent dans différentes

---

origine, a dû être très-grossière et très-bornée, et dont les progrès ont été lents, parce que les hommes avançoient lentement de connoissances en connoissances. Voilà sans doute à quoi M. Rousseau n'a pas fait attention. Il a vu tout ce qu'il falloit pour faire une langue où il pût développer son génie comme dans la nôtre; et il a jugé avec raison qu'elle n'a pu être l'ouvrage des hommes qui ont les premiers prononcé des sons articulés. Mais pour faire une langue imparfaite, telle qu'auroit pu être la langue primitive, ou telle que celles de plusieurs peuples sauvages, je crois qu'il n'étoit point nécessaire de connoître les propriétés des choses, puisqu'aujourd'hui nous-mêmes nous parlons de bien des choses dont nous ne connoissons pas les propriétés. Il n'étoit pas plus nécessaire de savoir faire des définitions; car, parmi nous, les meilleurs esprits sont ceux qui sentent davantage la difficulté d'en faire, qui en font le moins, et cependant ce sont ceux qui parlent le mieux. Je suppose seulement que les hommes ont eu des besoins, et qu'en conséquence ils ont observé, non les propriétés des choses, mais les rapports sensibles des choses à eux; et ils les ont observés, parce qu'ils les sentoient, et qu'ils ne pouvoient pas ne pas les sentir. Ces rapports, connus ou sentis, commençoient à leur donner des idées, classes, et qu'elles naissent toutes d'un même principe. Le systéme de vos idées est sans doute moins étendu que celui de votre précepteur, et celui de votre précepteur l'est moins que celui de beaucoup d'autres : car vous avez moins d'idées que moi, et j'en ai moins que ceux qui sont nés avec de plus grandes dispositions, et qui ont plus étudié. Aussi me dites-vous, avec raison, que je ne vous apprendrai pas tout. Mais que nos connoissances soient plus ou moins étendues, elles font toujours un système où tout est lié plus ou moins.

---

mais des idées imparfaites qui les laissoient dans l'impuissance de faire des définitions, ou qui ne leur permettoient d'en faire que comme nous en faisons souvent nous-mêmes. Ces idées, telles qu'elles étoient, suffisoient pour faire remarquer des ressemblances et des différences entre les choses, et par conséquent, pour avoir des dénominations communes et génériques, et pour distribuer les êtres dans différentes classes. Tout cela ne demandoit que cette portion de métaphysique, qui est en nous, même avant que nous sachions parler, et que les besoins développent dans les enfans.

Puisque les mots sont les signes de nos idées, il faut que le système des langues soit formé sur celui de nos connoissances. Les langues, par conséquent, n'ont des mots de différentes espèces, que parce que nos idées appartiennent à des classes différentes; et elles n'ont des moyens pour lier les mots, que parce que nous ne pensons qu'autant que nous lions nos idées. Vous comprenez que cela est vrai de toutes les langues qui ont fait quelques progrès.

Les langues sont en proportion avec les idées, comme cette petite chaise, sur laquelle vous vous asseyez, est en proportion avec vous. En croissant, vous aurez besoin d'un siége plus élevé; de même les hommes, en acquérant des connoissances, ont besoin d'une langue plus étendue.

Mais comment les hommes acquièrent-ils des idées ? C'est en observant les objets; c'est-à-dire, en réfléchissant sur eux-mêmes, et sur tout ce qui a rapport à eux. Qui n'observe rien, n'apprend rien.

Or ce sont nos besoins qui nous engagent à faire ces observations. Le laboureur a intérêt de connoître quand il faut labourer, semer, faire la récolte, quels sont les engrais les plus propres à rendre la terre fertile, etc. Il observe donc ; il se corrige des fautes qu'il a faites, et il s'instruit.

Le commerçant observe les différens objets du commerce, où il faut porter certaines marchandises, d'où il en faut tirer d'autres, et quels sont pour lui les échanges les plus avantageux.

Ainsi chacun, dans son état, fait des observations différentes, parce que chacun a des besoins différens. Le commerçant ne s'avise pas de négliger le commerce pour étudier l'agriculture, ni le laboureur de négliger l'agriculture pour étudier le commerce. Avec une pareille conduite ils manqueroient bientôt du nécessaire l'un et l'autre.

Chaque condition fait donc un recueil d'observations, et il se forme un corps de connoissances dont la société jouit. Or, comme dans chaque classe de citoyens, les observations tendent à se mettre en proportion avec les besoins, le recueil des observations de toutes les classes tend à se mettre en proportion avec les besoins de la société entière.

Chaque classe, à mesure qu'elle acquiert des connoissances, enrichit la langue des mots qu'elle croit propres à les communiquer. Le système des langues s'étend donc, et il se met peu à peu en proportion avec celui des idées.

Actuellement vous pouvez juger quelles langues sont plus parfaites, et quelles langues le sont moins.

Quelles langues sont plus parfaites.

Les sauvages ont peu de besoins, donc ils observent peu ; donc ils ont peu d'idées. Ils n'ont aucun intérêt à étudier l'agriculture, le commerce, les arts, les sciences ; donc leurs langues ne sont pas propres à rendre les connoissances que nous avons sur ces différens objets. Assez parfaites pour eux, puisqu'elles suffisent à leurs besoins, elles seroient imparfaites pour nous, parce qu'elles manquent d'expressions pour rendre le plus grand nombre de nos idées. Il faut donc conclure que les langues les plus riches sont celles des peuples qui ont beaucoup cultivé les arts et les sciences.

Comment il s'établit une proportion entre les besoins, les connoissances et les langues.

Vous vous souvenez, Monseigneur, que pour rendre sensible la proportion qui tend à s'établir entre les besoins, les connoissances et les langues, nous avons tracé différens cercles; un fort petit, dans lequel nous avons circonscrit les besoins des sauvages; un plus grand qui contenoit les besoins des peuples pasteurs; un plus grand encore, pour les besoins des peuples qui commencent à cultiver la terre : enfin, un dernier dont la circonférence s'étend continuellement, et c'est celui où nous renfermions les besoins des peuples qui créent les arts. Ces cercles croissoient à nos yeux, à mesure que la société se formoit de nouveaux besoins. Nous remarquions que les besoins précèdent les connoissances, puisqu'ils nous déterminent à les acquérir; le cercle des besoins dépasse, dans les commencemens, celui des connoissances. Nous faisions le même raisonnement sur les connoissances; elles précèdent les mots, puisque nous ne faisons des mots que pour exprimer des idées que nous avions déjà. Le cercle des connoissances dépasse donc aussi, dans les commencemens, celui des langues : enfin, nous remarquions que tous ces cercles tendent à se confondre avec le plus grand, parce que, chez tous les peuples, les connoissances tendent à remplir le cercle des besoins, et que les langues croissent dans la même proportion.

Parcourons maintenant la surface de la terre, nous verrons les connoissances augmenter ou diminuer, suivant que les besoins sont plus multipliés ou plus bornés. Réduites presqu'à rien parmi les sauvages, ce sont des plantes informes, qui ne peuvent croître dans un sol ingrat, où elles manquent de culture. Au contraire, transplantées dans les sociétés civiles, elles s'élèvent, elles s'étendent, elles se greffent les unes sur les autres, elles se multiplient de toutes sortes de manières, et elles varient leurs fruits à l'infini.

Comme votre petite chaise est faite sur le même modèle que la mienne qui est plus élevée ; ainsi le système des idées est le même, pour le fond, chez les peuples sauvages et chez les peuples civilisés ; il ne diffère que parce qu'il est plus ou moins étendu : c'est un même modèle d'après

Toutes les langues portent sur les mêmes fondemens.

lequel on a fait des siéges de différente hauteur.

Or, puisque le système des idées a partout les mêmes fondemens, il faut que le système des langues soit, pour le fond, également le même par-tout; par conséquent, toutes les langues ont des règles communes; toutes ont des mots de différentes espèces; toutes ont des signes pour marquer les rapports des mots.

En quoi les langues diffèrent.

Cependant les langues sont différentes, soit parce qu'elles n'employent pas les mêmes mots pour rendre les mêmes idées, soit parce qu'elles se servent de signes différens pour marquer les mêmes rapports. En français, par exemple, on dit *le livre de Pierre*; en latin, *liber Petri*. Vous voyez que les Romains exprimoient, par un changement dans la terminaison, le même rapport que nous exprimons par un mot destiné à cet usage.

Comment elles se perfectionnent.

Les langues ne se perfectionnent qu'autant qu'elles analysent; au lieu d'offrir à la fois des masses confuses, elles présentent les idées successivement, elles les distribuent avec ordre, elles en font différentes classes ; elle manient, pour ainsi dire , les élémens de la pensée , et elles les combinent d'une infinité de manières; c'est à quoi elles réussissent plus ou moins, suivant qu'elles ont des moyens plus ou moins commodes pour séparer les idées, pour les rapprocher, et pour les comparer sous tous les rapports possibles. Vous connoissez, Monseigneur, les chiffres romains et les chiffres arabes; et vous jugez, par votre expérience, combien ceux-ci facilitent les calculs. Or les mots sont, par rapport à nos idées , ce que les chiffres sont par rapport aux nombres. Une langue seroit donc imparfaite, si elle se servoit de signes aussi embarrassans que les chiffres romains.

Ce chapitre, Monseigneur, et le précédent, ne sont que des préliminaires à l'analyse du discours, et ils étoient nécessaires; car, avant que d'entreprendre de décomposer une langue, il faut avoir quelque connoissance de la manière dont elle s'est formée.

Une autre connoissance, qui n'est pas moins nécessaire, c'est de savoir en quoi

Connoissance préliminaire à l'analyse du discours.

consiste l'art d'analyser la pensée. Vous n'avez encore, sur se sujet, que des notions imparfaites; je vais essayer de vous en donner de plus précises dans les chapitres suivans.

CHAPITRE III.

En quoi consiste l'Art d'analyser nos pensées.

Vous éprouvez, Monseigneur, que tous les objets qui font en même temps une sensation dans vos yeux, sont également présens à votre vue. <small>Comment l'œil analyse et nous fait remarquer, dans une sensation confuse plusieurs sensations distinctes.</small>

Or vous pouvez embrasser d'un coup d'œil tous ces objets, sans donner une attention particulière à aucun ; et vous pouvez aussi porter votre attention de l'un à l'autre, et les remarquer chacun en particulier. Dans l'un et l'autre cas tous continuent d'être présens à votre vue, tant qu'ils continuent tous d'agir sur vos yeux.

Mais lorsque votre vue les embrasse également, et que vous n'en remarquez aucun, vous ne pouvez pas vous rendre un compte exact de tout ce que vous voyez ; et parce que vous appercevez trop de choses à la fois, vous les appercevez confusément.

Pour être en état de vous en rendre compte, il faut les appercevoir d'une manière distincte, et pour les appercevoir d'une manière distincte, il faut observer, l'une après l'autre, ces sensations qui se font dans vos yeux toutes au même instant.

Lorsque vous les observez ainsi, elles sont successives par rapport à votre œil qui se dirige d'un objet sur un autre : mais elles sont simultanées par rapport à votre vue, qui continue de les embrasser. En effet, si vous ne regardez qu'une chose, vous en voyez plusieurs ; et il vous est même impossible de n'en pas voir beaucoup plus que vous n'en regardez.

Or des sensations, simultanées par rapport à votre vue, agissent sur vous comme une seule sensation qui est confuse, parce qu'elle est trop composée. Il ne vous en reste aucun souvenir, et vous êtes porté à croire que vous n'avez rien vu. Des sensations, au contraire, que vous observez l'une après l'autre agissent sur vous comme autant de sensations distinctes : vous vous souvenez des choses que vous avez vues, et quelquefois ce souvenir est si vif qu'il vous semble les voir encore.

Si plusieurs sensations simultanées se réunissent confusément, et paroissent, lorsque la vue les embrasse toutes à la fois composer une seule sensation dont il ne reste rien, vous voyez qu'elles se décomposent lorsque l'œil les observe l'une après l'autre, et qu'alors elles s'offrent à vous successivement d'une manière distincte.

Ce que vous remarquez des sensations de la vue est également vrai des idées et des opérations de l'entendement. Lorsque votre esprit embrasse à la fois plusieurs idées et plusieurs opérations qui co-existent c'est-à-dire, qui existent en lui toutes ensemble, il en résulte quelque chose de composé dont nous ne pouvons démêler les différentes parties ; nous n'imaginons pas même alors que plusieurs idées aient pu être en même temps présentes à notre esprit, et nous ne savons ni à quoi, ni ce que nous avons pensé. Mais lorsque ces idées et ces opérations viennent à se succéder, alors notre pensée se décompose, nous démêlons peu à peu ce qu'elle ren-

L'analyse des idées de l'entendement se fait de la même manière.

ferme, nous observons ce que fait notre esprit, et nous nous faisons de ses opérations une suite d'idées distinctes.

En effet, comme l'unique manière de décomposer les sensations de la vue est de les faire succéder l'une à l'autre, de même l'unique manière de décomposer une pensée, est de faire succéder l'une à l'autre, les idées et les opérations dont elle est formée. Pour décomposer, par exemple l'idée que j'ai à la vue de ce bureau, il faut que j'observe successivement toutes les sensations qu'il fait en même temps sur moi, la hauteur, la longueur, la largeur, la couleur, etc. ; c'est ainsi que pour décomposer ma pensée, lorsque je forme un désir, j'observe successivement l'inquiétude ou le mal-aise que j'éprouve, l'idée que je me fais de l'objet propre à me soulager, l'état où je suis pour en être privé, le plaisir que me promet sa jouissance, et la direction de toutes mes facultés vers le même objet.

A quoi se réduit l'art de décomposer la pensée.

Ainsi décomposer une pensée, comme une sensation, ou se représenter successivement les parties dont elle est composée, c'est la même chose ; et, par conséquent, l'art de décomposer nos pensées n'est que l'art de rendre successives les idées et les opérations qui sont simultanées.

Je dis *l'art de décomposer nos pensées*, et ce n'est pas sans raison que je m'exprime de la sorte. Car, dans l'esprit, chaque pensée est naturellement composée de plusieurs idées et de plusieurs opérations qui coexistent ; et pour savoir la décomposer, il faut avoir appris à se représenter, l'une après l'autre, ces idées et ces opérations. Vous venez de le voir dans la décomposition du désir ; et vous pouvez encore vous en convaincre par l'analyse de l'entendement humain. Car si l'attention, la comparaison, le jugement, etc., ne sont que la sensation transformée, c'est une conséquence que ces opérations ne soient que la sensation décomposée ou considérée successivement sous différens points de vue.

La sensation enveloppe donc toutes nos idées et toutes nos opérations ; l'art de la décomposer, n'est que l'art de nous représenter successivement les idées et les opérations qu'elle renferme.

Nous avons jugé et raisonné, avant de pouvoir remarquer que nous jugions et raisonnions.

Je pourrois, par conséquent, former des jugemens et des raisonnemens, et n'avoir point encore de moyens pour les décomposer. J'en ai même formé, avant d'avoir su m'en représenter les parties dans l'ordre successif, qui peut seul me les faire distinguer. Alors je jugeois et je raisonnois sans pouvoir me faire d'idées distinctes de ce qui se passoit en moi, et, par conséquent, sans savoir que je jugeois et que je raisonnois. Mais il n'en étoit pas moins vrai, que je faisois des jugemens et des raisonnemens. La décomposition d'une pensée suppose l'existence de cette pensée; et il seroit absurde de dire que je ne commence à juger et à raisonner, que lorsque je commence à pouvoir me représenter successivement ce que je sais quand je juge et quand je raisonne.

Ce sont les langues qui nous fournissent les moyens de décomposer la pensée.

Si toutes les idées, qui composent une pensée, sont simultanées dans l'esprit, elles sont successives dans le discours : ce sont donc les langues qui nous fournissent les moyens d'analyser nos pensées. Nous allons observer ces moyens dans les deux chapitres suivans.

CHAPITRE IV.

Combien les signes artificiels sont nécessaires pour décomposer les opérations de l'ame, et nous en donner des idées distinctes.

Lorsqu'on juge qu'un arbre est grand, l'opération de l'esprit n'est que la perception du rapport de *grand* à *arbre*, si, comme nous l'avons dit, juger n'est qu'appercevoir un rapport entre d'eux idées que l'on compare.

_{Le jugement peut être considéré comme une perception ou comme une affirmation.}

Il est vrai, Monseigneur, que vous auriez pu m'objecter que, lorsque vous jugez, vous faites quelque chose de plus que d'appercevoir. En effet vous ne voulez pas seulement dire que vous appercevez qu'un arbre est grand, vous voulez encore affirmer qu'il l'est.

Je réponds que la perception et l'affirmation ne sont, de la part de l'esprit, qu'une même opération sous deux vues différentes. Nous pouvons considérer le rapport, entre *arbre* et *grand*, dans la perception que nous en avons, ou dans les idées de *grand* et *d'arbre*, idées qui nous représentent un grand arbre comme existant hors de nous. Si nous le considérons seulement dans la perception, alors il est évident que la perception et le jugement ne sont qu'une même chose. Si, au contraire, nous le considérons encoré dans les idées de *grand* et *d'arbre*, alors l'idée de grandeur convient à l'idée d'arbre, indépendamment de notre perception, et le jugement devient une affirmation. Envisagée sous ce point de vue, la proposition, *cet arbre est grand*, ne signifie pas seulement que nous appercevons l'idée d'arbre avec l'idée de grandeur : elle signifie encore que la grandeur appartient réellement à l'arbre.

Un jugement comme perception, et un jugement comme affirmation, ne sont donc qu'une même opération de l'esprit; et ils ne diffèrent que parce que le premier se borne à faire considérer un rapport dans la perception qu'on en a, et que le second le fait considérer dans les idées que l'on compare.

Or d'où nous vient le pouvoir d'affirmer ou de considérer un rapport dans les idées que nous comparons, plutôt que dans la perception que nous en avons ? De l'usage des signes artificiels.

Comment, avec le secours des signes artificiels, les jugemens qui n'étoient que des perceptions deviennent des affirmations.

Vous avez vu que pour découvrir le mécanisme d'une montre, il la faut décomposer, c'est-à-dire, en séparer les parties, les distribuer avec ordre, et les étudier chacune à part. Vous vous êtes aussi convaincu que cette analyse est l'unique moyen d'acquérir des connoissances, de quelques espèces qu'elles soient.

Vous avez jugé, en conséquence, que pour connoître parfaitement la pensée, il la falloit décomposer, et en étudier successivement toutes les idées, comme vous étudierez toutes les parties d'une montre.

Pour faire cette décomposition, vous avez distribué avec ordre les mots qui sont les signes de vos idées. Dans chaque mot vous avez considéré chaque idée séparément ; et dans deux mots que vous avez rapprochés, vous avez observé le rapport que deux idées ont l'une à l'autre. C'est donc à l'usage des mots que vous devez le pouvoir de considérer vos idées chacune en elle-même, et de les comparer les unes avec les autres pour en découvrir les rapports. En effet vous n'aviez pas d'autre moyen pour faire cette analyse. Par conséquent, si vous n'aviez eu l'usage d'aucun signe artificiel, il vous auroit été impossible de la faire.

Mais si vous ne pouviez pas faire cette analyse, vous ne pourriez pas considérer, séparément, et chacune en elle-même, les idées dont se forme votre pensée. Elles resteroient donc comme enveloppées confusément dans la perception que vous en avez.

Dès qu'elles seroient ainsi enveloppées, il est évident que les comparaisons et les jugemens de votre esprit ne seroient pour vous que ce que nous appelons perception. Vous ne pourriez pas faire cette proposition, *cet arbre est grand*; puisque ces idées seroient simultanées dans votre esprit, et que vous n'auriez pas de moyens pour vous les représenter dans l'ordre successif qui les distingue et que le discours peut seul leur donner. Par conséquent, vous ne pourriez pas juger de ce rapport, si, par en juger, vous entendez l'affirmer.

Tout vous confirme donc que le jugement, pris pour une affirmation, est, dans votre esprit, la même opération que le jugement, pris pour une perception : et qu'ayant, par vous-même, la faculté d'appercevoir un rapport, vous devez à l'usage des signes artificiels, la faculté de l'affirmer ou de pouvoir faire une proposition. L'affirmation est, en quelque sorte, moins dans votre esprit que dans les mots qui prononcent les rapports que vous appercevez.

Comme les mots développent successivement dans une proposition, un jugement dont les idées sont simultanées dans l'esprit, ils développent, dans une suite de propositions, un raisonnement dont les parties sont également simultanées, et vous découvrez en vous une suite d'idées et d'opérations que vous n'auriez pas démêlées sans leur secours.

Comment toutes les parties d'un raisonnement, quoique simultanées dans l'esprit, se développent successivement par le moyen des signes artificiels.

Puisqu'il n'y a point d'homme qui n'ait été sans l'usage des signes artificiels, il

Tout homme a été dans l'impuissance de démêler ce qui se passe dans son esprit.

n'en est point à qui les idées et les opérations de son esprit ne se soient offertes, pendant un temps, tout-à-fait confondues avec la sensation; et tous ont commencé par être dans l'impuissance de démêler ce qui se passoit dans leur pensée. Ils ne faisoient qu'appercevoir, et leur perception, où tout se confondoit, leur tenoit lieu de jugement et de raisonnement ; elles en étoient l'équivalent. Vous concevez combien il étoit difficile de dépouiller ce chaos. Vous avez néanmoins surmonté cette difficulté, et vous devez juger que vous en pouvez surmonter d'autres.

Tout animal qui a des sensations à la faculté d'appercevoir des rapports.

Dès que nous ne pouvons appercevoir séparément et distinctement les opérations de notre ame que dans les noms que nous leur avons donnés, c'est une conséquence que nous ne sachions pas observer de pareilles opérations dans les animaux, qui n'ont pas l'usage de nos signes artificiels. Ne pouvant pas les démêler en eux, nous les leur refusons; et nous disons qu'ils ne jugent pas, parce qu'ils ne prononcent pas, comme nous, des jugemens.

Vous éviterez cette erreur, si vous considérez que la sensation enveloppe toutes les idées et toutes les opérations dont nous sommes capables. Si ces idées et ces opérations n'étoient pas en nous, les signes artificiels ne nous apprendroient pas à les distinguer. Ils les supposent donc, et tout animal qui a des sensations, a la faculté de juger, c'est-à-dire, d'appercevoir des rapports.

CHAPITRE V.

Avec quelle méthode on doit employer les signes artificiels pour se faire des idées distinctes de toute espèce.

<small>L'analyse des objets qui sont hors de nous ne peut se faire qu'avec des signes artificiels.</small>

Nous venons de voir que les signes artificiels sont nécessaires pour démêler les opérations de notre ame : ils ne le sont pas moins pour nous faire des idées distinctes des objets qui sont hors de nous. Car, si nous ne connoissons les choses qu'autant que nous les analysons, c'est une conséquence, que nous ne les connoissions qu'autant que nous nous représentons successivement les qualités qui leur appartiennent. Or c'est ce que nous ne pouvons faire qu'avec des signes choisis et employés avec art.

<small>Cch analyse est assujettie à un ordre.</small>

Il ne suffiroit pas de faire passer ces qualités l'une après l'autre devant l'esprit. Si elles y passoient sans ordre, nous ne saurions où les retrouver ; il ne nous resteroit que des idées confuses ; et, par conséquent, nous ne retirerions presque aucun fruit des décompositions que nous aurions faites. L'analyse est donc assujettie à un ordre.

Pour le découvrir, cet ordre, il suffit de considérer que l'analyse a pour objet de distinguer les idées, de les rendre faciles à retrouver, et de nous mettre en état de les comparer sous toutes sortes de rapports.

On découvrira cet ordre, si on considère l'objet que se fait l'analyse.

Or, si elle en trace la suite dans la plus grande liaison ; si, en les faisant naître les unes des autres, elle en montre le développement successif ; si elle donne à chacune une place marquée, et la place qui lui convient ; alors chaque idée sera distincte et se retrouvera facilement. Il suffira même de s'en rappeler une, pour se rappeler successivement toutes les autres, et il sera facile d'en observer les rapports. Nous pourrons les parcourir sans obstacles, et nous arrêter à notre choix sur toutes celles que nous voudrons comparer.

Il ne s'agit donc pas, pour analyser, de se faire un ordre arbitraire. Il y en a un qui est donné par la manière dont nous

La nature indique cet ordre.

concevons. La nature l'indique elle-même; et, pour le découvrir, il ne faut qu'observer ce qu'elle nous fait faire.

Elle nous a donné des sens qui décomposent les objets sans aucun art de notre part.

Les objets commencent d'eux-mêmes à se décomposer, puisqu'ils se montrent à nous avec des qualités différentes, suivant la différence des organes exposés à leur action. Un corps, tout-à-la fois solide, coloré, sonore, odoriférant et savoureux, n'est pas tout cela à chacun de nos sens; et ce sont là autant de qualités qui viennent successivement à notre connoissance par autant d'organes différens.

Le toucher nous fait considérer la solidité comme séparée des autres qualités qui se réunissent dans le même corps; la vue nous fait considérer la couleur de la même manière. En un mot, chaque sens décompose : et c'est nous, dans le vrai, qui formons des idées composées, en réunissant, dans chaque objet, des qualités que nos sens tendent à séparer.

Or, vous avez vu, Monseigneur, qu'une idée abstraite est une idée que nous formons en considérant une qualité séparément des autres qualités auxquelles elle est unie. Il suffit donc d'avoir des sens pour avoir des idées abstraites.

Mais tant que nous n'avons des idées abstraites que par cette voie, elles viennent à nous sans ordre; elles disparoissent quand les objets cessent d'agir sur nos sens : ce ne sont que des connoissances momentanées, et notre vue est encore bien confuse et bien trouble.

Cependant c'est la nature qui commence à nous faire démêler quelque chose dans les impressions que les organes font passer jusqu'à l'ame. Si elle ne commençoit pas, nous ne pourrions pas commencer nous-mêmes. Mais, quand elle a commencé, elle s'arrête; contente de nous avoir mis sur la voie, elle nous laisse, et c'est à nous d'avancer.

Jusques-là, c'est donc sans aucun art de notre part que se font toutes les décompositions. Or comment pourrons-nous faire avec art d'autres décompositions pour acquérir de vraies connoissances ? C'est encore en observant l'ordre que la nature nous prescrit elle-même. Mais vous savez que cet ordre est celui dans lequel nos

Pour les décomposer avec art, l'ordre de l'analyse doit être celui de la génération des idées.

idées naissent les unes des autres, conséquemment à notre manière de sentir et de concevoir. C'est donc dans l'ordre le plus conforme à la génération des idées que nous devons analyser les objets.

L'ordre de la génération des idées est de l'individu au genre, et du genre aux espèces.

Papa, dans la bouche d'un enfant qui n'a vu que son père, n'est encore pour lui que le nom d'un individu ; mais lorsqu'il voit d'autres hommes, il juge, aux qualités qu'ils ont en commun avec son père, qu'ils doivent aussi avoir le même nom, et il les appelle *papa*. Ce mot n'est donc plus pour lui le nom d'un individu ; c'est un nom commun à plusieurs individus qui se ressemblent ; c'est le nom de quelque chose qui n'est ni Pierre ni Paul ; c'est, par conséquent, le nom d'une idée qui n'a d'existence que dans l'esprit de cet enfant ; et il ne l'a formée que parce qu'il a fait abstraction des qualités particulières aux individus Pierre et Paul, pour ne penser qu'aux qualités qui leur sont communes. Il n'a pas eu de peine à faire cette abstraction ; il lui a suffi de ne pas remarquer les qualités qui distinguent les individus. Or il lui est bien plus facile de saisir les ressemblances que les différences; et c'est pourquoi il est naturellement porté à généraliser. Lorsque, dans la suite, les circonstance lui apprendront qu'on appelle *homme* ce qu'il nommoit *papa*, il n'acquerra pas une nouvelle idée, il apprendra seulement le vrai nom d'une idée qu'il avoit déjà.

Mais il faut observer qu'une fois qu'un enfant commence à généraliser, il rend une idée aussi étendue qu'elle peut l'être, c'est-à-dire, qu'il se hâte de donner le même nom à tous les objets qui se ressemblent grossièrement, et il les comprend tous dans une seule classe. Les ressemblances sont les premières choses qui le frappent, parce qu'il ne sait pas encore assez analyser pour distinguer les objets par les qualités qui leur sont propres. Il n'imaginera donc des classes moins générales, que lorsqu'il aura appris à observer par où les choses diffèrent. Le mot *homme*, par exemple, est d'abord pour lui une dénomination commune, sous laquelle il comprend indistinctement tous les hommes. Mais lorsque, dans la suite, il aura occasion de connoître les différentes conditions, il fera aussitôt les classes subordonnées et moins générales de militaires, de magistrats, de bourgeois, d'artisans, de laboureurs, etc.; tel est donc l'ordre de la génération des idées. On passe tout-à-coup de l'individu au genre, pour descendre ensuite aux différentes espèces, qu'on multiplie d'autant plus qu'on acquiert plus de discernement, c'est-à-dire, qu'on apprend mieux à faire l'analyse des choses.

Toutes les fois donc qu'un enfant entend nommer un objet avant d'avoir remarqué qu'il ressemble à d'autres, le mot, qui est pour nous le nom d'une idée générale, est pour lui le nom d'un individu; ou, si ce mot est pour nous un nom propre, il le généralise aussitôt qu'il trouve des objets semblables à celui qu'on a nommé; et il ne fait des classes moins générales qu'à mesure qu'il apprend à remarquer les différences qui distinguent les choses.

Vous voyez donc, Monseigneur, comment nos premières idées sont d'abord individuelles, comment elles se généralisent, et comment, de générales, elles deviennent des espèces subordonnées à un genre.

GRAMMAIRE. 59

Cette génération est fondée sur la nature des choses. Il faut bien que nos premières idées soient individuelles ; car, puisqu'il n'y a hors de nous que des individus, il n'y a aussi que des individus qui puissent agir sur nos sens. Les autres objets de notre connoissance ne sont point des choses réelles qui aient une existence dans la nature ; ce ne sont que différentes vues de l'esprit, qui considère, dans les individus, les rapports par où ils se ressemblent, et ceux par où ils diffèrent.

Cet ordre est fondé sur la nature des choses.

Il n'y a donc qu'un moyen pour acquérir des connoissances exactes et précises ; c'est de nous conformer, dans nos analyses, à l'ordre de la génération des idées. Voilà la méthode avec laquelle nous devons employer les signes artificiels.

La méthode qui suit l'ordre de la génération des idées, est l'unique pour analyser les choses, et pour acquérir de vraies connoissances.

Si nous ne savions pas faire usage de cette méthode, les signes artificiels ne nous conduiroient qu'à des idées imparfaites et confuses ; et si nous n'avions point de signes artificiels, nous n'aurions point de méthode, et, par conséquent, nous n'acquerrions point de connoissances. Tout vous confirme donc, Monseigneur, combien les signes artificiels nous sont nécessaires pour démêler les idées qui sont confusément dans nos sensations (1).

Avant que nous eussions étudié ensemble cette méthode, vous en aviez déjà fait usage, et vous aviez acquis quelques idées abstraites. Conduit par les circonstances qui vous faisoient deviner à peu près le sens des mots, vous aviez analysé les choses, sans remarquer que vous les analysiez, et sans réfléchir sur l'ordre que vous deviez suivre dans ces analyses : aussi étoient-elles souvent bien imparfaites. Mais enfin vous aviez analysé, et vous vous étiez fait des idées que vous n'auriez jamais eues, si vous n'aviez pas entendu des mots, et si vous n'aviez pas senti le besoin d'en saisir la signification.

---

(1) Pourroit-on devenir géomètre sans méthode, et si les géomètres n'avoient point de signes artificiels, pourroient-ils avoir une méthode ? Or, la langue qu'un enfant apprend est la méthode à laquelle il doit les connoissances qu'il acquiert tout seul. Il y trouve des signes pour faire des analyses, qu'il n'auroit jamais faites s'il n'avoit pas appris à parler.

Si ces idées étoient en petit nombre, si elles étoient encore bien confuses, et si vous n'étiez pas capable de vous en rendre raison, c'est que les circonstances vous avoient mal conduit. Vous n'aviez pas eu occasion d'apprendre assez de mots, ou vous ne les aviez pas appris dans l'ordre le plus propre à vous en donner l'intelligence. Souvent celui que vous entendiez prononcer, et dont vous auriez voulu saisir le sens, en supposoit, pour être bien compris, d'autres que vous ne connoissiez pas encore. Quelquefois les personnes, qui parloient devant vous, faisoient un étrange abus du langage; et, ne connoissant pas elles-mêmes la valeur des termes dont elles se servoient, elles vous donnoient de fausses idées. Cependant vous pensiez d'après elles avec confiance, et elles croyoient vous instruire. Or des signes qui venoient à votre connoissance, avec si peu d'ordre et de précision, n'étoient propres qu'à vous faire faire des analyses fausses ou peu exactes. Une pareille méthode, si c'en est une, ne pouvoit donc vous donner que beaucoup de notions confuses et beaucoup de préjugés.

Qu'avez-vous fait avec moi pour donner plus de précision à vos idées, et pour en acquérir de nouvelles ? Vous avez repassé sur les mots que vous saviez, vous en avez appris de nouveaux, et vous avez étudié le sens des uns et des autres dans l'ordre de la génération des idées. Vous voyez que cette méthode est l'unique ; votre expérience vous a au moins convaincu qu'elle est bonne.

Il y a deux méthodes : l'une pour parler aux personnes instruites, et l'autre pour parler aux personnes qu'on instruit.

Pour achever, Monseigneur, de vous éclairer sur la méthode, il faut vous faire remarquer qu'il y a un ordre dans lequel nous acquérons des idées, et un ordre dans lequel nous distribuons celles que nous avons acquises.

Le premier est, comme vous l'avez vu, celui de leur génération ; le second est le renversement du premier. C'est celui où nous commençons par l'idée la plus générale, pour descendre, de classe en classe, jusqu'à l'individu.

Vous aurez, plus d'une fois, occasion de remarquer que les idées générales abrègent le discours. C'est donc par elles qu'on doit commencer, quand on parle à des personnes instruites. Il seroit importun et superflu de remonter à l'origine des idées, puisqu'on ne leur diroit que ce qu'elles savent, ou sont censées savoir.

Il n'en est pas de même quand on parle à des personnes qui ne savent rien, ou qui savent tout imparfaitement. Si je vous présentois mes idées dans l'ordre qu'elles ont dans mon esprit, je commencerois par des choses que vous ne pourriez pas entendre, parce qu'elles en supposeroient que vous ne savez pas. Je dois donc vous les présenter dans l'ordre dans lequel vous auriez pu les acquérir tout seul.

Par exemple, si j'avois défini l'entendement, la volonté ou la pensée, avant d'avoir analysé les opérations de l'ame, vous ne m'auriez pas entendu. Vous ne m'entendriez pas davantage, si je commençois cet ouvrage par définir la grammaire, et ce que les grammairiens appellent les *parties d'oraison*. Il est vrai que je pourrois, dans la suite, expliquer ces choses; mais seroit-il raisonnable de vous forcer à écouter et à répéter des mots auxquels vous n'attacheriez encore aucune signification, et d'en renvoyer l'explication à un autre tems? Je dois donc ne vous apprendre les mots que vous ne savez pas, qu'après vous en avoir donné l'idée, en me servant des mots dont vous avez l'intelligence.

<small>Avantages de la méthode d'instruction.</small>

J'ai plusieurs raisons, Monseigneur, pour vous faire faire ces réflexions. La première, c'est qu'en vous rendant compte de la méthode que je me propose de suivre, je vous éclaire davantage, et que je vous mets peu à peu en état de vous instruire sans moi.

La seconde, c'est qu'en vous montrant comment je dois m'expliquer pour être à votre portée, je vous apprends à juger par vous-même, si, en effet, je vous offre mes idées dans l'ordre le plus propre à me faire entendre. Je pourrois, oubliant ma méthode, vous parler comme à une personne instruite. Alors vous ne m'entendriez pas, et peut-être vous en prendriez-vous à vous-même. Il faut que vous sachiez que ce pourroit être ma faute.

Enfin ces réflexions sont propres à vous prévenir contre un préjugé où l'on est généralement, que les idées abstraites sont bien difficiles. Vous pouvez juger par vous-même si celles que vous vous êtes faites, depuis que nous étudions ensemble, vous ont beaucoup coûté; les autres ne vous coûteront pas davantage.

En effet, pourquoi avons-nous tant de peine à nous familiariser avec les sciences qu'on nomme abstraites ? C'est que nous les étudions avant d'avoir fait d'autres études qui devoient nous y préparer; c'est que ceux qui les enseignent nous parlent comme à des personnes instruites, et nous supposent des connoissances que nous n'avons pas. Toutes les études seroient faciles, si, conformément à l'ordre de la génération des idées, on nous faisoit passer de connoissance en connoissance, sans jamais franchir aucune idée intermédiaire, ou du moins en ne supprimant que celles qui peuvent facilement se suppléer. Je puis vous rendre cette vérité sensible par une comparaison qui n'est pas noble, à la vérité, mais elle nous éclairera, et nous ne cherchons que la lumière.

Considérez donc, Monseigneur, les idées

que vous avez acquises, comme une suite d'échelons, et jugez s'il vous eût été possible de sauter tout-à-coup au haut de l'échelle. Vous voyez que vous n'auriez pas même pu monter les échelons deux à deux, et vous les avez montés facilement un à un. Or les sciences ne sont que plusieurs échelles mises bout à bout. Pourquoi donc ne pourriez-vous pas, d'échelon en échelon, monter jusqu'au dernier ?

CHAPITRE VI.

Les Langues considérées comme autant de méthodes analytiques.

Vous avez vu combien les signes artificiels nous sont nécessaires pour démêler dans nos sensations, toutes les opérations de notre ame ; et nous avons observé comment nous devons nous en servir pour nous faire des idées de toute espèce. Le premier objet du langage est donc d'analyser la pensée. En effet nous ne pouvons montrer, successivement aux autres, les idées qui co-existent dans notre esprit, qu'autant que nous savons nous les montrer successivement à nous-mêmes ; c'est-à-dire, que nous ne savons parler aux autres qu'autant que nous savons nous parler. On se tromperoit, par conséquent, si l'on croyoit que les langues ne nous sont utiles que pour nous communiquer mutuellement nos pensées.

C'est donc comme méthodes analytiques que nous les devons considérer; et nous ne les connoîtrons parfaitement que lorsque nous aurons observé comment elles ont analysé la pensée.

<small>Commen les langues sont des méthodes analytiques plus ou moins parfaites.</small>
Dans le peu que vous savez de votre langue, Monseigneur, vous voyez des mots pour exprimer vos idées, et d'autres mots pour exprimer les rapports que vous appercevez entr'elles. Vous concevez qu'avec moins de mots, vous auriez moins d'idées, et vous découvririez moins de rapports. Il ne faut, pour cela, que vous rappeler l'ignorance où vous étiez, il n'y a pas long-temps. Vous concevez aussi qu'avec plus de mots que vous n'en savez, vous pourriez avoir plus d'idées et découvrir plus de rapports.

Dans le français, tel que vous l'avez su d'abord, vous pouvez vous représenter une langue qui commence et qui ne fait, pour ainsi dire, que dégrossir la pensée. Dans le français, tel que vous le savez aujourd'hui, vous voyez une langue qui a fait des progrès, qui fait plus d'analyses, et qui les fait mieux. Enfin, dans le français tel que vous le saurez un jour, vous prévoyez de nouveaux progrès; et vous commencez à comprendre comment il deviendra capable d'analyser la pensée jusques dans les moindres détails.

Si cette analyse se faisoit sans méthode, la pensée ne se débrouilleroit qu'imparfaitement; les idées s'offriroient confusément et sans ordre à celui qui voudroit parler; et il ne pourroit se faire entendre qu'autant qu'on le devineroit. Aussi avons-nous vu que cette analyse est assujettie à une méthode, et que cette méthode est plus ou moins parfaite, suivant que, se conformant à la génération des idées, elle la montre d'une manière plus ou moins sensible. Tout confirme donc que nous devons considérer les langues comme autant de méthodes analytiques; méthodes qui d'abord ont toute l'imperfection des langues qui commencent et qui, dans la suite, font des progrès à mesure que les langues en font elles-mêmes.

Mais, me direz-vous, les hommes ne connoissoient pas cette méthode avant d'avoir fait les langues : comment donc les ont-ils faites d'après cette méthode ?

<small>C'est àले or ines, que les hommes, en formant les langues, ont suivi une méthode analytique.</small>

Cette difficulté, Monseigneur, prouve seulement que, dans les commencemens, cette méthode a été aussi imparfaite que les langues.

En effet, si vous réfléchissez sur les idées que vous avez acquises avec moi, vous vous convaincrez que vous les devez à l'analyse; que vous n'auriez pas pu en acquérir d'aussi précises par toute autre voie; et que, par conséquent, vous avez tout seul analysé quelquefois méthodiquement, si auparavant vous en aviez d'exactes, comme en effet vous en aviez. Mais alors vous analysiez sans le savoir. Or c'est ainsi que les hommes ont suivi, dans la formation des langues, une méthode analytique. Tant que cette méthode a été imparfaite, ils se sont exprimés grossièrement et avec beaucoup d'embarras; et c'est à proportion des progrès qu'elle a faits, qu'ils ont été capables de parler avec plus de clarté et de précision.

La nature vous a guidé dans les analyses que vous avez faites tout seul; vous avez démêlé quelques qualités dans les objets, parce que vous aviez besoin de les remarquer; vous avez démêlé quelques opérations dans votre ame., parce que vous aviez besoin de faire connoître vos craintes et vos désirs. Vous avez, à la vérité, trouvé des secours dans les personnes qui vous approchoient ; vous n'avez eu qu'à faire attention aux circonstances où elles prononçoient certains mots, pour apprendre à nommer les idées que vous vous faisiez.

Les hommes qui ont fait des langues, ont de même été guidés par la nature, c'est-à-dire, par les besoins qui sont une suite de notre conformation. S'ils ont été obligés d'imaginer les mots que vous avez trouvé faits, ils ont suivi, en les choisissant, la même méthode, que vous avez suivie vous-même en les apprenant.

Mais, comme vous, ils l'ont suivie à leur insu. Si on avoit pu la leur faire remarquer de bonne heure, les langues auroient fait des progrès rapides, comme votre français en fera. La lenteur des progrès ne prouve donc pas qu'elles se sont formées sans méthode ; elle prouve seulement que la méthode s'est perfectionnée lentement. Mais enfin cette méthode a donné peu à peu les règles du langage ; et le systéme des langues s'est achevé, lorsqu'on a été capable de remarquer ces règles.

Cette méthode a des règles communes à toutes les langues et à des règles particulières à chacune.

Or la pensée, considérée en général, est la même dans tous les hommes. Dans tous elle vient également de la sensation ; dans tous, elle se compose et se décompose de la même manière.

Les besoins qui les engagent à faire l'analyse de la pensée, sont encore communs à tous ; et ils emploient tous à cette analyse des moyens semblables, parce qu'ils sont tous conformés de la même manière. La méthode qu'ils suivent est donc assujettie aux mêmes règles dans toutes les langues.

Mais cette méthode se sert, dans différentes langues, de signes différens. Plus ou moins grossière, plus ou moins perfectionnée, elle rend les langues plus ou moins capables de clarté, de précision et d'énergie, et chaque langue a des règles qui lui sont propres.

Objet de la grammaire.

On appelle *grammaire* la science qui enseigne les principes et les règles de cette méthode analytique. Si elle enseigne les règles que cette méthode prescrit à toutes les langues, on la nomme *grammaire générale*; et on la nomme *grammaire particulière*, lorsqu'elle enseigne les règles que cette méthode suit dans telle ou telle langue.

Étudier la grammaire, c'est donc étudier les méthodes que les hommes ont suivies dans l'analyse de la pensée.

Cette entreprise n'est pas aussi difficile qu'elle peut vous le paroître ; elle se borne à observer ce que nous faisons quand nous parlons : car le systéme du langage est dans chaque homme qui sait parler. D'ailleurs un discours n'est qu'un jugement ou une suite de jugemens : par conséquent, si nous découvrons comment une langue analyse un petit nombre de jugemens, nous connoîtrons la méthode qu'elle suit dans l'analyse de toutes nos pensées. C'est ce que nous allons rechercher dans les chapitres suivans. Nous commencerons par observer les analyses qui se font avec le langage d'action.

CHAPITRE VII.

Comment le langage d'action décompose la pensée.

Comment la pensée de celui qui parle le langage d'action se décompose aux yeux de ceux qui l'observent.

Le langage d'action, Monseigneur, que je veux vous faire observer, n'est pas celui dont les pantomimes ont fait un art; c'est celui que la nature nous fait tenir en conséquence de la conformation qu'elle a donnée à nos organes.

Lorsqu'un homme exprime un désir par son action, et montre d'un geste un objet qu'il désire, il commence déjà à décomposer sa pensée; mais il la décompose moins pour lui que pour ceux qui l'observent.

Il ne la décompose pas pour lui; car tant que les mouvemens, qui expriment ses différentes idées, ne se succèdent pas, toutes ses idées sont simultanées comme ses mouvemens. Sa pensée s'offre donc à lui toute entière, sans succession et sans décomposition.

Mais son action la décompose souvent

pour ceux qui l'observent; et cela arrive toutes les fois qu'ils ne peuvent comprendre ce qu'il veut, qu'après avoir porté la vue sur lui pour y remarquer l'expression du désir, et ensuite sur l'objet pour remarquer ce qu'il désire. Cette observation rend donc successifs, à leurs yeux, des mouvemens qui étoient simultanés dans l'action de cet homme, et elle fait voir deux idées séparées et distinctes, parce qu'elle les fait voir l'une après l'autre.

Or, si un homme, qui ne parle que le langage d'action, remarque que pour comprendre la pensée d'un autre, il a souvent besoin d'en observer successivement les mouvemens, rien n'empêche qu'il ne remarque encore, tôt ou tard, que pour se faire entendre lui-même plus facilement, il a besoin de rendre ses mouvemens successifs. Il apprendra donc à décomposer sa pensée; et c'est alors, comme nous l'avons remarqué, que le langage d'action commencera à devenir un langage artificiel. *Comment il apprend à la décomposer lui-même.*

Cette décomposition n'offre guère que deux ou trois idées distinctes: telles que, *j'ai faim, je voudrois ce fruit, donnez-* *Idées distinctes qu'offre cette décomposition.*

le moi. Elle n'offre donc que des idées principales, plus ou moins composées.

Mais la force des besoins, la vivacité du désir, le goût qu'on se flatte de trouver dans le fruit qu'on demande, la préférence qu'on donne à ce fruit, la peine qu'on souffre par la privation, etc., sont autant d'idées accessoires qui ne se démêlent pas, encore, et qui cependant sont exprimées dans les regards, dans les attitudes, dans l'altération des traits du visage; en un mot, dans toute l'action. Ces idées ne se décomposeront qu'autant que les circonstances détermineront à faire remarquer, les uns après les autres, les mouvemens, qui en sont les signes naturels.

Il seroit curieux, Monseigneur, de rechercher jusqu'où les hommes pourroient porter cette analyse; mais ce sont des détails dans lesquels je ne dois entrer qu'autant qu'ils peuvent être utiles à l'objet que je me propose. Il me suffit, pour le présent, d'avoir observé comment le langage d'action commence à décomposer la pensée. Passons au langage des sons articulés.

CHAPITRE VIII.

Comment les Langues, dans les commencemens, analysent la pensée.

Pour juger, Monseigneur, des analyses qui se sont faites à la naissance des langues, il faudroit s'assurer de l'ordre dans lequel les choses ont été nommées. On ne peut former, à cet égard, que des conjectures, encore seroient-elles d'autant plus incertaines, qu'on entreroit dans de plus grands détails. Comme l'organisation, quoique la même pour le fond, est susceptible, suivant les climats, de bien des variétés, et que les besoins varient également, il n'est pas douteux que les hommes, jetés par la nature dans des circonstances différentes, ne se soient engagés dans des routes qui s'écartent les unes des autres.

Cependant toutes ces routes partent d'un même point, c'est-à-dire, de ce qu'il y a de commun dans l'organisation et dans les

Précautions à prendre pour ne passe perdre ans desconjecturespas vraisemblables;

besoins. Il s'agit donc d'observer les hommes dans les premiers pas qu'ils ont faits. Bornons-nous à découvrir comment ils ont commencé, et nos conjectures en auront plus de vraisemblance.

<small>Les accens ont été les premiers noms.</small>
Dans toutes les langues, les accens, communs aux deux langues, ont sans doute été les premiers noms. C'est la nature qui les donne, et ils suffisent pour indiquer nos besoins, nos craintes, nos désirs, tous nos sentimens. Susceptibles de différens mouvemens et de différentes inflexions, ils semblent se moduler sur toutes les cordes sensibles de notre ame, et leur expression varie comme nos besoins.

Les hommes n'avoient donc qu'à remarquer ces accens pour démêler les sentimens qu'ils éprouvoient, et pour distinguer, dans ces sentimens, jusqu'à des nuances. Dans la nécessité de se demander et de se donner des secours, ils firent une étude de ce langage; ils apprirent donc à s'en servir avec plus d'art; et les accens, qui n'étoient d'abord pour eux que des signes naturels, devinrent insensiblement des signes artificiels qu'ils modifièrent avec différentes articulations. Voilà vraisemblablement pourquoi la prosodie a été dans plusieurs langues une espèce de chant.

Lorsque les hommes s'étudioient à observer leurs sensations, ils ne pouvoient pas ne pas remarquer qu'elles leur arrivoient par des organes qui ne se ressemblent pas, et que, par cette raison, ils distinguoient facilement. Il ne s'agissoit donc plus que de convenir des noms qu'on donneroit à ces organes. *Comment les organes des sens ont été nommés.*

Si ces noms avoient été pris arbitrairement et comme au hasard, ils n'auroient été entendus que de celui qui les auroit choisis. Cependant, pour passer en usage, il falloit qu'ils fussent également entendus de tous ceux qui vivoient ensemble. Or il est évident qu'il n'y a que des circonstances communes à tous, qui aient pu déterminer à choisir certains mots plutôt que d'autres. Ce sont donc proprement les circonstances qui ont nommé les organes des sens. Mais quelles sont ces circonstances ? Je réponds qu'elles ont été différentes, suivant les lieux. C'est pourquoi je crois inutile de chercher à les deviner.

Comment les objets sensibles ont été nommés.

Si les hommes, lorsqu'ils observoient leurs sensations, ont été conduits à observer les organes qui les transmettoient à l'ame, ils ont été également conduits à observer les objets qui les faisoient naitre en eux, en agissant sur les organes mêmes. Ils ont donc observé les objets sensibles, et ils les ont distingués par des noms, suivant qu'ils ont eu besoin de se rendre raison de leurs plaisirs, de leurs peines, de leurs douleurs, de leurs craintes, de leurs désirs, etc. : ces noms ont été imitatifs, toutes les fois que les choses ont pu être représentées par des sons.

Les langues ont été long-temps fort bornées.

Les langues auront été long-temps bien bornées, parce que plus elles l'étoient, moins elles fournissoient de moyens pour faire de nouvelles analyses; et cependant il falloit, pour les enrichir, analyser encore. D'ailleurs les hommes accoutumés au langage d'action qui leur suffisoit presque toujours, n'auront imaginé de faire des mots qu'autant qu'ils y auront été forcés pour se faire entendre plus facilement. Or ils n'y auront été forcés que bien lentement : car, ne remarquant les choses que parce qu'elles avoient quelques rapports à leurs besoins, ils en auront remarqué d'autant moins que leurs besoins étoient en petit nombre. Ce qu'ils ne remarquoient pas, n'existoit pas pour eux, et n'aura pas été nommé.

On peut donc supposer que les langues, dans l'origine, n'étoient qu'un supplément au langage d'action, et qu'elles n'offroient qu'une collection de mots semblables à ceux-ci : *arbre, fruit, loup, voir, toucher, manger, fuir;* et qu'on n'aura pû faire que des phrases semblables à *fruit manger, loup fuir, arbre voir.* Ces mots réveilloient assez distinctement les sentimens que les besoins font naître; et ils ne retraçoient, au contraire, des objets, qu'une idée confuse, où l'on démêloit seulement s'il faut les fuir, ou les rechercher. Cette analyse étoit donc bien imparfaite. Les mots, en petit nombre, ne désignoient encore que des idées principales; et la pensée n'achevoit de s'exprimer, qu'autant que le langage d'action, qui les accompagnoit, offroit les idées accessoires. Cependant il n'est pas difficile de comprendre comment

Elles n'étoient dans l'origine, qu'un supplément au langage d'action.

les langues auront fait de nouveaux progrès.

<small>Comment elles ont du faire de nouveaux progrès.</small>

Si les hommes avoient déjà donné des noms aux sentimens de l'ame, aux organes de la sensation et à quelques objets sensibles, c'est que le langage d'action avoit suffisamment décomposé la pensée, pour faire remsrquer successivement toutes ces choses. Il est certain que si on ne les avoit pas démêlées l'une après l'autre, on n'auroit pas pu se faire séparément des idées de chacune; et si on ne les avoit pas remarquées chacune séparément, on n'auroit pas pu les nommer. Mais comme ces idées ne sont pas les seules que le langage d'action a dû faire distinguer, on conçoit comment il aura été possible de donner encore des noms à plusieurs autres.

<small>Les noms des personnes.</small>

Or il est évident que chaque homme en disant par exemple, *fruit manger*, pouvoit montrer, par le langage d'action s'il parloit de lui, ou de celui à qui il adressoit la parole, ou de tout autre; et il n'est pas moins évident qu'alors ses gestes étoient l'équivalent de ces mots *moi*, *vous*, *il*, il avoit donc des idées distinctes de ce que nous appelons la première, la seconde et la troisième personne; et celui qui comprenoit sa pensée se faisoit, de ces personnes, les mêmes idées que lui. Pourquoi donc n'auroient-ils pas pu s'accorder tôt ou tard l'un et l'autre à exprimer ces idées par quelques sons articulés?

Ces hommes pouvoient encore faire connoître, par des gestes, si un animal étoit grand ou petit, fort ou foible, doux ou méchant, etc.; mais dès qu'une fois ils avoient démêlé ces idées, ils avoient fait le plus difficile. Il ne leur restoit plus qu'à sentir qu'il seroit commode de les désigner par des sons. On fit donc des adjectifs, c'est-à-dire, des noms qui signifioient les qualités des choses, comme on avoit fait des substantifs, c'est-à-dire, des noms qui indiquoient les choses mêmes. *Les noms adjectifs.*

On pouvoit, avec la même facilité, après avoir montré deux lieux différens, marquer, par un geste, celui d'où l'on venoit, et par un autre celui où l'on alloit. Voilà donc deux gestes, l'un équivalent à la préposition *de*, et l'autre à la préposition *à*. D'autres gestes pouvoient également être équi- *Les prépositions.*

valens à *sur*, *sous*, *avant*, *après*, *etc.*; or, dès qu'on a eu démêlé ces rapports, dans la pensée décomposée par le langage d'action, on trouvoit d'autant moins de difficultés à leur donner des noms, qu'on avoit déjà nommé beaucoup d'autres idées.

Nous verrons, dans la suite, qu'il ne faut que quatre espèces de mots pour exprimer toutes nos pensées : des substantifs, des adjectifs, des prépositions, et un seul verbe, tel que le verbe *être*. Il ne reste donc plus qu'à découvrir comment les hommes auront pu avoir un pareil verbe, et prononcer enfin des propositions.

<small>Comment les opérations de l'entendement ont pu être nommées.</small> Il paroit d'abord bien difficile d'imaginer comment les hommes ont donné des noms aux opérations de l'entendement. En effet, ils ne pouvoient pas les montrer avec des gestes, comme ils avoient montré les objets sensibles, et il n'en étoit pas de ces opérations comme des sentimens de l'ame dont les noms se trouvent faits dans les accens de la nature. Cependant, si nous considérons que, dans toutes les langues, les noms des opérations de l'entendement sont des expressions figurées, qui, telles qu'*at-*

tention, *réflexion*, *imagination*, *pensée*, offrent des images sensibles, nous jugerons que les hommes ne sont parvenus à donner des noms aux opérations de l'entendement, que parce qu'ils en avoient donné à des idées sensibles qui pouvoient représenter ces opérations mêmes.

Nous pouvons considérer, Monseigneur, les organes de la sensation dans deux états différens. Ou ils reçoivent indifféremment toutes les impressions que les objets font sur eux, ou ils agissent pour recevoir une impression plutôt qu'une autre. *Voir* et *regarder*, par exemple, expriment ces deux états. Car, pour voir, l'œil n'agit pas : il suffit qu'il reçoive les impressions qui se font sur lui. Au contraire, lorsqu'il regarde, il agit, puisqu'il se dirige plus particulièrement sur un objet. C'est cette action qui le lui fait remarquer parmi plusieurs autres qu'il continue de voir.

Entendre et *écouter* expriment également ces deux états par rapport à l'ouïe. On entend tout ce qui frappe l'oreille, et l'organe n'a qu'à se laisser aller à toutes les impressions qu'il reçoit. On n'écoute, au contraire, que ce qu'on veut entendre par préférence ; et l'organe agit pour se fermer, en quelque sorte, à tout bruit qui pourroit nous distraire. On peut faire la même observation sur tous les sens.

Or supposons qu'on ait choisi le mot *attention*, pour exprimer l'action de l'œil lorsqu'il regarde ; ce mot, joint au mot *oreille*, aura paru dès-lors fort commode pour exprimer l'action de l'ouïe lorsqu'on écoute. On aura continué de l'employer de la sorte : on se sera fait une habitude de le joindre au nom de chaque organe ; et, par conséquent, il aura signifié ce que fait chaque sens, lorsqu'il agit pour être attentif à une impression, et pour se distraire de toute autre.

Attention œil, il faut me permettre ce langage, Monseigneur, aura donc signifié ce que nous faisons, lorsque nous donnons notre attention à une des choses que nous voyons ; *attention oreille*, aura signifié ce que nous faisons, lorsque nous donnons notre attention à une des choses que nous entendons, etc.

Or, dès qu'une fois le mot *attention*

est propre à exprimer l'action de chaque organe, au moment que nous sommes attentifs par la vue, par l'ouïe, par le toucher, etc. nous n'aurons qu'à l'employer tout seul, et alors il exprimera cette action seule. L'idée qu'il réveillera ne sera donc plus ni l'action de la vue ni celle de l'ouïe, ni celle du toucher : ce sera cette action considérée en faisant abstraction de tout organe. Nous ne penserons pas même aux organes et, par conséquent, le mot attention signifiera seulement l'action en général par laquelle nous sommes attentifs. Or cette action, ainsi considérée, est une opération de l'entendement. Voilà donc une opération de l'entendement qui a un nom.

Vous pouvez, Monseigneur, vous convaincre par vous-même que c'est ainsi que les hommes sont parvenus à nommer cette opération. En effet si toutes les fois qu'on a prononcé devant vous le mot *attention*, on ne l'avoit employé que pour désigner une opération de l'entendement, vous n'y auriez jamais rien compris. Mais parce que vous avez remarqué que, lorsqu'on le prononçoit, on regardoit ou on écoutoit, vous avez jugé que donner son attention, c'étoit regarder ou écouter; et en conséquence, vous avez bientôt pensé que, sans regarder et sans écouter, vous donniez votre attention, lorsque vous vous occupiez, par préférence, d'une idée qui s'offroit à votre esprit. Vous voyez donc que le mot *attention* n'est devenu pour vous le nom d'une opération de l'entendement, qu'après avoir été le nom de l'action de l'œil qui regarde, et de l'oreille qui écoute.

Cette opération ayant été nommée, il est aisé de comprendre comment toutes les autres peuvent l'être; puisque comparer, juger, réfléchir, raisonner ne sont que différentes manières de conduire notre attention. Passons au verbe *être*, et observons les hommes au moment qu'ils vont prononcer la proposition, *je suis*.

<small>Comment les hommes sont parvenus à avoir un verbe, et à prononcer des propositions.</small> Comme j'ai supposé que le mot *attention* a été donné à l'action des organes, lorsque nous sommes attentifs par la vue, par l'ouïe, par le toucher, je suppose que le mot *être* a été choisi pour exprimer l'état où se trouve chaque organe, lorsque

sans action de sa part, il reçoit les impressions que les objets font sur lui. Dans cette supposition il est évident qu'*être*, joint à œil, aura signifié *voir;* et que, joint à *oreille,* il aura signifié *entendre.* Ce mot sera donc devenu un nom commun à toutes les impressions ; et en même temps qu'il aura exprimé ce qui paroît se passer dans les organes, il aura exprimé encore ce qui se passe en effet dans l'ame. Qu'alors on fasse abstraction des organes, ce mot, prononcé tout seul, deviendra synonime de ce que nous appelons *avoir des sensations, sentir, exister.* Or voilà précisément ce que signifie le verbe *être.* Réfléchissez sur vous-même, Monseigneur, et vous verrez que c'est ainsi que vous êtes parvenu à saisir la signification de ce mot.

Ce verbe ayant été trouvé, chaque homme a pu prononcer des propositions équivalente à celle-ci, *je suis*, ou même équivalentess à beaucoup d'autres, telles que *je vois, j'entends, je donne mon attention, je juge.* Il ne falloit pour cela que joindre le nom de la première personne aux mots qui signifioient l'action de voir, d'entendre, de donner son attention, de juger.

Quand une fois un homme a fait la proposition *je suis*, en parlant de lui-même, il la peut faire en parlant de tout autre, et il peut la répéter à l'occasion de tout ce qu'il observe. Après avoir dit, *je suis*, il dira donc *il est*, *ils sont*; et il prononcera l'existence de tous les objets qui viendront à sa connoissance. Il prononcera également d'autres qualités : car qui l'empêchera de dire *il est grand*, *il est petit*, s'il a déjà imaginé des noms adjectifs ?

Lorsque les hommes commencent à faire des propositions, ils ne savoient pas toujours démêler toutes les idées qu'elles renferment.

Au reste je ne prétends pas que les hommes, au moment qu'ils commençoient à prononcer des propositions, fussent déjà en état de démêler toutes les idées qu'elles renfermoient : ce seroit leur supposer bien gratuitement une sagacité, que nos philosophes mêmes n'ont pas toujours. La proposition *je suis*, par exemple, comprend d'un côté toutes les impressions et toutes les actions dont un corps vivant et organisé est capable; et de l'autre, toutes les sensations et toutes les opérations qui appartiennent à l'ame, et qui n'appartiennent qu'à elle. Car je ne suis ou n'existe, qu'autant que tout cela, ou une partie de tout cela est en moi. Cependant la plupart de ceux qui font cette proposition sont bien éloignés de démêler toutes ces choses; et ils ne les voient que d'une manière confuse, parce qu'ils sont incapables de faire l'analyse des mots dont ils se servent. Mais enfin cette proposition a toujours la même signification, soit qu'on en fasse l'analyse ou qu'on ne la fasse pas; et, d'une bouche à l'autre, elle ne diffère que parce qu'elle offre aux uns des idées distinctes, tandis qu'aux autres elle n'offre qu'une masse confuse d'idées.

Sans doute, dans l'origine des langues, cette proposition n'offroit aussi qu'une masse confuse dans laquelle on distinguoit peu d'idées; et il a fallu bien des observations avant que les hommes, qui la prononçoient, pussent comprendre eux-mêmes tout ce qu'ils disoient. Ils parloient comme nous parlons souvent, et nous leur ressemblons plus qu'on ne pense.

Il faut encore remarquer qu'on a été

<small>pouvoir exprimer, dans des propositions, toutes les vues de l'esprit.</small>

long-temps avant de pouvoir exprimer, dans des propositions, toutes les vues de l'esprit, et que, par conséquent, les langues n'ont pu se perfectionner que bien lentement. Il falloit créer des mots pour les idées accessoires comme pour les idées principales ; il falloit apprendre à les employer d'une manière propre à développer une pensée, et à la montrer successivement dans tous ses détails. Il falloit donc déterminer l'ordre qu'ils devoient suivre dans le discours, et convenir des variations qu'on leur feroit prendre pour en marquer plus sensiblement les rapports. Tout cela demandoit beaucoup d'observations et des analyses bien faites. J'ai fait voir comment on a commencé, c'est tout ce que je me proposois. Si on pouvoit observer une langue dans ses progrès successifs, on verroit les règles s'établir peu à peu. Cela est impossible. Il ne nous reste qu'à observer notre langue, telle qu'elle est aujourd'hui, et à chercher les lois qu'elle suit dans l'analyse de la pensée.

CHAPITRE IX.

Comment se fait l'analyse de la Pensée dans les Langues formées et perfectionnées.

Prenons une pensée développée dans un long discours, et observons-en l'analyse. Je trouve un exemple très-propre à mon dessein, dans le discours que Racine prononça lorsque Thomas Corneille, qui succédoit à Pierre, fut reçu à l'académie française. {Pensée de Racine apportée pour exemple.}

« Vous savez, dit Racine, en quel état
» se trouvoit la scène française lorsqu'il
» (Pierre Corneille) commença à tra-
» vailler : quel désordre ! quelle irrégula-
» rité ! Nul goût, nulle connoissance des
» véritables beautés du théâtre ; les au-
» teurs, aussi ignorans que les spectateurs ;
» la plupart des sujets extravagans et dé-
» nués de vraisemblance ; point de mœurs,
» point de caractères ; la diction encore
» plus vicieuse que l'action, et dont les

» pointes et de misérables jeux de mots
» faisoient le principal ornement : en un
» mot, toutes les règles de l'art, celles
» mêmes de l'honnêteté et de la bien-
» séance, par-tout violées.

» Dans cette enfance, ou, pour mieux
» dire, dans ce chaos du poëme drama-
» tique parmi nous, votre illustre frère,
» après avoir quelque temps cherché le
» bon chemin, et lutté, si je l'ose dire
» ainsi, contre le mauvais goût de son
» siècle; enfin, inspiré d'un génie extraor-
» dinaire, et aidé de la lecture des an-
» ciens, fit voir sur la scène la raison,
» mais la raison accompagnée de toute la
» pompe, de tous les ornemens dont notre
» langue est capable, accordant heureu-
» sement la vraisemblance et le merveil-
» leux, et laissant bien loin, derrière lui,
» tout ce qu'il avoit de rivaux, dont la
» plupart, désespérant de l'atteindre, et
» n'osant plus entreprendre de lui dis-
» puter le prix, se bornèrent à combattre
» la voix publique déclarée pour lui, et
» essayèrent en vain, par leurs discours et
» par leurs frivoles critiques, de rabaisser

» un mérite qu'ils ne pouvoient égaler.
» La scène retentit encore des acclama-
» tions qu'excitèrent, à leur naissance, le
» Cid, Horace, Cinna, Pompée, tous ces
» chefs-d'œuvres, représentés depuis sur
» tant de théâtres, traduits en tant de
» langues, et qui vivront à jamais dans
» la bouche des hommes. A dire le vrai,
» où trouvera-t-on un poëte qui ait pos-
» sédé à la fois tant de grands talens, tant
» d'excellentes parties, l'art, la force, le
» jugement, l'esprit ? Quelle noblesse !
» quelle économie dans les sujets ! quelle
» véhémence dans les passions ! quelle gra-
» vité dans les sentimens ! quelle dignité,
» et en même temps quelle prodigieuse
» variété dans les caractères ! Combien de
» rois, de princes, de héros de toute na-
» tion nous a-t-il représentés, toujours tels
» qu'ils doivent être, toujours uniformes
» avec eux-mêmes, et jamais ne se res-
» semblant les uns aux autres. Parmi tout
» cela, une magnificence d'expression pro-
» portionnée aux maîtres du monde qu'il
» faisoit souvent parler, capable néanmoins
» de s'abaisser quand il veut, et de des-

» cendre jusqu'aux plus simples naïvetés
» du comique, où il est encore inimitable.
» Enfin, ce qui lui est sur-tout particu-
» lier, une certaine force, une certaine
» élévation qui surprend, qui enlève, et
» qui rend jusqu'à ses défauts, si on peut
» lui en reprocher quelques-uns, plus esti-
» mables que les vertus des autres : per-
» sonnage véritablement né pour la gloire
» de son pays, comparable, je ne dis pas
» à tout ce que l'ancienne Rome a eu
» d'excellens poëtes tragiques, puisqu'elle
» confesse elle-même qu'en ce genre elle
» n'a pas été fort heureuse ; mais aux
» Eschyles, aux Sophocles, aux Euri-
» pides, dont la fameuse Athènes ne
» s'honore pas moins que des Thémis-
» tocles, des Périclès, des Alcibiades qui
» vivoient en même temps qu'eux ».

Toutes les parties de cette pensée s'offroient à la fois à l'esprit de Racine.

C'est ainsi, Monseigneur, que Racine parle de Corneille ; Racine qui a contribué lui-même aux progrès de la poésie dramatique, qui a enrichi notre langue, et lui a donné toute l'élégance dont elle étoit susceptible. Lorsque ce grand maître s'exprimoit de la sorte sur des choses qui lui étoient familières, et qu'il avoit méditées jusques dans les moindres détails, je puis, sans rien hasarder, supposer que sa pensée lui offroit tout-à-la fois ce que son discours n'offre que successivement.

Le théâtre doit beaucoup à Corneille; voilà le fond de sa pensée. Il ne peut développer ce fond qu'autant qu'il en apperçoit toutes les parties. *Fond de cette pensée.*

Ce développement suppose qu'il voit l'état où étoit le théâtre avant Corneille, l'état où Corneille l'a mis, et enfin les talens de Corneille. Ainsi sa pensée se décompose en trois parties qu'il distingue en les séparant dans trois alinéa. *Les parties principales de cette pensée se distinguent dans trois alinéa.*

Vous voyez par-là que, dans le discours écrit, les alinéa contribuent à distinguer, d'une manière plus sensible, les différentes parties d'une pensée. Ils marquent où chacune finit, où chacune commence, et, par cet artifice, elles se démêlent beaucoup mieux.

S'il faut distribuer, dans plusieurs alinéa, les différentes parties d'une pensée, il faut, à plus forte raison, séparer de la même manière plusieurs pensées différentes. *Quelquefois on renferme plusieurs pensées dans un alinéa, et on les distingue seulement par des points.*

Cependant cette précaution, nécessaire pour plus de clarté, lorsque ce développement a une certaine étendue, devient inutile, lorsqu'il est fort court : alors les pensées sont suffisamment distinguées par les points qui les terminent.

Dans le discours prononcé, les repos de la voix tiennent lieu d'alinéa et de points.

Dans le discours prononcé, les repos de la voix tiennent lieu d'alinéa et de points. C'est par ces repos que Racine distinguoit les différentes parties de sa pensée, lorsqu'il prononçoit son discours.

Les repos, marqués par les points ne sont pas égaux.

De pareils repos supposent un sens fini. Mais des sens finis peuvent tenir les uns aux autres, et n'être, tous ensemble, que les parties d'un même développement ; c'est pourquoi les points, qui sont dans le cours des alinéa, ne marquent pas un repos aussi grand que ceux qui les terminent.

Si vous considérez même que le premier alinéa fait attendre le second, et le second, le troisième, vous jugerez que le dernier point est celui qui marque le repos le plus grand ; c'est qu'alors la première pensée est développée, et Racine va passer au développement d'une autre.

Une pensée, qui demande un développement d'une certaine étendue, telle que celle qui nous sert d'exemple, forme ce qu'on appelle un paragraphe; plusieurs paragraphes font un chapitre ; plusieurs chapitres font un livre ; plusieurs livres font un traité. Cette seule considération vous fait entrevoir comment les parties d'un grand ouvrage se démêlent avec ordre. En effet, il suffit de regarder l'objet d'un grand ouvrage comme une seule pensée, et l'on voit aussitôt que la méthode, qui doit le développer, est la même que celle qui développeroit une pensée peu composée.

Comment toutes les parties d'un grand ouvrage se développent avec la même méthode que les parties d'une pensée peu composée.

Nous remarquerons, à ce sujet, que penser et bien rendre ce qu'on pense, sont deux choses bien différentes. On pourroit avoir la même pensée que Racine, et ne pas s'expliquer avec la même clarté, la même précision, avec la même élégance; c'est qu'il faut avoir appris à faire l'analyse de ses pensées. Celui qui n'a pas fait cette étude, court risque de ne pas exposer ses idées dans l'ordre le plus propre au développement de toutes celles qui sont à la fois présentes à son esprit ; il mettra au

Une analyse mal faite met du désordre et de l'obscurité dans le discours.

commencement ce qui devroit être à la fin : il oubliera des idées qu'il ne falloit pas omettre, ou même il embarrassera une pensée avec des idées étrangères qu'il croit en faire partie, parce qu'elles s'offrent à lui en même temps. Voilà ce qui fait le désordre et l'obscurité du discours.

<small>Comment Racine developpe les trois principales parties de sa pensée.</small>

Dès que Racine a eu distingué trois parties dans sa pensée, il s'est appliqué au développement de la première ; et, dans cette vue, il a fait l'énumération des défauts qu'il remarquoit dans les tragédies faites avant Corneille.

Ce développement étant achevé, amène celui de la seconde, dans lequel Racine expose les essais de Corneille, les moyens et les succès. De là, passant à la troisième, il décompose, pour ainsi dire, le génie de ce poëte, et il en montre les talens.

<small>Comment il distingue les parties dans lesquelles il les subdivise.</small>

Chacun de ces alinéa est formé de parties distinctes ; et vous remarquerez, en y jetant les yeux, qu'elles sont séparées, tantôt par un point, tantôt par deux, tantôt par un point et une virgule, tantôt par une virgule.

Les deux points marquent un repos

moins grand que le point ; et le point et la virgule, un repos plus foible encore.

Ces repos ne sont inégaux que parce que le sens est plus ou moins suspendu. Dans le premier alinéa, par exemple, ces mots : *vous savez en quel état se trouvoit la scène française, lorsqu'il commença à travailler*, sont terminés par un point, parce qu'ils font un sens fini. Au contraire, toutes les autres parties de cet alinéa sont terminées par deux points ; il est vrai que chacune pourroit offrir un sens fini, si on la considéroit seule ; mais étant réunies, le sens est nécessairement suspendu de l'une à l'autre, parce qu'elles concourent toutes également au développement de la première, et que ce développement n'est achevé qu'à la fin de l'alinéa.

Dans le second alinéa, vous voyez avant ces mots, *fit voir sur la scène*, un point et une virgule qu'on n'auroit pas employés si Racine avoit dit : *votre illustre frère fit voir sur la scène*. Mais les choses qu'il insère entre *votre illustre frère* et *fit voir*, et celles qu'il ajoute ensuite sont comme deux grouppes d'idées qu'il falloit distinguer par un repos plus sensible. Cependant on n'a pas mis deux points, comme entre les parties du premier alinéa, parce qu'ici le sens, moins suspendu, n'est achevé que par la réunion des deux grouppes; au lieu que, dans le premier alinéa, chaque partie fait par elle-même un sens fini.

Ce que je viens de dire vous fait voir l'usage de la virgule ; elle sert pour distinguer les dernières parties dans lesquelles on subdivise une pensée. Quant aux points d'admiration et d'interrogation, leur dénomination seule vous en fait connoître l'emploi.

Quelquefois on ne sait si on doit mettre deux points ou un point et une virgule ; quelquefois aussi on ne sait s'il faut deux points ou s'il n'en faut qu'un. Mais les cas où l'on est embarrassé sont précisément ceux où le choix est plus indifférent, et vous pouvez alors ponctuer comme vous jugerez à propos. Il suffit de distinguer sensiblement toutes les parties d'un discours.

Au reste, Monseigneur, mon dessein n'est pas de vous donner un traité de ponctuation ; je veux seulement vous faire voir comment les différentes parties d'un discours se distinguent les unes des autres, et vous concevez que je n'y pouvois mieux réussir qu'en vous faisant remarquer les signes que l'analyse emploie à cet effet.

CHAPITRE X.

Comment le discours se décompose en propositions principales, subordonnées, incidentes, en phrases et en périodes.

<small>Tout jugement exprimé avec des mots est une proposition.</small>

Pour continuer notre analyse, il faut, Monseigneur, découvrir la nature des différentes parties que nous avons démêlées dans le discours de Racine.

J'ai dit que tout discours est un jugement ou une suite de jugemens. Or, un jugement exprimé avec des mots est ce qu'on nomme *proposition*. Tout discours est donc une proposition ou une suite de propositions.

<small>Trois espèces de propositions.</small>

Au premier coup d'œil, nous appercevons plusieurs espèces de propositions dans le discours que nous analysons: *votre illustre frère fit voir sur la scène la raison.* Voilà une proposition à laquelle se rapportent tous les détails du second alinéa.

Ils sont destinés à la développer ; ils sont l'expression des accessoires qui la modifient. Aussi, quand Racine dit que Corneille a quelque temps cherché le bon chemin, et qu'il a lutté contre le mauvais goût de son siècle, il prend un tour qui force à rapporter ces deux propositions à celle qu'il veut modifier.

Ces deux propositions étant considérées par rapport à cette subordination, j'appelle *principale* celle-ci : *votre illustre frère fit voir sur la scène la raison ;* et *subordonnées*, les deux autres, *après avoir cherché le bon chemin, après avoir lutté contre le mauvais goût.*

Au commencement du troisième alinéa, je découvre une autre espèce de proposition : *la scène retentit encore des acclamations qu'excitèrent, à leur naissance, le Cid, Horace.* Qu'*excitèrent le Cid, Horace* n'est pas une proposition principale, ce n'est pas non plus une proposition subordonnée à une autre ; elle ne se rapporte qu'au mot *acclamations*, en déterminant de quelles acclamations, la scène retentit. *Qui surprend, qui enlève* sont encore deux propositions de même espèce; lorsque Racine dit plus bas: *une certaine élévation qui surprend, qui enlève.* Je donne à ces propositions le nom d'*incidentes.*

Or, une proposition est faite pour une autre qu'elle développe, ou elle est faite pour un mot qu'elle modifie, ou enfin c'est à elle que tout le discours se rapporte. Les propositions, considérées sous ces points de vue, se réduisent donc aux trois espèces que nous venons de remarquer; elles sont nécessairement ou principales, ou subordonnées, ou incidentes.

Caractère des propositions principales. Ce qui caractérise une proposition principale, c'est qu'elle a par elle-même un sens fini. Vous le voyez dans *votre illustre frère fit voir sur la scène la raison.* Car ce que Racine ajoute n'est pas pour terminer le sens, mais uniquement pour développer une pensée, dont cette proposition est la partie principale.

Caractère des propositions subordonnées. Il n'en est pas de même des propositions subordonnées ; le sens n'en est pas fini; il est suspendu, et fait attendre la proposition principale. Ainsi, quand vous avez

GRAMMAIRE.

lu, *après avoir quelque temps cherché le bon chemin, et lutté contre le mauvais goût de son siècle*, vous ne pouvez pas vous arrêter, vous attendez quelqu'autre chose, et vous continuez de lire jusqu'à *fit voir sur la scène la raison*.

Les propositions incidentes ont cela de particulier, que quelquefois elles sont nécessaires pour faire un sens fini, et quelquefois elles ne le sont pas. Dans *la scène française retentit encore des acclamations*, vous voyez que ce tour, *des acclamations*, fait attendre quelque chose, et que la proposition incidente, *qu'excitèrent à leur naissance, le Cid, Horace*, achève le sens. De même lorsque Racine dit quelques lignes après, *où trouvera-t-on un poëte*, le sens, pour être fini, demande qu'on ajoute : *qui ait possédé à la fois tant de grands talens ?*

Si vous considérez ces expressions : *des acclamations, un poëte*, vous appercevrez que le sens n'en est pas assez déterminé ; car, si on s'arrêtoit à ces mots, vous demanderiez de quelles acclamations ? quel poëte ? Les propositions incidentes qui vous

Caractère des propositions incidentes.

répondent *des acclamations qu'excitèrent le Cid, Horace, un poëte qui ait possédé tant de grands talens*, déterminent donc le sens de ces mots, *acclamations, poëte*; et c'est en le déterminant qu'elles achèvent le développement de la proposition principale. Tel est le caractère des propositions incidentes, lorsqu'elles sont nécessaires pour terminer un sens.

La fin du dernier alinéa nous donne deux exemples de propositions incidentes, sans lesquelles le sens pourroit être achevé. C'est lorsque Racine dit que Corneille est *comparable aux Eschyles, aux Sophocles, aux Euripides, dont la fameuse Athènes ne s'honore pas moins que des Thémistocles, des Périclès, des Alcibiades, qui vivoient en même temps qu'eux.*

Racine pouvoit finir son discours à Alcibiades, il pouvoit même le finir à Euripides, et, n'attendant rien de plus, vous n'auriez point fait de question. Or si les propositions, *dont la fameuse Athènes*, etc., *qui vivoient*, etc.; ne sont pas nécessaires pour faire un sens fini, c'est que les mots auxquels elles se rapportent ont, par eux-mêmes, une signification déterminée qui ne fait rien attendre. Cependant elles sont nécessaires pour achever le développement de la pensée, ou pour faire voir, comme Racine le désiroit, tout le cas qu'on doit faire de Corneille.

Voilà donc deux sortes de propositions incidentes; l'une qui détermine la signification d'un mot, et qui, par cette raison, est nécessaire pour achever le sens d'une proposition; l'autre qui est ajoutée à un mot d'une signification déterminée, et qui ne devient nécessaire qu'autant qu'elle achève de développer une pensée.

Comme les propositions subordonnées, lorsqu'elles commencent le discours, font attendre la principale, elles la supposent lorsqu'elles le terminent. Dans le second alinéa, Racine pouvoit finir à ces mots : *fit voir sur la scène la raison :* mais, parce qu'alors il n'auroit pas développé toutes les idées qui s'offroient à lui, il ajoute : *mais la raison, accompagnée de toute la pompe, et de tous les ornemens dont notre langue est capable, accordant heureusement la vraisemblance et le*

<small>Les propositions subordonnées peuvent avoir deux places dans le discours, et les propositions incidentes n'en ont qu'une.</small>

merveilleux, et laissant bien loin, derrière lui, tout ce qu'il avoit de rivaux (1).

Peut-être que, dans la fin de cet alinéa, vous n'appercevez pas d'abord des propositions subordonnées aussi facilement que vous les avez apperçues dans le commencement. En effet elles y sont un peu déguisées. Il y en a deux néanmoins, dont l'une commence au mot *accordant*, et l'autre au mot *laissant*. Car ce tour revient à-peu-près à celui-ci, *parce qu'il accordoit, et parce qu'il laissoit*, où vous voyez deux propositions subordonnées, qui se rapportent à la principale, *fit voir sur la scène la raison*.

Cette observation vous fait découvrir une nouvelle différence entre les propositions subordonnées et les propositions incidentes. C'est que les premières peuvent être tantôt avant, tantôt après la principale, et que, par conséquent, elles peuvent avoir deux places dans le discours. Les autres,

―――――――――――

(1) Racine dit *accorda et laissa*; mais j'ai cru pouvoir me permettre ce changement, pour trouver, dans cet exemple, un tour dont j'avois besoin.

au contraire, n'en ont jamais qu'une, parce qu'elles doivent toujours être à la suite du mot dont elles développent ou dont elles déterminent l'idée.

Vous remarquez, dans le second alinéa plusieurs propositions de différentes espèces, qui concourent au développement d'une seule pensée. Vous voyez encore qu'elles forment un discours, dont les principales parties, sans avoir un sens fini, sont distinguées par des repos plus marqués. Or ces différentes parties sont ce qu'on appelle *membres*, et le discours entier est ce qu'on nomme *période*. Tout ce qui précède *fit voir* appartient au premier membre, et tout ce qui suit appartient au second. L'un et l'autre pourroient même se diviser en deux : car après *dans cette enfance, ou, pour mieux dire, dans ce chaos du poëme dramatique parmi nous ;* le repos est plus sensible qu'après les autres mots, où il est également marqué par des virgules. Il en est de même de celui qui est après *de tous les ornemens dont notre langue est capable*. Ainsi une période peut être composée de deux

Ce qu'on entend par période.

membres, de trois, ou de quatre. Lorsque nous étudierons l'art d'écrire, vous verrez des périodes où la distinction des membres sera plus marquée.

<small>Ce qu'on entend par *phrase*.</small>

Vous ne trouvez pas, Monseigneur, de pareils membres dans ce discours : *vous savez en quel état se trouvoit la scène française, lorsqu'il commença à travailler.* Quoiqu'il soit composé de deux propositions, il n'y a presque point de repos de l'une à l'autre, et la pensée est développée dans un seul membre, dont le sens est fini. Voilà ce qu'on nomme une *phrase*.

<small>Ellipses ou phrases elliptiques.</small>

Quel désordre ! quelle irrégularité ! sont encore deux phrases, formées chacune d'une proposition. Elles ont un caractère particulier, c'est qu'elles laissent quelque chose à suppléer. Le sens est *quel désordre n'y avoit-il-pas ! quelle irrégularité n'y avoit-il pas !* Ces tours se nomment *ellipses*. Or vous appercevrez, dans le reste de cet alinéa, autant de phrases elliptiques que vous y remarquerez de parties séparées par deux points.

<small>Phrases principales qui concou-</small>

Toutes les phrases de cet alinéa sont

autant de phrases principales. Il est vrai *rent au développement d'une autre.* qu'elles concourent toutes ensemble au développement de la première ; mais elles sont indépendantes les unes des autres : elles ont chacune par elles-mêmes un sens fini ; et elles font un tout bien différent de celui que font les propositions subordonnées dans le second alinéa.

Peut-être, Monseigneur, ne saurez-vous *Il y a des cas où plusieurs propositions font, à notre choix, une période ou une phrase.* quelquefois si plusieurs propositions font une période ou une phrase. Alors elles feront tout ce que vous voudrez : il ne faut pas disputer sur les mots. Le grand point est que chaque pensée soit développée avec clarté, avec précision, avec énergie.

CHAPITRE XI.

Analyse de la proposition.

Nous avons vu le discours, décomposé d'abord en plusieurs parties, se décomposer ensuite en différentes propositions, et ces propositions former des périodes ou des phrases. Il nous reste, Monseigneur, à faire l'analyse des propositions.

<small>Toute proposition est composée de trois termes.</small>

Puisqu'une proposition est l'expression d'un jugement, elle doit être composée de trois mots ; en sorte que deux soient les signes des deux idées que l'on compare, et que le troisième soit le signe de l'opération de l'esprit, lorsque nous jugeons du rapport de ces deux idées.

Corneille est poëte, voilà une proposition. Le premier mot qu'on nomme *sujet* ou *nom*, et le second qu'on nomme *attribut*, sont les signes des deux idées que vous comparez. Le troisième est le signe de l'opération de votre esprit qui juge du rapport entre *Corneille* et *poëte*. Ce mot est ce qu'on nomme *verbe*. Toute proposition est donc composée d'un sujet, d'un verbe et d'un attribut. Elle s'exprime, par conséquent, avec trois mots, ou avec deux équivalens à trois. *Je parle*, par exemple, est pour *je suis parlant*.

Corneille est poëte est une proposition simple, parce que, n'ayant qu'un sujet et qu'un attribut, elle est l'expression d'un jugement unique dans lequel on ne compare que deux idées. Proposition simple.

Mais *des acclamations qu'excitèrent le Cid, Horace, Cinna, Pompée*, est une proposition composée, parce qu'elle est l'expression abrégée de plusieurs jugemens; et ces jugemens, que vous répétez avec Racine, sont *qu'excita le Cid, qu'excita Horace, qu'excita Cinna, qu'excita Pompée*. Proposition composée.

Vous remarquerez, Monseigneur, qu'un jugement ne se compose pas comme une proposition. Il est toujours simple, parce qu'il ne peut jamais être formé que de deux idées que nous comparons. Une proposition, au contraire, se compose, lorsqu'elle renferme plusieurs jugemens dans son expression; et que, par conséquent, Un jugement est toujours simple.

elle peut se décomposer en plusieurs propositions.

<small>Une proposition peut être composée dans le sujet, dans l'attribut, ou dans tous deux.</small>

La dernière proposition, que nous avons prise pour exemple, est composée, parce qu'elle a plusieurs sujets. Une proposition, qui n'auroit qu'un sujet, seroit également composée, si elle avoit plusieurs attributs. Par exemple, *Corneille a une magnificence d'expression proportionnée aux maîtres du monde qu'il fait parler, une certaine force, une certaine élévation...* Vous voyez que cette proposition peut se décomposer en trois : *Corneille a une magnificence d'expression, il a une certaine force, il a une certaine élévation.*

D'après ces exemples, vous pouvez facilement imaginer une proposition qui seroit doublement composée, c'est-à-dire, qui auroit tout-à-la fois plusieurs sujets et plusieurs attributs. Autant elle renfermeroit de sujets et d'attributs, autant elle renfermeroit de propositions simples.

<small>De quelque manière que le sujet et l'attribut soient exprimés, une proposition est simple, si elle est l'ex-</small>

Vous appercevez facilement que *Corneille est poëte* est une proposition simple ; car si vous voyez qu'il n'y a que deux

idées dans le jugement qu'elle exprime, *pression d'un jugement unique.*
vous voyez aussi que chaque idée est
rendue par un seul mot. Mais peut-être
seriez-vous étonné, Monseigneur, si je
vous donnois pour une proposition simple,
la période qui commence par ces mots :
Corneille, après avoir quelque temps...

Vous me demanderez, sans doute, comment cette période pourroit ne former qu'une proposition simple, puisqu'en l'analysant, nous y avons découvert des propositions de plusieurs espèces. Je répondrai que, dans le chapitre précédent, nous considérions les propositions sous un autre point de vue. En effet, les propositions subordonnées et les propositions incidentes ne sont qu'un développement de la proposition principale ; et, par conséquent, elles ne sont que les idées partielles du sujet et de l'attribut, qui continuent l'un et l'autre d'être un avec elles comme sans elles.

Quand on dit que Corneille est poëte, qu'entend-on par *poëte*? Un homme de génie qui, en s'assujettissant à la mesure des vers, a une magnificence d'expression proportionnée aux personnages qu'il introduit sur la scène. qui a une certaine force, qui a une certaine élévation.

Vous concevez donc que, si cette proposition, *Corneille est poëte*, est simple, elle doit l'être encore lorsque, substituant au mot *poëte* les mots qui en développent l'idée, vous dites : *Corneille est un homme de génie qui....*

Cette proposition sera simple encore, si, désignant Corneille sans le nommer, vous dites : *celui qui a fait le Cid, Horace, Cinna, Pompée, est un homme de génie qui....*

En effet, il y a également unité dans le sujet et dans l'attribut, soit qu'on les énonce chacun par un seul mot, soit qu'on les désigne l'un et l'autre par un long discours. Or, dès qu'il n'y a qu'un sujet et qu'un attribut, il n'y a qu'un jugement ; et, par conséquent, la proposition est simple. Revenons actuellement à la période de Racine.

Tout le premier membre est l'expression d'un sujet unique. Car celui qui fit voir sur la scène la raison, c'est Corneille considéré comme ayant, quelque temps, cherché le bon chemin, comme ayant lutté... de même le second membre est l'expression d'un seul attribut avec ses accessoires, et ces accessoires sont, *mais la raison accompagnée*.... une idée, rendue par plusieurs mots, en est mieux développée; mais elle ne cesse pas d'être une.

CHAPITRE XII.

Analyse des termes de la proposition.

<small>Idées qu'on se fait du sujet, de l'attribut et du verbe.</small>
CONSIDÉRONS actuellement les trois termes d'une proposition. Le sujet est la chose dont on parle ; l'attribut est ce qu'on juge lui convenir, et le verbe prononce l'attribut du sujet : telles sont les idées qu'on se fait de ces trois sortes de mots.

<small>Nous ne donnons des noms qu'aux choses qui existent dans la nature ou dans notre esprit.</small>
Pour parler d'une chose, il faut lui avoir donné un nom, ou pouvoir la désigner par plusieurs mots équivalens ; et pour lui donner un nom, ou pour la désigner par plusieurs mots, il faut qu'elle existe, ou que nous puissions la regarder comme existante ; car ce qui n'existeroit, ni dans la nature, ni dans notre manière de concevoir, ne sauroit être l'objet de notre esprit. Le néant même prend une sorte d'existence lorsque nous en parlons.

<small>Noms propres.</small>
Les noms donnés aux individus s'appellent *noms propres*. Or, puisque les individus sont les seules choses qui existent

dans la nature, nous ne parlerions que des individus, si nous ne parlions que des choses qui existent réellement, et nous n'aurions que des noms propres.

Mais parce que les idées générales s'offrent à nous comme quelque chose qui convient à plusieurs individus, elles prennent dans notre esprit une sorte de réalité et d'existence. Voilà pourquoi nous avons pu leur donner des noms; et ces noms sont généraux comme elles.

Noms généraux.

Ces idées sont de deux espèces ; les unes distinguent par classes les individus qui existent véritablement : tels sont *philosophe, poëte, prince, homme,* etc.; les autres distinguent par classes des qualités que nous considérons comme existantes avec d'autres qualités qui les modifient : tels sont *figure, rondeur, couleur, blancheur, vertu, prudence, courage,* etc.; ces noms généraux de l'une et de l'autre espèce, ainsi que tous les noms d'individus, sont compris sous la dénomination générale de *substantifs*.

Tous ces noms sont compris sous la dénomination de substantifs.

Puisque ces noms comprennent tout ce qui existe dans la nature, et tout ce qui

Le sujet d'une proposition est toujours un nom substantif.

existe dans notre esprit, ils comprennent toutes les choses dont nous pouvons parler. Tout nom, qui est le sujet d'une proposition, est donc un nom substantif.

<small>Nom adjectif.</small> Lorsque Racine dit, en parlant à Thomas Corneille, *votre illustre frère fit voir....* vous remarquez que *votre* et *illustre* ajoutent chacun quelque accessoire à l'idée que *frère* rappelle. Par cette raison, ces mots sont nommés *adjectifs*, d'un mot latin qui signifie *ajouter*.

<small>En quoi le substantif et l'adjectif diffèrent.</small> *Frère*, ainsi que tout autre substantif, exprime un être existant, ou qu'on regarde comme existant. Au contraire, *votre* et *illustre* expriment des qualités que l'esprit ne considère pas comme ayant une existence par elles-mêmes, mais plutôt comme n'ayant d'existence que dans le sujet qu'elles modifient.

De ces trois idées, celle de *frère* est la principale; et les deux autres, qui n'existent que par elle, sont nommées *accessoires*, mot qui signifie qu'elles viennent se joindre à la principale, pour exister en elle et la modifier.

En conséquence, nous dirons que tout

substantif, exprime une idée principale, par rapport aux adjectifs qui le modifient, et que les adjectifs n'expriment jamais que des idées accessoires.

Illustre modifie *frère* ; mais *frère* modifie Pierre Corneille, que Racine indique, et qu'il ne nomme pas. Voilà donc un adjectif et un substantif qui modifient également : en quoi donc diffèrent-ils ? C'est que l'adjectif modifie en faisant exister la qualité dans le sujet, *illustre* dans *frère* ; et que le substantif modifie en faisant exister le sujet dans une certaine classe, Corneille, dans la classe qu'on nomme *frère*. On reconnoît donc les substantifs, en ce qu'ils sont des noms de classes : tels sont *roi*, *philosophe*, *poëte* (1). Si les noms propres sont des substantifs, parce qu'ils expriment des choses qui ont une existence dans la nature, les noms de classes en sont égale-

―――――――――――――――
(1) Parce qu'on peut regarder ces noms comme modifiant des substantifs sous-entendus, il y a des grammairiens qui les mettent parmi les adjectifs. Cela est libre ; je remarquerai seulement que si tout nom qui modifie est un adjectif, on ne trouvera plus de substantifs que parmi les noms propres.

ment, puisqu'ils expriment des choses qui ont une existence dans notre esprit.

<small>Les adjectifs modifient en déterminant le sujet, ou en le développant.</small>

Dans *votre illustre frère*, vous remarquerez deux accessoires. *Votre* détermine de qui est frère celui dont on parle, et *illustre* explique ou développe l'idée qu'on se fait de *votre frère*.

<small>Il n'y a, en général, que deux sortes d'accessoires, et deux sortes d'adjectifs.</small>

Or une idée principale ne peut être modifiée qu'autant qu'on la développe ou qu'on la détermine. Les accessoires ne sont donc en général, que de deux espèces, et tous les adjectifs peuvent se renfermer dans deux classes ; les adjectifs qui déterminent, les adjectifs qui développent. Leur usage est précisément le même que celui des propositions incidentes. C'est pourquoi *votre illustre frère* est la même chose que *votre frère qui est illustre*, ou que *l'illustre frère qui est le vôtre*.

<small>Les accessoires peuvent s'exprimer par un substantif précédé d'une préposition.</small>

Les adjectifs et les propositions incidentes ne sont pas les seuls tours propres aux accessoires; car, nous disons *poëte de génie* pour *poëte qui en a*, et *poëte sans génie* pour *poëte qui n'en a pas*.

Or, dans *poëte de génie*, comme dans *poëte sans génie*, vous voyez deux noms substantifs, *poëte* et *génie ;* et un mot qui vous force à considérer le second sous le rapport d'une idée accessoire à une idée principale que le premier désigne. Tous les mots, employés à cet usage, se nomment *prépositions. Sans , de* sont donc des prépositions. Il en est de même d'*à*, dans l'exemple suivant : *hommes à talens* pour *homme qui a des talens*.

Un nom, qui est le sujet d'une proposition, est donc un substantif seul, ou un substantif auquel on ajoute des accessoires ; et ces accessoires sont exprimés, ou par des adjectifs, ou par des propositions incidentes, ou par un substantif précédé d'une préposition. Voilà toutes les manières d'exprimer les modifications du sujet d'une proposition. Passons aux modifications de l'attribut.

Différentes manières dont le sujet d'une proposition peut être exprimé.

L'attribut d'une proposition est un nom substantif, *Corneille est un poëte ;* ou un adjectif, *Corneille est sublime.*

Différentes manières dont on exprime l'attribut d'une proposition, lorsque cet attribut est un substantif.

Si l'attribut est un substantif, vous jugez qu'il peut être susceptible des mêmes accessoires que le sujet, et que ces accessoires peuvent être exprimés par des adjectifs, par des propositions incidentes, ou par des substantifs précédés d'une préposition. Nous n'avons donc rien à ajouter à ce que nous avons dit en traitant des modifications du sujet ; mais il nous reste à observer si le substantif qui est attribut, est toujours de la même espèce que le substantif qui est sujet.

<small>Le substantif qui est attribut ne sauroit être un terme moins général que le substantif qui est sujet.</small> Lorsque vous dites, *Corneille est un poëte, un poëte est un écrivain, un écrivain est un homme*, vous remarquez que le substantif, qui est l'attribut, est un nom plus général que le substantif qui est le sujet ; et vous ne diriez pas, *un homme est un écrivain, un écrivain est un poëte, un poëte est Corneille.*

Pour comprendre sur quoi cette remarque est fondée, il suffit de vous rappeler la génération des idées générales ; elle commence, comme nous avons dit, aux individus. Vous avez lu le Lutrin, et l'idée de *poëte* n'étoit encore pour vous qu'une idée individuelle, identique avec celle de Despréaux. Vous avez ensuite lu quelques tragédies de Corneille, plusieurs de Racine, et beaucoup de comédies de

Molière : alors l'idée individuelle de *poëte* est devenue une idée générale, ou une idée commune à Despréaux, Corneille, Racine, Molière.

Or cette idée ne leur est commune que parce qu'elle se trouve dans chacun d'eux; et elle ne s'y retrouve que parce qu'elle est une idée partielle de l'idée que vous vous êtes faite successivement de tous quatre. De même l'idée d'écrivain est une partie de celle de poëte, et celle d'homme, une partie de celle d'écrivain. En un mot, si vous remontez de classe en classe, vous verrez que l'idée que vous vous faites d'une classe supérieure, n'est jamais qu'une partie de l'idée que vous avez d'une classe inférieure. Quand, par conséquent, vous dites qu'un *poëte est un écrivain*, la proposition est la même que si vous disiez, *l'idée d'écrivain est une partie de l'idée de poëte*, ce qui est vrai; et vous ne diriez pas qu'*un écrivain est un poëte*, parce que ce seroit dire que l'idée de poëte est une partie de celle d'écrivain. Vous comprenez donc pourquoi l'attribut, dans les exemples que je viens de donner, est toujours un substantif plus général que le sujet.

Je dis *dans les exemples que je viens de donner*, parce que, lorsque l'attribut est identique avec le sujet, il ne sauroit être plus général : aussi peut-il alors devenir lui-même le sujet de la proposition. Par exemple, vous pouvez dire à votre choix : *l'infant est le duc de Parme*, ou *le duc de Parme est l'infant*.

Quand les deux termes d'une proposition ne sont pas identiques, il n'y a donc entre eux d'autre différence, sinon que le substantif, qui est l'attribut, est toujours plus général que le substantif qui est le sujet.

Différentes manières d'exprimer l'attribut d'une proposition lorsque ce sera tribut en adjectif.

Les adjectifs, lorsqu'ils sont employés comme attribut, peuvent être distingués en deux espèces. Ou ils achèvent par eux-mêmes le sens d'une proposition. Tel est *sublime* dans cette phrase, *Corneille est sublime*. Ou ils ne l'achèvent pas, et ils font nécessairement attendre quelque chose. Ainsi quand Racine a dit, *Corneille est comparable*, il faut qu'il ajoute, *je ne dis pas à ce que Rome . . . . mais aux Eschyles . . . .*

Quelquefois pour achever de développer une pensée, on a besoin d'ajouter quelque accessoire à un adjectif qui fait un sens fini. On dira, par exemple, *il est économe sans avarice, il est hardi avec prudence.*

Dans ces exemples, vous voyez que les accessoires de l'adjectif sont tous exprimés par un substantif précédé d'une préposition. Or il n'y en a point qu'on ne puisse exprimer par ce moyen. Mais il faut remarquer que nous employons quelquefois à cet effet, des expressions abrégées qui sont l'équivalent d'un substantif précédé d'une préposition. Telles sont *prudemment, sagement*, pour *avec prudence, avec sagesse.*

Ces expressions, parce qu'elles sont formées d'un seul mot, ont paru simples aux grammairiens, et ils les ont mises parmi les élémens du discours. Cependant vous voyez que, si nous en jugeons par la signification, elles équivalent à deux élémens, et que, par conséquent, il faudra les mettre parmi les expressions composées. Nous en parlerons bientôt.

Nous avons expliqué, Monseigneur, toutes les différentes manières d'exprimer les accessoires de l'attribut et du sujet.

Nous allons, dans le chapitre suivant, faire l'analyse du verbe et de ses accessoires.

CHAPITRE XIII.

Continuation de la même matière, ou analyse du verbe.

Ce que nous avons dit, Monseigneur, lorsque nous observions la nécessité des signes pour démêler les opérations de l'entendement, nous fera découvrir la nature du verbe.

<small>Le propre du verbe est d'exprimer la co-existence de l'attribut avec le sujet.</small>

Quand le rapport, entre l'attribut et le sujet, n'est considéré que dans la perception que nous en avons, le jugement, comme nous l'avons remarqué, n'est encore qu'une simple perception. Au contraire, quand nous considérons ce rapport dans les idées que nous comparons, et que, par ces idées, nous nous représentons les choses comme existantes indépendamment de notre perception, alors juger n'est pas seulement appercevoir le rapport de l'attribut avec le sujet, c'est encore affirmer que ce rapport existe. Ainsi, quand nous avons fait cette proposition, *cet arbre est grand,* nous n'avons pas seulement voulu dire; que nous appercevons l'idée *d'arbre* avec l'idée de *grandeur;* nous avons encore voulu affirmer que la qualité de *grandeur* existe en effet avec les autres qualités qui constituent l'arbre.

Voilà donc le jugement, qui, après avoir été une simple perception, devient affirmation; et cette affirmation emporte que l'attribut existe dans le sujet.

Or le verbe *être* exprime cette affirmation : il exprime donc encore la co-existence de l'attribut avec le sujet ; et, par conséquent, dans *Corneille est poëte*, la co-existence de la qualité de poëte avec Corneille est tout ce que le verbe peut signifier. En effet, puisque nous ne parlons des choses qu'autant qu'elles ont une existence, au moins dans notre esprit, il ne se peut pas que le mot que nous choisissons pour prononcer nos jugemens, n'exprime pas cette existence. Or ce mot est le verbe. Si nous nous bornions à ne voir, dans le verbe, que la marque de l'affirmation, nous serions embarrassés à expliquer les propositions négatives, puisque nous verrions l'affirmation dans toutes. Mais lorsqu'on a dit que le verbe signifie la co-existence, une proposition est affirmative, si elle affirme que le sujet et l'attribut co-existent; et elle est négative, si elle affirme qu'ils ne co-existent pas. Il suffit, pour la rendre négative, de joindre au verbe les signes de la négation : *Corneille n'étoit pas géomètre.*

Il ne faut que des substantifs pour nommer tous les objets dont nous pouvons parler : il ne faut que des adjectifs pour en exprimer toutes les qualités : il ne faut que des prépositions pour en indiquer les rapports : enfin il ne faut que le seul verbe *être*, pour prononcer tous nos jugemens. Nous n'avons donc pas, rigoureusement parlant, besoin d'autres mots, et, par conséquent, tous les élémens du discours se réduisent à ces quatre espèces.

<small>Les élémens du discours se réduisent à quatre espèces de mots.</small>

Mais les hommes, dans la vue d'abréger, ont imaginé d'exprimer souvent, par un seul mot, l'idée du verbe *être* réunie avec l'idée d'un adjectif; et ils ont dit, par exemple, *vivre, aimer, étudier,* pour *être vivant, être aimant, être étudiant.*

<small>Verbes adjectifs. Verbe substantif.</small>

Ces verbes se nomment *verbes adjectifs*, pour les distinguer du verbe *être* qu'on nomme *verbe substantif*. Nous allons traiter des uns et des autres.

<small>Il ne faut pas confondre le verbe substantif avec le verbe *être* pris dans le sens d'*exister*.</small>

Il ne faut pas confondre le verbe substantif avec le verbe *être*, pris dans le sens d'*exister*. Quand on dit qu'une chose existe, on veut dire qu'elle est réellement existante. En pareil cas, on peut se servir du verbe *être*, et on dira fort bien : *Corneille étoit du temps de Racine*, c'est-à-dire, *existoit*.

Mais quand je dis, *Corneille est poëte*, il ne s'agit pas d'une existence réelle, puisque Corneille n'existe plus; et cependant cette proposition est aussi vraie, que du vivant de Corneille : peut-être l'est-elle plus encore. La co-existence de *Corneille* et de *poëte* n'est donc qu'une vue de l'esprit, qui ne songe point si Corneille vit ou ne vit pas, mais qui voit *Corneille* et *poëte* comme deux idées co-existantes.

<small>Les verbes expriment avec différens rapports.</small>

Les verbes expriment avec différens rapports. Rapport à la personne : *je parle, vous parlez*; rapport au nombre, *je parle, nous parlons*; rapport au tems, *je parle*, *je parlai*. L'usage vous a appris qu'ils sont, à cet effet, susceptibles de différentes variations ; c'est ce dont nous traiterons dans la seconde partie de cette grammaire. Je ne veux observer ici que les autres accessoires qui peuvent accompagner le verbe.

Quand je dis, *Corneille fit*, on demandera, quoi ? Voir. Mais encore que fit-il voir ? La raison. Pour abréger, je considérerai *fit voir* comme un seul verbe, parce que des deux il ne résulte qu'une seule idée qui pourroit être rendue par un seul mot, *montra*. Je conviens que *faire voir* et *montrer*, ne sont pas exactement synonymes ; mais, dans ce moment, mon objet ne demande pas que nous cherchions en quoi ces expressions diffèrent ; il suffit que nous puissions les considérer, chacune également, comme un seul verbe.

Le rapport du verbe à l'objet est marqué par la place.

Dans *Corneille fit voir la raison*, j'appelle *la raison* l'objet du verbe *fit voir*. Sur quoi il faut remarquer que tous les verbes n'ont pas un objet, tel est *marcher*, et qu'avec ceux qui en ont, nous ne l'exprimons pas toujours. Nous disons, par exemple, *il monte, il descend* ; mais quand nous ne l'exprimons pas, il s'offre cependant à l'esprit un objet quelconque ; et quelquefois la circonstance l'indique elle-même. *Il monte*, l'objet sera, par exemple, l'escalier, la montagne.

L'objet peut donc être sous-entendu. Mais, quand il est exprimé, à quoi le reconnoît-on ? A la place qu'il occupe. Nous n'avons pas d'autre moyen pour marquer le rapport qu'il a avec le verbe ; et c'est à quoi vous jugez que *la raison* est l'objet de *fit voir*.

Nous disons également *parler affaires* et *parler d'affaires*, par où il paroîtroit que l'objet du verbe *parler*, peut être précédé d'une préposition. Mais *parler d'affaires*, est une phrase elliptique, dans laquelle l'objet du verbe est sous-entendu. Pour remplir l'ellipse, il faudroit dire, *parler*, *entre autres choses*, *choses d'affaires*; et alors on reconnoîtroit que *chose* est l'objet de *parler*. Pour se convaincre qu'il faut ainsi remplir l'ellipse, il suffit de considérer que *parler affaires*, c'est en faire son unique objet ; au lieu que *parler d'affaires* n'exclut pas tout autre objet dont on voudroit parler par occasion.

A qui Corneille fit-il voir la raison ? *A des spectateurs qui jusqu'alors*..... *des spectateurs* est le terme de *fit voir*, et son rapport se marque par une préposition, *à*.

<small>Les autres rapports se marquent par des prépositions.</small>

Où fit-il voir la raison ? *Sur la scène*. Rapport au lieu, marqué par une préposition, *sur*.

Quand fit-il voir la raison ? *Dans cette enfance, dans ce chaos*...... rapport au temps, marqué par une préposition, *dans*.

Qu'avoit-il fait auparavant ? *Après avoir cherché le bon chemin, et*..... rapport de l'action du verbe à une autre action qui l'a précédée, marqué par une préposition, *après*.

Comment Corneille étoit-il alors ? *Inspiré d'un génie extraordinaire, et aidé de la lecture des anciens :* rapport du verbe à l'état du sujet , et ce rapport est marqué par des adjectifs qui modifient Corneille.

Ces accessoires appartiennent au nom, et se rapportent en même temps à l'attribut que le verbe exprime. Car il ne suffit pas, Monseigneur, de donner au sujet d'une proposition, des modifications qui lui conviennent : il y a, parmi ces modifications mêmes, un choix à faire, et il faut donner la préférence à celles qui ont le plus grand rapport avec l'action. Tout autre accessoire seroit faux, louche ou du moins inutile. C'est ce dont nous traiterons plus particulièrement dans l'art d'écrire.

Comment Corneille a-t-il fait voir la raison ? *En accordant heureusement la vraisemblance et le merveilleux :* rapport au moyen ou à la manière marqué par une préposition, *en ;* préposition qu'on peut supprimer, parce qu'elle se supplée.

Pourquoi a-t-il fait voir la raison ? Pour acquérir de la gloire : rapport au motif ou à la fin, marqué par une préposition, *pour.*

Enfin, par qui la raison a-t-elle été montrée ? Par Corneille : rapport à la cause marquée par une préposition, *par.* En général, autant on peut faire de questions sur un verbe, autant il peut avoir d'accessoires différens ; et si on excepte l'objet, dont le rapport est toujours marqué par la place seule, celui des autres accessoires est toujours indiqué par une préposition énoncée ou sous-entendue. Vous pourrez encore remarquer que ces exemples confirment ce que nous avons dit, que les prépositions sont, par leur nature, destinées à indiquer le second terme d'un rapport.

Je viens de dire que les prépositions sont énoncées ou sous-entendues : c'est qu'en effet on les omet souvent, et ces omissions sont fréquentes dans toutes les langues. Quelquefois même nous omettons le verbe qu'on regarde, avec raison, comme le principal mot du discours, et sans lequel il semble que nous ne puissions pas prononcer un jugement. Je vous ai fait remarquer plusieurs de ces ellipses dans le passage de Racine. Si j'y ai suppléé, pour vous rendre raison de la phrase, vous sentez que celui qui lit, n'a rien à suppléer ; car vous voyez que les idées qui sont exprimées, enveloppent celles qui ne le sont pas. En effet, quand nous décomposons notre pensée, c'est, en quelque sorte, malgré nous, et parce que nous y sommes forcés. Nous

Les ellipses sont fréquentes dans toutes les langues.

voudrions, s'il étoit possible, la présenter tout-à-la fois, et en conséquence nous omettons tous les mots qu'il est inutile de prononcer. Ce tour plaît, par sa précision, à celui qui lit, parce qu'il lui présente plusieurs idées, comme elles sont naturellement dans l'esprit, c'est-à dire, toutes ensemble.

De tous les accessoires du verbe, les uns appartiennent proprement au verbe substantif être, les autres appartiennent plus particulièrement aux adjectifs dont on a fait des verbes.

En résumant ce que nous avons dit dans ce chapitre, il en résulte que les accessoires dont un verbe peut être susceptible, sont l'objet, le terme, les circonstances de temps, celles de lieu, une action que suppose celle que le verbe exprime, le moyen ou la manière, la cause, la fin ou le motif. Parmi ces accessoires, les uns appartiennent proprement au verbe *être*; telles sont les circonstances de temps et de lieu : les autres appartiennent plus particulièrement aux verbes adjectifs, ou plutôt aux adjectifs dont on a fait des verbes. Un exemple suffira pour vous rendre la chose sensible. *Il aimoit dans ce temps-là l'étude avec passion.* Substituez au verbe *aimoit*, les élémens dont il est l'équivalent : vous aurez, *il étoit dans ce temps-là aimant avec passion l'étude.* Or, dans cette phrase, il est évident que *dans ce temps-là* modifie *étoit*, et qu'*avec passion* est un accessoire de l'adjectif *aimant*.

Nous avons vu le discours se décomposer en différentes parties. Nous y avons découvert des propositions principales, subordonnées, incidentes, simples, composées. Nous avons trouvé dans ces propositions, des noms substantifs, des adjectifs, des prépositions et des verbes. Nous avons observé les différens accessoires dont le sujet, le verbe et l'attribut peuvent être modifiés ; et nous avons remarqué tous les signes dont on se sert pour exprimer toute espèce d'idées et toute espèce de rapports. Voilà donc le discours réduit à ses vrais élémens, et nous en avons achevé l'analyse.

Mais, Monseigneur, vous avez vu que les hommes, pour abréger, ont imaginé des verbes adjectifs. Or ces verbes qu'on prend pour des élémens, n'en sont pas. Ce sont des expressions composées, équivalentes à plusieurs élémens. Il y a encore d'autres expressions de cette espèce. Nous en allons traiter dans le chapitre suivant.

CHAPITRE XIV.

De quelques expressions qu'on a mises parmi les élémens du discours, et qui, simples en apparence, sont, dans le vrai, des expressions composées équivalentes à plusieurs élémens.

<small>Mots qui ne doivent pas être mis parmi les élémens du discours.</small>

UNE expression qui paroît simple, parce qu'elle est formée d'un seul mot, est composée, lorsqu'elle équivaut à plusieurs élémens. De ce nombre sont l'adverbe, le pronom et la conjonction. En effet, Monseigneur, si vous jugez de la nature des mots, par les idées dont ils sont les signes, vous reconnoîtrez que ceux-là ne doivent pas être mis parmi les élémens du discours.

<small>L'adverbe.</small>

L'adverbe est une expression abrégée, qui équivaut à un nom précédé d'une préposition. On dit *sagement* pour *avec sagesse*, *plus* pour *en quantité supérieure*, *moins* pour *en quantité inférieure*, *beaucoup* pour *en grande quan-*

tité, *peu* pour *en petite quantité*, *autant* pour *en quantité égale*. *Sagement*, *plus*, *moins*, *beaucoup*, *peu*, *autant*, sont des adverbes. Ces exemples suffisent.

Le pronom est une expression plus abrégée encore. Il équivaut quelquefois à une phrase entière; car il tient la place d'un nom qu'on ne veut pas répéter, et de tous les accessoires dont on l'a modifié. *Je fais beaucoup de cas de l'homme dont vous me parlez et que vous aimez : je le verrai incessamment*. *Le* est un pronom qui est employé pour éviter la répétition de *l'homme dont vous me parlez et que vous aimez*. *Le pronom.*

Nous traiterons plus particulièrement de l'adverbe et du pronom dans la seconde partie de cet ouvrage. Je ne voulois, pour le présent, que vous en faire connoître la nature. Les conjonctions, plus difficiles à expliquer, demandent que nous nous rappellions quelques observations que nous avons faites. *La conjonction.*

Nous avons vu comment, dans une période ou dans une phrase dont le sens est fini, toutes les propositions et tous les mots se lient pour représenter successivement nos idées dans les rapports qu'elles ont entre elles. Or il est encore nécessaire de lier, les unes aux autres, ces phrases et ces périodes.

Pour cet effet, Racine divise sa pensée en trois principales parties, qu'il développe successivement dans trois alinéa. De la sorte, il les distingue, et cependant il les lie, parce qu'il les met chacune à leur place. L'ordre est donc la meilleure manière de lier les parties d'un discours, et on n'y sauroit suppléer par aucun autre moyen.

Mais, quoique l'ordre les lie, on veut quelquefois prononcer davantage la liaison ; et c'est en effet ce que vouloit Racine, lorsqu'il a commencé son second alinéa par ces mots : *dans cette enfance, ou, pour mieux dire, dans ce chaos du poëme dramatique parmi nous.....* Or remarquez, Monseigneur, que ces expressions ne font que présenter, avec de nouveaux accessoires, la pensée qu'il a expliquée dans le premier alinéa ; mais elles la présentent plus brièvement. Par-là elles la rapprochent davantage de celle qui doit être expliquée dans le second. Ce tour est donc un passage d'une partie du discours à l'autre ; et, après l'ordre, c'est celui qui les lie le mieux. J'appelle *conjonction* tout mot employé à cet usage.

Dans ce tems-là, de la sorte, par conséquent, ne sont qu'un passage d'une proposition à une autre, et ces tours rappellent quelque idée de la phrase précédente. Mais ils sont formés de plusieurs élémens ; et, par conséquent, il faut les regarder comme des expressions composées. Nous ne devons donc mettre, dans la classe des conjonctions, que les mots équivalens à de pareils tours. Tels sont *alors* pour *dans ce tems-là, ainsi* pour *de la sorte, donc* pour *par conséquent*.

La conjonction *et* est également un passage d'une première proposition à une seconde. Elle rappelle une première affirmation qu'on a faite, et elle fait pressentir qu'on en va faire une autre. *Vous étudiez, et vous vous instruirez*.

Il en est de même, lorsqu'elle est entre deux substantifs. Si je dis *l'infant et l'infante*, vous jugez que je vais faire sur l'infante la même affirmation que sur l'infant; et si j'ajoute *vous aiment*, vous voyez que j'ai réuni deux propositions en une, et que le passage de l'une à l'autre, exprimé par la conjonction *et*, en est plus rapide.

La conjonction *ni* confirme ces observations : il faut seulement remarquer qu'au lieu de rappeler une affirmation, elle rappelle une négation : *ni l'infant, ni l'infante ne vous haïssent.*

Tout ce que je viens de dire s'applique parfaitement à la conjonction *que*, dont nous faisons un grand usage. Pour le reconnoître, il suffit de mettre, à la place de cette conjonction, les mots dont elle tient lieu. *Je vous assure* QUE *les connoissances sont sur-tout nécessaires aux princes*, est pour *je vous assure* CETTE CHOSE QUI EST, *les connoissances sont sur-tout nécessaires aux princes. Cette chose qui est*, voilà les mots qui font passer de la première proposition *je vous assure*, à la seconde *les connoissances sont sur-tout nécessaires aux princes*. Or si nous supposons, avec quelque fondement, qu'on a dit autrefois *que est* pour *qui est*, il en résultera que, pour avoir la conjonction *que*, il n'a fallu que prendre l'habitude d'omettre quelques mots. Je présume en effet que c'est ainsi que toutes les conjonctions ont été trouvées.

Nous avons, Monseigneur, achevé la première partie de notre ouvrage : nous allons, dans la seconde, observer les élémens du discours, et apprendre l'usage que nous en devons faire.

SECONDE PARTIE.
Des élémens du Discours.

Principes qui ont été prouvés dans la première partie de cet ouvrage.

Nous avons remarqué, Monseigneur, que la vue est confuse, lorsque nous voulons voir en même tems tous les objets qui nous frappent les yeux; et qu'elle devient distincte, lorsque nous regardons les objets les uns après les autres. Or la vue de l'esprit est comme la vue du corps; et nous avons reconnu que nos pensées sont naturellement des tableaux confus, dont nous ne distinguons les parties qu'autant que nous apprenons l'art de faire succéder, avec ordre les unes aux autres, les idées qui s'offroient à nous toutes ensemble.

Cet art a commencé avec les langues, et, comme elles, il s'est perfectionné lentement. C'est pourquoi nous les avons regardées comme autant de méthodes analytiques plus ou moins parfaites. Nous avons jugé, qu'absolument nécessaires pour nous rendre compte à nous-mêmes de nos pensées, elles le sont encore pour nous conduire à des idées que nous n'aurions jamais eues sans leur secours; qu'elles contribuent plus ou moins au développement de l'esprit, suivant qu'elles fournissent des moyens plus ou moins commodes pour l'analyse de la pensée; et qu'on se tromperoit, si on ne leur croyoit d'autre avantage que de nous mettre en état de nous communiquer nos idées les uns aux autres.

Il s'agissoit donc de découvrir les moyens que les langues emploient pour analyser la pensée : recherche qui nous a fait connoître les élémens du discours. Il nous reste à observer en particulier chacun de ces élémens. Il faut voir ce qu'ils sont chacun en eux-mêmes, et qu'elles sont les règles auxquelles l'usage les assujettit.

Objet de la seconde partie.

CHAPITRE I.

Des Noms substantifs.

Ce qu'on entend par le mot substance.

LES qualités, que nous démêlons dans les objets, paroissent se réunir hors de nous sur chacun d'eux ; et nous ne pouvons en appercevoir quelques-unes, qu'aussitôt nous ne soyons portés à imaginer quelque chose qui est dessous, et qui leur sert de soutien ; en conséquence, nous donnons à ce quelque chose le nom de *substance*, de *stare sub*, être dessous.

Quand on a voulu pénétrer plus avant dans la nature de ce qu'on appelle substance, on n'a saisi que des fantômes. Nous nous bornerons à la signification du mot, persuadés que ceux qui ont nommé la substance, n'ont prétendu désigner qu'un soutien des qualités; soutien qu'ils auroient nommé autrement, s'ils avoient pu l'appercevoir, en lui-même, tel qu'il est. Les philosophes, qui sont venus ensuite, ont cru voir ce quelque chose que nous

nous représentons, et ils n'ont rien vu.

De *substance* on a fait *substantif*, pour désigner, en général, tout nom de substance.

Substantif vient de substance.

Nous ne voyons que des individus. Si leurs qualités viennent à notre connoissance par les sens, nous nommons ces individus *substances corporelles* ou *corps* ; et nous les nommons *substances spirituelles* ou *esprits*, si leurs qualités, de nature à ne pouvoir faire impression sur les organes, ne sont connues que par la réflexion. *Corps* et *esprits* sont donc des noms substantifs, parce qu'ils signifient des substances.

Il se dit proprement des noms de substances.

Mais comme les qualités qui modifient les individus corporels ou spirituels sont elles-mêmes susceptibles de différentes modifications, notre esprit, qui les saisit sous ce point de vue, les voit exister sous d'autres qualités qui les modifient ; et aussitôt il met leurs noms dans la classe des substantifs, parce qu'il y a mis ceux des substances. C'est de la sorte que nous étendons la signification des mots. *Être dessous* est ici l'idée commune sur laquelle nous fondons toute l'analogie ; et,

Il se dit par extension des noms de qualités.

d'après cette idée, le mot *vertu*, par exemple, est regardé comme un nom substantif.

<small>Deux sortes de substantifs.</small>

Voilà donc deux sortes de substantifs. Les uns sont des noms de substance, auxquels cette dénomination appartient proprement : tels sont *maison*, *arbre*, *cheval*. Les autres sont des noms de qualités auxquels cette dénomination n'appartient que par extension : tels sont *sagesse*, *probité*, *courage*; ceux-ci se nomment *abstraits*, parce que ces qualités existent dans notre esprit, comme séparées de tout objet.

<small>Les substantifs, plus ou moins généraux, font différentes classes des objets.</small>

Si nous n'avions, pour substantifs, que des noms propres, il les faudroit multiplier sans fin. Les mots, dont la multitude surchargeroit la mémoire, ne mettroient aucun ordre dans les objets de nos connoissances, ni par conséquent dans nos idées; et tous nos discours seroient dans la plus grande confusion. On a donc classé les objets; et les substantifs, qui étoient des noms propres, sont devenus des noms communs, lorsqu'on a remarqué des choses qui ressembloient à celles qu'on avoit déjà nommées.

C'est ainsi, comme nous l'avons vu,

qu'il s'établit entre les substantifs une subordination qui rend les uns plus généraux, c'est-à-dire, communs à un plus grand nombre d'individus, et les autres moins généraux, c'est-à-dire, communs à un plus petit nombre. Cette subordination est sensible dans *animal, quadrupède, chien, barbet.*

La même subordination s'établit nécessairement entre les choses nommées, et il se forme des classes que nous nommons *genres*, si elles sont plus générales ; et *espèces*, si elles le sont moins. *Animal* est un genre par rapport à *quadrupède, oiseau, poisson;* et *quadrupède, oiseau, poisson,* sont des espèces d'animaux.

Dans les exemples que je viens d'apporter, vous voyez, Monseigneur, que la distinction des classes a pour fondement la différente conformation que nous remarquons dans les objets. Nous ne considérons alors que le physique des choses ; mais il y a encore des rapports sous lesquels nous pouvons considérer les objets qui se ressemblent par la conformation. C'est d'après ces rapports que, dans les sociétés civiles, les hommes se distribuent par classes, suivant la naissance, l'emploi, les talens, le genre de vie; et il se forme des nobles et des roturiers, des magistrats et des militaires, des artisans et des laboureurs, etc.

Nous sommes également fondés à distribuer par classes les qualités des objets; et c'est pourquoi nous distinguons différentes espèces de figures, de couleurs, de vertu, de courage, etc.

En multipliant trop les classes, on confondroit tout. Vous comprenez, Monseigneur, que nous pourrions multiplier les classes sans fin; car si nous observions bien les individus que nous avons compris dans une même espèce, nous remarquerions entre eux des différences, d'après lesquelles nous serions fondés à créer de nouvelles classes. Mais il est évident que, si nous voulions toujours aller de subdivision en subdivision, nous viendrions enfin à distinguer autant de classes que d'individus. Il n'y auroit donc plus que des noms propres et, par conséquent, nous retomberions dans la confusion que nous avions voulu éviter, lorsque nous distinguions par classes les objets de la nature.

Règle à suivre pour éviter cet inconvénient. Vous voyez donc qu'il y auroit également de la confusion, soit qu'on ne fît pas assez de classes, soit qu'on en fît trop. Pour tenir un juste milieu, il suffiroit de considérer que les classes n'ont été imaginées qu'afin de mettre de l'ordre dans nos connoissances : alors on verroit qu'il ne faut plus faire de subdivisions, lorsqu'on a assez subdivisé pour répandre la lumière ; et au lieu de créer de nouvelles classes, on rejetteroit celles qui sont inutiles, et qui ne font que surcharger la mémoire. Mais, parce qu'on est prévenu que les classes sont dans la nature, où cependant il n'y a que des individus, on croit qu'à force de subdiviser, on en connoîtra mieux les choses, et on subdivise à l'infini. Voilà le défaut de la plupart des livres élémentaires, et la principale cause de l'obscurité qui règne dans les écrits des philosophes.

On voit un exemple sensible de cet abus dans les idées abstraites que nous désignons par des noms substantifs. C'est ici sur-tout que les langues sont défectueuses. Les hommes, trop peu éclairés lorsqu'ils ont tenté, pour la première fois, de classer leurs idées abstraites, ont si mal commencé, qu'il ne leur a plus été possible de les distribuer dans l'ordre le plus simple ; et les philosophes ont fait de vains efforts pour dissiper les ténèbres, parce qu'ils n'ont pas su remonter à la cause de cet abus. On doit leur savoir quelque gré lorsqu'ils ne les ont pas augmentées.

Quoique vous n'en sachiez pas encore assez, Monseigneur, pour comprendre jusqu'où l'on peut porter l'abus des termes abstraits, j'en ai assez dit pour vous faire concevoir qu'autant ils sont nécessaires, autant il faut craindre de les trop multiplier. Nous aurons, dans le cours de nos études, plus d'une occasion de remarquer combien on en abuse; il me suffit, pour le présent, de vous avoir fait connoître que le propre des noms substantifs est de classer des choses qui viennent à notre connoissance, et qu'ils ne sont utiles qu'autant que nous savons fixer convenablement le nombre des classes.

CHAPITRE II.

Des Adjectifs.

HOMME, *vertu* sont deux substantifs dont les idées existent, dans notre esprit, chacune séparément. Celui-là est le soutien d'un certain nombre de qualités ; celui-ci est le soutien d'un autre nombre, et ils ne se modifient point.

Mais si je dis *homme vertueux*, cette forme du discours fait aussitôt évanouir l'un des deux soutiens, et elle réunit, dans le substantif *homme*, toutes les qualités comprises dans le substantif *vertu*.

En comparant ces mots *vertueux* et *vertu*, vous concevez donc, Monseigneur, en quoi les acjectifs diffèrent des substantifs ; c'est que les substantifs expriment tout-à-la fois certaines qualités et le soutien sur lequel nous les réunissons : les adjectifs, au contraire, n'expriment que certaines qualités, et nous avons besoin de les joindre à des substantifs, pour

Quelle est la nature des noms adjectifs qui développent ou qui expliquent une idée.

trouver le soutien que ces qualités doivent modifier.

Nous avons remarqué, dans la première partie de cette grammaire, que les adjectifs modifient, en général, de deux manières; les uns développent l'idée que nous voulons exprimer par un substantif, et ils y ajoutent quelques accessoires : tel est *vertueux* dans *homme vertueux*. La notion que nous venons de donner de l'adjectif, convient à tous les adjectifs de cette espèce.

Quelle est la nature des adjectifs qui déterminent une idée.

Il y en a d'autres qui, laissant au substantif la signification qu'il a, n'y ajoutent aucun nouveau développement, et, par conséquent, aucun accessoire. Ils se bornent à faire connoître si nous prenons la signification d'un substantif dans toute son étendue, ou si nous la restreignons; c'est pourquoi j'ai dit qu'ils modifient en déterminant.

Dans *l'homme*, l'adjectif *le* me fait considérer l'idée d'*homme* dans toute sa généralité, et comme étant commune à tous les individus. Dans *tout homme*, l'adjectif *tout* me fait considérer les individus pris distributivement ; et dans *tous les hommes,* les adjectifs *tous les* me font considérer les individus pris collectivement. Ces adjectifs déterminent donc dans quelle étendue nous voulons qu'on prenne la signification du substantif *homme.*

Les adjectifs *mon, ton, son, notre, votre,* etc., déterminent également ; ils présentent un rapport d'appartenance ; et en nous faisant considérer, sous ce rapport, une idée générale, ils la restreignent au point de la rendre individuelle. *Mon cheval.*

Chaque, plusieurs, un, deux, trois, premier, second, etc., offrent les individus sous d'autres rapports, et déterminent, par conséquent, la signification des substantifs auxquels on les joint. D'après ces exemples, qui vous font voir comment nous déterminons différemment la signification des substantifs, il vous sera facile de reconnoître tous les adjectifs que nous employons à cet usage.

A juger des adjectifs par les qualités que nous remarquons dans les objets, nous en pouvons distinguer de deux sortes : des adjectifs absolus et des adjectifs relatifs.

Quand nous disons qu'un homme est grand, l'idée de *grandeur* n'est que dans la comparaison que nous faisons de cet homme avec les autres; et le même homme que nous jugeons grand aujourd'hui, nous le jugerions petit, si les hommes avoient communément six à sept pieds. Les qualités que nous observons dans les objets, en conséquence d'une comparaison, se nomment *relatives*. *Grand* et *petit* sont donc des adjectifs relatifs.

Au contraire, si les qualités que nous remarquons dans les choses paroissent leur appartenir, indépendamment de toute comparaison de notre part, nous les nommons absolues : telles sont, dans les corps, l'étendue, la solidité, la figure, la mobilité, la divisibilité, etc.; *étendu, solide, figuré, mobile, divisible*, sont donc des adjectifs absolus.

Les qualités relatives sont donc en plus grand nombre qu'on ne pense. *Égal, inégal, meilleur, pire, bon, méchant, semblable, différent, brave, savant, igno-*

rant, *prudent*, *téméraire*, *etc.*, tous ces différens adjectifs expriment des qualités dont on ne juge que parce qu'on a fait des comparaisons.

A la rigueur, on pourroit dire que, dans notre esprit, toutes les qualités des choses sont relatives. Comme nous n'acquérons des connoissances qu'autant que nous comparons, il ne nous est pas possible de considérer des qualités comme absolues ; nous les voyons toujours dans les rapports qu'elles ont avec des qualités contraires. Nous jugeons, par exemple, de la mobilité par comparaison avec une chose qui est en repos, de la solidité par comparaison avec une chose qui est fluide, etc.

Vous me demanderez peut-être, Monseigneur, comment se forment les substantifs et les adjectifs ; c'est ce que l'usage vous a appris ; vous en feriez vous-même au besoin. Cependant il n'y a point de règles générales pour la formation de ces mots, et on les reconnoît moins aux sons dont on les forme, qu'à la manière dont ils sont employés. Par exemple, vous reconnoissez facilement des substantifs dans

Il n'y a point de règle générale pour la forme des substantifs et des adjectifs.

la colère, *la politique*, *un sacrilége*; puisque ces noms sont modifiés par les adjectifs *la* et *un*; et vous voyez qu'ils deviennent des adjectifs dans *un homme colère*, *une conduite politique*, *une main sacrilége*, puisqu'alors ils modifient des substantifs.

<small>Il y a des adjectifs qu'on emploie comme substantifs, et il y a des substantifs qu'on emploie adjectivement.</small>

D'ailleurs il faut vous faire remarquer qu'il y a beaucoup d'adjectifs qu'on emploie substantivement : *un savant*, *un érudit*, *le vrai*, *le faux*, etc. Il y a même des substantifs qu'on emploie adjectivement : par exemple, dans *un philosophe roi*, *roi* qui étoit substantif devient adjectif, comme *philosophe* le devient dans *un roi philosophe*.

CHAPITRE III.

Des Nombres.

LES noms généraux se disent d'une seule chose ou de plusieurs. Dans le premier cas, ils sont au nombre singulier ; dans le second, ils sont au pluriel; et cette différence se remarque par la terminaison. *(Nombre singulier. Nombre pluriel.)*

Je dis *les noms généraux*; car les noms propres emportent l'unité, et sont toujours du nombre singulier. C'est figurément qu'on dit *les Césars*, *les Turennes*, et alors on les généralise. *(Les noms propres n'ont point de nombre pluriel.)*

Dans la classe des noms propres, il faut mettre les noms des métaux : *or*, *argent*, *fer*, signifient chacune une substance, qui, quoique composée de parties, est regardée comme une masse individuelle. On ne les emploie donc jamais au pluriel. Il est vrai qu'on dit *des fers*; mais ce mot se dit alors des fers d'un cheval, où on l'emploie figurément pour *chaînes*. *(Ni les noms des métaux.)*

Les noms des vertus habituelles, telles que la charité, la pudeur, le courage, *(Autres noms qui n'ont pas les deux nombres.)*

n'ont point de pluriel, il en est de même de plusieurs idées que l'esprit est naturellement porté à regarder comme singulières : *faim*, *soif*, *sommeil*, *sang*. Quelques mots n'ont point de singulier : *matines*, *nones*, *vêpres*, *ténèbres*, *pleurs*, *gens*, etc. Sur tout cela il faut consulter l'usage.

<small>Marque du nombre pluriel.</small> La marque du pluriel n'est pas toujours la même. La règle la plus générale est de terminer les noms par une *s* ou par un *x*. *Père*, *mère*, *bonté*, *vertu*, etc., prennent une *s*, *pères*, *mères*, *bontés*, *vertus*.

Ceux qui, au singulier, finissent en *au*, *eau*, *feu*, prennent un *x*, écrivez donc *bateaux*, *feux*.

L'usage vous instruira, ou plutôt il vous a déjà instruit des autres terminaisons que les noms prennent au pluriel, et il seroit inutile de vous arrêter sur ces détails. Je vous ferai seulement remarquer que les deux nombres sont semblables dans tous les noms qui finissent au singulier par une *s*, un *z* ou un *x*, *nez*, *voix*, *fils*.

<small>Il y a des langues qui ont un duel.</small> Toutes les langues ont plusieurs nombres. Le grec a même un duel; c'est-à-dire, une terminaison particulière pour les noms qui

conviennent à deux choses. L'hébreu en a aussi un, mais seulement pour les choses doubles ; comme les yeux, les mains.

Dès qu'on emploie un substantif au singulier ou au pluriel, suivant qu'on parle d'une chose ou de plusieurs, il étoit naturel de mettre l'adjectif au même nombre que le substantif, afin de marquer plus sensiblement le rapport de l'un à l'autre. On a donc dit : *un homme prudent, des généraux habiles.* Cette règle ne souffre point d'exceptions.

<small>L'adjectif se met au même nombre que le substantif.</small>

CHAPITRE IV.

Des Genres.

Etymologie du mot genre. GENRE vient de *generare*, qui signifie engendrer; et quand on a dit qu'une chose est d'un genre, on a voulu dire qu'elle a été engendrée dans une certaine classe. Il y a deux genres, le masculin et le féminin.

Fondement de la distinction des noms en deux. C'est la distinction des deux sexes qui a été le premier motif de la distinction des choses en deux genres; et pour marquer cette différence jusque dans les noms, on leur a donné des terminaisons différentes suivant la différence des sexes, telles que *lion*, *lionne*, *chien*, *chienne*. En conséquence, on a dit : les noms, ainsi que les sexes, sont de deux genres.

Si, en parlant des animaux, la différence du masculin et du féminin a son fondement dans la différence des sexes, on seroit souvent fondé à distinguer les noms des plantes en deux genres; car les naturalistes ont remarqué qu'il y a des plantes mâles et des plantes femelles. Mais l'usage est trop ignorant de ces choses pour y avoir égard.

On a même souvent oublié tout-à-fait ce qui avoit donné lieu à la distinction des deux genres, et on a distribué des noms masculins et des noms féminins, sans faire aucune attention au sexe des animaux. Par-là un mot, d'un seul genre, a servi à distinguer tous les individus d'une espèce, tant mâles que femelles : tels sont *perdrix, lièvre, carpe, brochet.*

Comment on a souvent oublié ce qui a servi de fondement à la distinction des deux genres.

La raison de cet usage, c'est que les hommes n'observent qu'autant qu'ils ont besoin d'observer. N'ayant donc pas senti la nécessité de distinguer toujours les animaux par le sexe, ils n'ont pas imaginé d'avoir toujours deux noms différens, l'un pour les mâles, l'autre pour les femelles.

Cependant la distinction des genres étant une fois établie, on l'a étendue à tous les noms. Quelques-uns avoient été terminés différemment, suivant la différence des sexes. C'en fut assez pour voir le masculin dans certaines terminaisons, et le féminin dans d'autres.

Comment les deux genres ont été distingués par la terminaison des noms.

Mais une règle, si peu fondée, ne pouvoit pas être constante. Aussi un mot a souvent été d'un genre, quand, par la terminaison, il auroit dû être d'un autre; quelques-uns ont été des deux : enfin, il y a des langues qui ont un genre neutre pour les mots qu'on ne trouve ni masculins, ni féminins, parce qu'ils ont une terminaison particulière.

Terminaison masculine terminaison féminine. La terminaison masculine dans les noms, est celle qu'ils ont eue dans leur formation. Si nous voulons les rendre féminins, nous changeons cette terminaison, en y ajoutant un *e* muet; et comme nous avons dit au masculin *un lion*, *un chat*, nous disons au féminin, *une lionne, une chatte*.

Les noms substantifs ne sont en général que d'un genre. En général, les noms substantifs ne sont que d'un genre, et par conséquent, ils conservent toujours la même terminaison. *Homme, arbre, esprit*, sont masculins: *plante, connoissance, vertu,* sont féminins; on peut seulement ajouter à ces noms la marque du pluriel.

Quoique cette règle soit générale, elle souffre quelques exceptions; *amour* qui est masculin au singulier, est quelquefois féminin au pluriel; *de folles amours :* on dit au masculin, *un comté, un duché;* et au féminin, *une comté-pairie, une duché-pairie.* On dit encore *de bonnes gens* et *des gens malheureux :* par où vous voyez que le substantif *gens* est féminin, lorsqu'il est précédé d'un adjectif et qu'il est masculin lorsqu'il en est suivi.

Si la plupart des substantifs sont toujours de l'un et de l'autre genre, les adjectifs, au contraire, peuvent toujours être des deux; et on leur donne l'un ou l'autre suivant le genre des substantifs auxquels on les joint : *un lion furieux, une lionne furieuse.* Par ce moyen on indique plus sensiblement le substantif que l'adjectif modifie.

Les adjectifs sont toujours des deux genres.

Les adjectifs terminés au masculin par un *e* muet, ne changent point leur terminaison au féminin : *sage, aimable, honnête,* sont des deux genres.

Marque du genre féminin dans les adjectifs.

Dans tout autre cas, ils prennent un *e* muet à leur terminaison : *charmant charmante, grand grande, poli polie.* Cette règle est générale pour les adjectifs comme pour les substantifs.

Variation qu'on remarque dans la terminaison féminine.

Cependant la terminaison féminine offre quelquefois de plus grandes altérations. Par exemple, les substantifs, *parleur, chanteur, demandeur, défendeur, acteur, protecteur, fils, roi,* font au féminin *parleuse, chanteuse, demanderesse, défenderesse, actrice, protectrice, fille, reine.*

On remarque également de grandes variétés dans la terminaison féminine des adjectifs. Quelquefois on redouble la consonne finale, *bon bonne, cruel cruelle, gras grasse, gros grosse.* On dit, *fol folle, mol molle, vieil vieille, bel belle, nouvel nouvelle :* terminaison qui paroît encore plus altérée, lorsqu'on la compare au masculin, *fou, mou, vieux, beau, nouveau.* C'est ainsi qu'on prononce ces adjectifs, quand ils précèdent un substantif qui commence par une consonne.

Dans les adjectifs terminés en *eux* ou en *oux* on change l'*x* final en *se : heureux heureuse, jaloux jalouse.* Quant aux plus grandes variations, comme l'usage doit vous les apprendre, je me bornerai à vous les faire remarquer dans quelques exemples : *blanc blanche, tur-*

turque, *bref brève*, *long longue*, *favori favorite*, *doux douce*, *faux fausse*, *benin benigne*.

Quoique les genres aient l'avantage de prévenir souvent les équivoques, il faut convenir, avec M. Duclos, qu'ils ont l'inconvénient de mettre trop d'uniformité dans la terminaison des adjectifs, d'augmenter le nombre de nos *e* muets, et de rendre notre langue difficile à apprendre. <small>Désavantages des genres.</small>

La langue angloise n'a point de genre pour les noms; elle est en cela plus simple que la nôtre.

CHAPITRE V.

Observations sur la manière dont on accorde, en genre et en nombre, les adjectifs avec les substantifs.

Nous venons de dire, Monseigneur, qu'un adjectif doit être au même genre et au même nombre que le substantif qu'il modifie. Cette règle donne lieu à quelques observations.

<small>Adjectif qu'on met au singulier, quoiqu'il se rapporte à deux substantifs.</small>

Quand deux substantifs ont une signification fort approchante, on emploie volontiers l'adjectif au singulier : *une force et une fermeté admirable, une politesse et une cordialité affectée.*

<small>Adjectif qu'on met au pluriel, quoiqu'il paroisse devoir se rapporter à un substantif singulier.</small>

Il y a, au contraire, des occasions où l'adjectif se met au pluriel, quoique le substantif, qu'il paroîtroit devoir modifier, soit au singulier. On dit, *la plupart des hommes sont ignorans,* et on parleroit mal, si l'on disoit, *la plupart des hommes est ignorante.*

La raison de cette façon de parler vient de ce que *la plupart des hommes* étant la même chose que, *les hommes pour la plupart*, nous rapportons l'adjectif *ignorans* au pluriel *hommes* dont nous sommes préoccupés, et nous oublions que le sujet de la proposition est un substantif singulier et féminin.

Lorsqu'un adjectif modifie des substantifs de différens genres, il ne change ordinairement sa terminaison que pour prendre le pluriel : *cet homme et cette femme sont prudens*. Si on dit *prudens* et non pas *prudentes*, ce n'est pas, comme le pensent les grammairiens, parce que le masculin est plus noble. Mais puisqu'il n'y a pas plus de raison pour faire l'adjectif masculin que pour le faire féminin, il est naturel qu'on lui laisse sa première forme, qui se trouve celle qu'il a plu d'appeler *genre masculin*.

<small>Les adjectifs n'ont point de genres, lorsqu'ils se rapportent à des substantifs de genre différent.</small>

Une preuve que la noblesse du genre n'est point une raison, c'est que l'adjectif se met toujours au féminin, lorsque, de plusieurs substantifs, celui qui le précède immédiatement est de ce genre. On dit:

il a les pieds et la tête nue, et non pas *nus* : *il parle avec un goût et une noblesse charmante*, et non pas *charmans*. L'adjectif dégénère-t-il ici de sa noblesse, en prenant le genre féminin ?

Je dis donc que par l'habitude où nous sommes d'accorder, en genre et en nombre, l'adjectif avec le substantif, nous serions choqués de lire *tête nus, noblesse charmans*. C'est pourquoi nous disons *nue* et *charmante* au singulier et au féminin, quoique ces adjectifs se rapportent à deux substantifs de genre différent. Si nous n'avions pas cette raison pour leur donner la terminaison féminine, nous les laisserions dans leur première forme. En effet on dit, *mes pieds et ma tête sont nus*, et non pas *nue*; parce que dans cette phrase *tête* et *nus* étant séparés l'un de l'autre, on ne pense plus à leur genre, et on se borne à mettre l'adjectif au pluriel.

<small>Ils n'ont point de genre, lorsqu'ils se rapportent à une idée qui n'a point de nom.</small> Souvent le substantif n'est point énoncé, comme vous le voyez dans cette phrase, *il est dangereux*, employé pour *il y a du danger* : car *dangereux* est un adjectif, et nous prouverons que *il* en est un autre:

Quand je dis donc *il est dangereux*, je sens qu'il y a quelque chose de sous-entendu : c'est une idée à laquelle je ne puis donner aucun nom, et qui cependant est modifiée par les adjectifs *il* et *dangereux*. Or puisque nous nous sommes fait une habitude de ne donner des genres qu'aux noms, cette idée qui n'a point de nom, n'a donc point de genre, et par conséquent *il* et *dangereux* n'en ont pas davantage. J'établirai donc pour règle, que les adjectifs n'ont point de genre, lorsqu'ils se rapportent à une idée plutôt qu'à un nom. En effet, pourquoi juger qu'ils sont alors au masculin ? N'est-il pas plus exact de ne voir ici que leur première forme, qui, n'étant par elle-même d'aucun genre, ne devient masculine que par opposition à une autre forme que nous pouvons leur faire prendre, et que nous nommons féminine ?

CHAPITRE VI.

Du Verbe.

<small>Étymologie du mot verbe.</small> D'après l'étymologie, *verbe* est la même chose que *mot* ou *parole*; et il paroît que le verbe ne s'est approprié cette dénomination, que parce qu'on l'a regardé comme le mot par excellence. Il est en effet l'ame du discours, puisqu'il prononce tous nos jugemens.

<small>Les observations que nous avons à faire sur les verbes sont communes au Verbe substantif et aux verbes adjectifs.</small> Le verbe *être* est proprement le seul, et, à la rigueur, nous n'aurions pas besoin d'en avoir d'autres. Mais nous avons vu qu'il s'est introduit dans les langues des mots qui sont tout-à-la-fois verbes et adjectifs : adjectifs, parce qu'ils expriment un attribut ; et verbes, parce qu'ils expriment encore la co-existence d'un attribut avec un sujet. Ce sont, comme nous l'avons dit, des expressions abrégées, équivalentes à deux élémens du discours. Dans ce chapitre et les suivans, nous traiterons indistinctement des verbes adjectifs et du verbe substantif *être*, parce que les observations,

que nous avons à faire, sont communes à toutes les espèces de verbes.

On distingue dans les verbes la personne qui parle, *je suis*, *j'aime* ; la personne à qui l'on parle, *tu es, tu aimes;* et la personne dont on parle, *il est, il aime :* voilà le singulier. Au pluriel, les personnes ont d'autres noms, et il se fait quelque changement dans la terminaison des verbes. *Nous sommes, vous êtes, ils sont, nous aimons, vous aimez, ils aiment.*

On distingue encore les tems, suivant qu'ils sont présens, passés ou futurs : *je suis, je fus, je serai, j'aime, j'aimai, j'aimerai.*

Les verbes prennent donc différentes formes, suivant qu'on parle à la première, à la seconde, à la troisième personne ; et suivant qu'on parle au présent, au passé, au futur. Or dans toutes ces formes, on affirme la co-existence de l'attribut avec le sujet.

Mais si j'affirme cette co-existence, lorsque je dis, *vous êtes tranquille ;* je ne l'affirme plus lorsque je dis, *sois tran-*

quille, je voudrois que vous fussiez tranquille. Les verbes prennent donc encore différentes formes, suivant la manière dont nous envisageons cette co-existence. Ce sont ces formes qu'on appelle *modes*, mot synonyme de *manière*.

Nous allons traiter séparément des personnes, des tems et des modes.

CHAPITRE VII.

Des noms des personnes considérés comme sujets d'une proposition.

LA première personne n'a que deux noms; un pour le singulier *je*, un autre pour le pluriel *nous*. La seconde en a deux au singulier, *tu*, *vous*; et celui-ci est le même pour les deux nombres. *Noms de la première et de la seconde personne.*

Sans doute, Monseigneur, on a, dans les commencemens, dit *tu* à tout le monde, quel que fût le rang de celui à qui l'on parloit. Dans la suite, nos pères barbares et serviles imaginèrent de parler au pluriel à une seule personne, lorsqu'elle se faisoit respecter ou craindre : et *vous* devint le langage d'un esclave devant son maître. Il arriva de-là, que *tu* ne put plus se dire qu'en parlant à ses esclaves, à ses valets, ou à un homme fort inférieur. *Usage de tu et de vous.*

La familiarité qu'on prenoit avec ses inférieurs, on crut souvent la pouvoir prendre avec ses égaux, et l'usage introduisit le *tu* d'égal à égal, sur-tout entre les amis. Cependant, parce qu'il est difficile de concilier la familiarité avec la politesse, deux personnes qui se tutoyent dans le tête-à-tête, ne croiront pas, par égard pour le public, devoir se tutoyer devant le monde. Les poëtes ont conservé le *tu*; et, en vers, cette licence a de la noblesse, parce qu'on paroît s'égaler à son supérieur.

<small>Les noms de la première et de la seconde personne sont de vrais substantifs.</small>
Vous remarquerez que les noms de la première et de la seconde personne expriment bien mieux les vues de l'esprit que ne feroient les noms propres. Ils expliquent clairement, l'un la personne qui parle, l'autre la personne à qui on parle. Vous ne vous feriez plus entendre, si vous vous nommiez, au lieu de dire *je*; et si, au lieu de dire *vous*, vous vouliez faire usage du nom de celui à qui vous adresseriez la parole. Ces noms ne sont donc pas employés à la place d'aucun autre, et ce sont de vrais substantifs.

<small>Les noms de la troisième personne sont différens suivant les genres.</small>
Les noms de la première et de la seconde personne sont toujours les mêmes, au masculin comme au féminin : ceux de la troisième sont différens, suivant les genres.

On dit *il* au masculin, au féminin *elle*, *ils* et *elles* au pluriel.

Du latin *ille*, *illa*, nous avons fait *il*, *elle*, *le*, *la*, comme les Italiens ont fait *il*, *egli*, *lo*, *ella*. Or en latin, *ille* est proprement un adjectif exprimé ou sous-entendu. Il en est de même d'*il* en françois et d'*egli* en italien. Quand, par exemple, après avoir parlé du pêcher, je dis, *il est en fleurs*, *il* est alors pour *il pêcher :* mais, à consulter l'étymologie, *il* et *le* sont la même chose ; c'est-à-dire, un adjectif qui détermine l'étendue qu'on donne au substantif *pêcher*. Anciennement, nos pères employèrent *il* pour *le* ; et c'est encore ainsi que les Italiens parlent aujourd'hui : ils disent *il conte*, le comte.

Origine de il, elle. Ce sont de vrais adjectifs.

Il est donc prouvé qu'*il*, que nous prenons pour le nom de la troisième personne, est un adjectif qui détermine un substantif sous-entendu. Ainsi quand nous disons, *il parle*, *il chante*, nous suppléons le substantif qui a été nommé auparavant.

Mais, quoique nous soyons dans l'habitude ne pas prononcer le substantif que l'adjectif *il* modifie, nous nous le rappe-

Pourquoi on les a pris pour des noms mis à la place d'un autre.

lons cependant ; et, en conséquence, cet adjectif paroit en prendre la place. Nous croyons, par exemple, que *il* est pour *le pécher*; et nous sommes d'autant plus portés à le croire, que l'usage ne permet pas de dire *il pécher*. Voilà pourquoi on a donné à cet adjectif le nom de pronom, c'est à-dire, de mot mis pour un autre. Nous traiterons ailleurs des pronoms : il suffit, pour le présent, d'avoir considéré *il* et *elle*, comme noms de la troisième personne.

On ainsi que l'on, nom de la troisième personne, est un substantif.

On, ainsi que *l'on*, est encore un nom de la troisième personne. Ils viennent par corruption; le premier d'*homme*, le second de *l'homme*. Ce mot est un vrai substantif : il n'est mis à la place d'aucun nom : il ne se rapporte même à aucun, et il ne laisse rien à suppléer. En effet, dans *on joue*, *on* est le nom d'un idée qui existe dans l'esprit, comme celle de tout autre substantif : seulement cette idée est vague, et si on dit *on*, c'est qu'on ne veut déterminer ni quelles sont les personnes qui jouent ni quel en est le nombre.

Usage qu'on doit faire d'on et de l'on.

On est préférable à *l'on*, toutes les fois

qu'il n'occasionne pas une prononciation désagréable. Dites *et l'on*, *il faut que l'on commence*, plutôt que *et on*, *il faut qu'on commence*.

CHAPITRE VIII.

Des Temps (1).

<small>Chaque forme du verbe ajoute quelque accessoire à l'idée principale dont il est le signe.</small>

CHAQUE forme qu'on fait prendre au verbe, ajoute quelque idée accessoire à l'idée principale dont il est le signe. Avoir de l'amitié ou de l'amour est, par exemple, l'idée principale que le verbe *aimer* signifie dans toutes ses variations, et chaque variation exprime ce sentiment avec différens accessoires. Le présent est l'idée accessoire de la forme *j'aime;* le passé l'est de la forme *j'aimai*, et le futur, de la forme *j'aimerai*.

<small>Trois époques d'après lesquelles on détermine le présent, le passé et le futur.</small>

Le présent *j'aime* est simultané avec l'acte de la parole : le passé *j'aimai* est antérieur à cet acte; et le futur *j'aimerai* lui est postérieur. Le moment où nous parlons est donc comme un point fixe, par

---

(1) Le système de M. Beauzée, sur les tems, me parut, au premier coup-d'œil, aussi solide qu'ingénieux. Cependant, après un mûr examen, je crus devoir l'abandonner. Mais les vues de ce grammairien m'ont donné des lumières, et j'ai refait ce chapitre,

rapport auquel nous divisons le temps en différentes parties, que je nommerai *époques*.

Or on peut distinguer trois espèces d'époques : l'époque actuelle, qui est le moment où nous parlons, des époques qui ne sont plus, et qu'on nomme antérieures; et des époques qu'on nomme postérieures, parce qu'elles ne sont pas encore. Ainsi, comme l'idée d'actualité constitue le présent, l'idée d'antériorité constitue le passé, et l'idée de postériorité constitue le futur.

Un verbe est donc au présent, lorsqu'il exprime un rapport de simultanéité avec l'époque actuelle : il est au passé, lorsqu'il exprime un rapport de simultanéité avec une époque antérieure; et il est au futur, lorsqu'il exprime un rapport de simultanéité avec une époque postérieure. En un mot, il est au passé, au présent, ou au futur, suivant que l'époque avec laquelle il exprime un rapport de simultanéité, est antérieure, actuelle ou postérieure.

Il est vrai que ce qui est simultané avec une époque, soit antérieure, soit postérieure, est présent par rapport à cette époque. Mais si, en conséquence, on vouloit regarder, comme des présens, *j'aime* et *j'aimerai*, on confondroit tout : il n'y auroit plus ni passé ni futur, puisque tout ce qui arrive est nécessairement simultané avec une époque quelconque.

<small>Les époques sur-quelles se rapportent les formes du passé pouvent être déterminées ou indéterminées.</small> L'époque peut être déterminée ou indéterminée. Quand je dis, *j'allois*, cette forme marque une époque qui est déterminée par la suite du discours ou par quelques circonstances : par la suite du discours, si je dis, *j'allois chez vous lorsqu'il m'est survenu une affaire*, et alors l'époque est antérieure ; par une circonstance si c'est au moment que je rencontre une personne, que je lui dis, *j'allois chez vous*, et alors l'époque est actuelle.

Vous voyez donc, Monseigneur, que *j'allois* peut être un passé ou un présent : *j'ai été*, au contraire, est toujours un passé ; et lorsque je me sers de cette forme, je puis dire à mon choix, en déterminant une époque, *j'ai été hier à Colorno* ; ou, sans en déterminer aucune, *j'ai été à Colorno*.

Ainsi, parce que l'action du verbe ne peut pas ne pas être simultanée à une époque quelconque, cette idée de simultanéité est un accessoire commun aux deux formes *j'allois* et *j'ai été* : mais ces deux formes diffèrent en ce qu'avec *j'allois* l'époque est nécessairement déterminée, et elle est antérieure ou actuelle; au lieu qu'avec *j'ai été* elle est déterminée ou elle ne l'est pas, à notre choix, et elle est toujours antérieure.

Les époques auxquelles se rapportent les formes du futur sont également déterminées ou indéterminées. Quand je dis, *j'acheverai cet ouvrage*, j'ai la liberté de déterminer une époque ou de n'en point déterminer. Mais si je disois, *j'aurai achevé*, il faudroit absolument déterminer une époque, en ajoutant, *dans peu de tems, demain, quand vous reviendrez*.

<small>Il en est de même des époques auxquelles se rapportent les formes du futur.</small>

Ces deux futurs ont donc l'un et l'autre un rapport de simultanéité à une époque postérieure. Mais avec *j'acheverai*, cette époque peut être déterminée ou ne l'être pas; et avec *j'aurai achevé*, il faut nécessairement qu'elle le soit.

L'époque actuelle ne sauroit être plus ou moins présente : car, ou elle est simultanée avec le moment où je parle, ou elle ne l'est

<small>Il n'y a qu'un présent dans les verbes.</small>

pas. Si elle l'est, elle est présente : si elle ne l'est pas, elle est antérieure ou postérieure; et par conséquent, passée ou future. Il n'y a donc qu'une manière d'envisager le présent, et il n'y a aussi qu'un seul présent dans chaque verbe, *j'aime*.

Il y a dans les verbes des passés plus ou moins passés, et des futurs plus ou moins futurs.

Il n'en est pas de même du passé et du futur. Nous pouvons les considérer l'un et l'autre sous différens points de vue. Aussi avons-nous des passés plus ou moins passés, et des futurs plus ou moins futurs, suivant que les époques sont elles-mêmes plus ou moins antérieures, plus ou moins postérieures.

Différentes espèces de passés.

Je viens de faire, je faisois, je fis, j'ai fait, j'avois fait, j'eus fait, j'ai eu fait sont autant de passés différens. Ce sont des passés, parce qu'ils ont un rapport de simultanéité avec une époque antérieure; et ils sont différens, parce que l'époque n'est pas la même pour tous.

Je viens de faire est un passé prochain : il signifie, *il n'y a qu'un moment que j'ai fait.*

Je faisois n'est ni prochain ni éloigné : mais il devient l'un et l'autre par la suite du discours. *Il n'y a qu'un moment qu'il faisoit beau, il faisoit chaud l'été dernier.* Cette forme peut même devenir l'expression du présent : nous avons donné pour exemple, *j'allois chez vous*, lorsqu'on parle à une personne qu'on rencontre.

L'époque, avec laquelle *je faisois* a un rapport de simultanéité, peut être considérée comme une période où l'on est encore, ou comme une période où l'on n'est plus. Si l'on dit, *je travaillois aujourd'hui à cet ouvrage*, l'action du verbe se rapporte à une période où l'on est encore; et elle se rapporte à une période où l'on n'est plus, si l'on dit, *je travaillois hier.*

Or, *je fis* et *j'ai fait*, qui diffèrent de *je faisois*, en ce qu'ils supposent tous deux une antériorité plus ou moins éloignée, diffèrent l'un de l'autre en ce que le premier se dit d'une période où l'on n'est plus, *je fis hier;* et que le second se dit d'une période où l'on est encore, *j'ai fait aujourd'hui.* Il est vrai qu'on peut dire, *j'ai fait hier ;* mais on parleroit mal, si l'on disoit, *je fis aujourd'hui.*

Je fis hier est antérieur à la période actuelle, qui est le jour où nous sommes : *j'ai fait aujourd'hui* est antérieur à l'époque actuelle, qui est l'acte de la parole. *J'avois fait, lorsqu'il arriva*, est antérieur à une époque qui est elle-même antérieure. Car *j'avois fait* est antérieur à *arriva*, et *arriva* l'est à l'époque actuelle. Voilà ce qui distingue *j'avois fait* des passés précédens, *je fis*, *j'ai fait*. A cette question, *soupâtes-vous hier de bonne heure ?* on répondra, *je soupai* ou *j'eus soupé à dix heures*. A celle-ci, *avez-vous soupé aujourd'hui de bonne heure ?* on répondra, *j'ai soupé*, ou *j'ai eu soupé à dix heures*.

Vous voyez, Monseigneur, par ces exemples, que *j'ai soupé*, comme *j'eus soupé*, se rapporte à une période qui est finie; et que *j'ai soupé* comme *j'ai eu soupé*, se rapporte à une période qui dure encore. On dit, *j'eus soupé hier;* et on ne dira pas, *j'eus soupé aujourd'hui*.

Nous avons remarqué que le passé *j'ai fait*, se dit également d'une période dans laquelle on n'est plus, et d'une période dans laquelle on est encore : il n'en est pas de même du passé *j'ai eu fait*. On parleroit mal, si l'on disoit, *j'ai eu fait hier*, il faut dire, *j'eus fait*. Le passé *j'ai eu fait* ne s'emploie donc qu'en parlant d'une période qui n'est pas finie, *aujourd'hui, dès que j'ai eu soupé, je suis sorti; hier, dès que j'eus soupé, je sortis*.

Quand on dit *je fis* ou *j'ai fait*, on indique l'époque où la chose se faisoit : quand, au contraire, on dit *j'eus fait* ou *j'ai eu fait*, on indique l'époque où la chose étoit faite ; on distingue donc ces deux passés par les époques différentes auxquelles on les rapporte.

Voilà, je pense, tous les passés que l'usage autorise. Quelques grammairiens, néanmoins, en ont encore imaginé deux autres. Comme on dit *j'ai eu fait*, ils disent, par analogie, *j'eus eu fait*, et *j'avois eu fait*. Mais je ne sais si l'on trouveroit des exemples de ces passés ailleurs que dans les grammaires.

Formes de passés que quelques grammairiens proposent, et que l'usage n'autorise pas.

On a été fondé à distinguer *j'ai fait* de *j'ai eu fait*, puisque ces deux passés se rapportent à des époques différentes : l'un se dit du tems où l'on agissoit, et l'autre du tems où l'on a fini d'agir.

Si l'on disoit, *aussitôt que j'eus eu soupé, je sortis*, ou *j'avois eu soupé quand il arriva*, le sens seroit exactement le même que si l'on avait dit : *aussitôt que j'eus soupé, je sortis, j'avois soupé quand il arriva*. Or dès que ces deux passés, *j'eus eu fait* et *j'avois eu fait*, n'expriment que ce qu'on auroit pu dire avec les passés *j'eus fait* et *j'aurois fait*, ils sont au moins tout-à-fait inutiles et on doit les rejeter.

<small>Différentes espèces de futurs.</small>

Comme nous avons plusieurs passés, nous avons aussi plusieurs futurs.

Je ferai a un rapport de simultanéité avec une époque postérieure. C'est donc un futur. Il a cela de particulier, que l'époque peut, à notre choix, être déterminée ou ne l'être pas : je puis dire, *je ferai*, sans ajouter quand ; et je puis dire, *je ferai demain*.

J'aurai fait, au contraire, est un futur dont il faut que l'époque soit déterminée. On dira, par exemple, *j'aurai fait quand vous arriverez*. Or *quand vous arriverez* détermine l'époque. Vous voyez encore que *j'aurai fait* diffère de *je ferai*, en ce qu'il renferme deux rapports ; un rapport de postériorité à l'époque actuelle, et un rapport d'antériorité à une époque qui n'est pas encore. En effet, *j'aurai fait* est postérieur à l'acte de la parole, antérieur à *quand vous arriverez*.

Enfin *je vais faire*, qui signifie, *je ferai dans un moment*, est un futur prochain.

Il y a des grammairiens qui mettent parmi les futurs, les expressions suivantes : *je dois faire*, *j'ai à faire*. Pour juger si c'est avec fondement, commençons par les analyser.

Si *je dois faire* signifioit, *il est de mon devoir, je suis dans l'obligation*, il est évident que ce seroit un présent.

Si, au contraire, je voulois dire qu'il est arrêté, que je ferai, ou que je ferai parce que je l'ai arrêté, il me paroîtroit plus naturel de regarder cette expression comme l'équivalent de deux phrases, dont l'une est un futur, et l'autre un présent ou un passé.

Il est vrai que *je dois faire* paroît quelquefois l'expression du futur. Par exemple si je dis, *je crains le jugement que vous*

Formes de futur que quelques grammairiens proposent, et qu'on ne peut pas admettre.

devez porter de mon ouvrage ; devez porter est pour *porterez.* Mais observons les accessoires qui distinguent ces deux tours.

Si je ne doute pas que vous ne portiez un jugement, je préférerai de dire, *je crains le jugement que vous porterez de mon ouvrage*; et je dirai au contraire, *je crains le jugement que vous devez porter*, si je présume que votre jugement ne me sera pas favorable. *Porterez* a donc pour accessoire la persuasion où je suis que vous jugerez mon ouvrage; et l'accessoire de *devez porter*, est la présomption où je suis que vous n'en jugerez pas favorablement. Or seroit-on fondé, d'après ces accessoires, à regarder ces expressions comme deux futurs différens? En effet, qu'est-ce qui constitue le futur? C'est un rapport de simultanéité avec une époque postérieure. On n'en peut donc admettre de plusieurs espèces, qu'autant que les époques avec lesquelles ils ont un rapport de simultanéité ne sont pas les mêmes. On les multiplieroit à l'infini, si on les distinguoit d'après tous les accessoires qui les peuvent accompagner.

J'ai à faire, signifie *je ferai*, parce

qu'il faut, parce qu'il convient que je fasse, parce que je me suis proposé de faire. Le rapport de simultanéité est donc le même avec cette expression qu'avec *je ferai*, et l'époque est la même encore. *J'ai à faire*, quoiqu'il soit accompagné d'accessoires qui lui sont particuliers, n'est donc pas un futur différent de *je ferai*. Il se pourroit même que cette expression ne fût pas un futur; et c'est ce qui arrive toutes les fois qu'elle signifie, *il me convient de faire, je me suis proposé de faire.*

CHAPITRE IX.
Des Modes.

<small>Mode indicatif.</small> Tous les temps, Monseigneur, que nous avons expliqués, affirment la co-existence de l'attribut avec le sujet. Or c'est de ces temps que les grammairiens ont fait le mode qu'ils nomment *indicatif*. Rassemblons-les.

Présent. . . . . . *Je fais.*

Passé, qui paroît quelquefois se confondre avec le présent, et qui se rapporte à une époque déterminée par la suite du discours, ou par quelque circonstance, ... *je faisois.*

Passés, qui se rapportent à une période où l'on n'est plus, il y en a deux : l'un marque plus particulièrement le temps où la chose se faisoit, . . *je fis.*

L'autre marque le temps où la chose étoit faite, . . . *j'eus fait.*

Passés qui se rapportent à une période où l'on est encore.

Il y en a également deux ; et
la différence entre eux est la
même qu'entre les passés précédens. L'un indique donc le
temps où la chose se faisoit, . *j'ai fait.*

Et l'autre celui où la chose
étoit faite, ... *j'ai eu fait.*

Passé antérieur à une époque qui est elle-même antérieure à l'époque actuelle, . *j'avois fait.*

Futur dont l'époque peut
être ou n'être pas déterminée, . *je ferai.*

Futur dont l'époque doit
être déterminée, ... *j'aurai fait.*

En observant ces temps, vous voyez, Monseigneur, que l'affirmation se trouve dans tous. L'affirmation est donc l'accessoire qui caractérise le mode indicatif.

Mais si au lieu de dire *tu fais, vous* Impératif.
faites, je dis, *fais, faites,* l'affirmation disparoît, et la co-existence de l'attribut avec le sujet, n'est plus énoncée que comme pouvant ou devant être une suite de mon commandement. Cet accessoire, substitué au premier, a fait donner à cette forme le nom de *mode impératif.*

Fais, faites, paroissent au présent, parce que celui qui commande, semble vouloir que la chose se fasse à l'instant même. Cependant ce sont de vrais futurs, puisqu'on ne peut obéir que postérieurement au commandement. Aussi commandons-nous avec les futurs de l'indicatif, *tu feras, vous ferez*.

Ayez fait, autre forme de l'impératif, est également un futur : *ayez fait, quand j'arriverai*, est pour le fond, la même chose que, *vous aurez fait, quand j'arriverai*. Voilà tous les temps de ce mode : il n'a point de passé, et on voit qu'il n'en peut pas avoir.

Le futur de l'impératif n'est qu'un simple commandement ; celui de l'indicatif quand il est employé dans le même sens, est un commandement plus positif, une volonté plus absolue dont on ne permet pas d'appeler. Si après avoir dit, *faites*, ou *ayez fait*, on ne paroissoit pas disposé à m'obéir, j'insisterois en disant *vous ferez, vous aurez fait*, et par-là je déclarerois que je ne veux ni excuse, ni retardement.

Je fais affirme, *fais* commande, *je ferois* affirme aussi ; mais l'affirmation n'est pas positive, comme dans l'indicatif, elle est conditionnelle : *je ferois, si j'en avois le temps.* Cette condition est l'accessoire d'un mode que je nomme *conditionnel.*

La forme *je ferois* est un présent ou un futur, suivant les circonstances du discours, et on peut l'employer, sans déterminer aucune époque. *Je ferois actuellement votre affaire, si vous m'en aviez parlé plutôt,* est un présent : *je ferois votre affaire avant qu'il fût peu, si elle dépendoit uniquement de moi,* est un futur : enfin *je ferois le voyage de Rome, si j'étois plus jeune,* est un futur dont l'époque peut, à notre choix, être ou n'être pas déterminée : en général cette forme exprime presque toujours un futur : *je l'attends, il m'a promis qu'il viendroit bientôt. Viendroit* est pour *viendra,* et l'usage le préfère, parce que l'exécution de ce qu'on promet, dépend toujours de quelques conditions exprimées ou supposées.

Au passé, on dit, *j'aurois fait votre*

affaire, si vous m'en aviez parlé, ou j'eusse fait votre affaire, si vous m'en eussiez parlé. Il me paroît que la différence entre ces deux temps, consiste en ce que *j'aurois fait*, marque plus particulièrement le temps où l'affaire auroit été entreprise, et que *j'eusse fait* marque plus particulièrement le temps où elle eût été finie. *J'aurois fait*, signifie *je me serois occupé à faire*, et *j'eusse fait*, signifie, *elle seroit faite*.

On dit encore *j'aurois eu fait*, et c'est un passé antérieur à un autre passé. *Si vous m'aviez écrit, j'aurois eu fait votre affaire, avant que vous fussiez arrivé*: dans cet exemple, *j'aurois eu fait*, est antérieur à *avant que vous fussiez arrivé*, qui l'est lui-même à l'époque actuelle. Je ne sais si l'on peut dire, *j'eusse eu fait*. Je ne vois pas en quoi il différeroit de *j'aurois eu fait*.

subjonctif.

Nous avons distingué des propositions principales et des propositions subordonnées. Or une proposition principale renferme toujours une affirmation positive ou conditionnelle, avec un rapport déterminé au présent, au passé ou au futur. Le verbe de ces propositions doit donc prendre ses formes dans le mode indicatif, *je fais*, *j'ai fait*, ou dans le mode conditionnel, *je ferois*, *j'aurois fait*.

Il arrive souvent qu'on trouve aussi, dans les propositions subordonnées, la même affirmation positive ou conditionnelle, avec un rapport déterminé au présent, au passé ou au futur; et alors il faut que le verbe de cette proposition, comme celui de la principale, emprunte également ses formes du mode indicatif ou du mode conditionnel : on dit, *je crois que vous* FAITES, *que vous avez* FAIT, *je croyois que* VOUS FERIEZ, *que* VOUS AURIEZ FAIT.

Mais il y a des propositions subordonnées, dont le verbe, n'ayant pas un rapport déterminé à un temps plutôt qu'à un autre, est, suivant les circonstances du discours, présent, par exemple, ou futur, quoiqu'on lui conserve toujours la même forme. Si on me dit de quelqu'un, *il part*, je puis répondre, *je ne crois pas qu'il parte*; et si on me dit, *il partira*, je puis également répondre, *je ne crois pas qu'il* PARTE. Par où vous voyez que *parte*, indéterminé par lui-même à être présent ou futur, devient tour-à-tour l'un et l'autre par les circonstances du discours.

De même soit qu'on dise *il est parti*, ou *il partira*, je puis répondre *je ne croyois pas qu'il partît*. *Qu'il partît* est donc tour-à-tour passé ou futur.

Que j'aie fait, autre forme qu'on emploie dans les propositions subordonnées, est également indéterminée, et peut se rapporter, suivant les circonstances, à des époques différentes. Vous voyez un passé dans *il a fallu* QUE J'AIE CONSULTÉ, et un futur dans *je n'entreprendrai rien* QUE JE N'AIE CONSULTÉ....

Il en est de même de la forme suivante, *que j'eusse fait*. Tantôt elle exprime un passé; *je ne croyois pas que vous eussiez fait sitôt*: tantôt elle exprime un futur, *je voudrois que vous eussiez fait avant mon retour*.

Toutes ces nouvelles formes, qu'on fait prendre aux verbes dans les propositions subordonnées, expriment donc avec un rapport indéterminé au temps. Or cette indétermination est l'accessoire qui constitue le mode qu'on nomme *subjonctif*. Il paroit que, dans ce mode, le verbe, étant subordonné aux circonstances du discours, tient plus d'elles que de sa forme, les rapports d'antériorité, d'actualité ou de postériorité qu'il exprime ; et que les différentes formes du subjonctif sont moins destinées à distinguer les temps qu'à marquer la subordination du verbe de la proposition subordonnée au verbe de la proposition principale.

Nous avons analysé quatre modes, l'indicatif, l'impératif, le conditionnel et le subjonctif. Il nous reste à observer l'infinitif.

L'infinitif est un nom substantif.

Après avoir supposé que le mot *être* avoit signifié successivement *voir*, *entendre*, *toucher*, nous avons vu comment, étant devenu un terme général et abstrait, il n'a plus signifié aucune de ces choses en particulier. Alors il a été le signe d'une idée générale, commune à *voir*, à *entendre*, à *toucher*, et qui n'est proprement ni *voir*, ni *entendre*, ni *toucher*.

Ce verbe ainsi généralisé pouvoit être joint à des adjectifs, et nous aurions pu dire *être faisant*, *être dormant*. Mais au lieu d'employer ces élémens du discours, nous avons iamginé des expressions plus abrégées qui leur sont équivalentes, et nous avons fait les verbes *faire*, *dormir*.

Or *être*, *faire*, *dormir*, qu'on pourroit peut-être regarder comme la première forme des verbes, sont ce qu'on appelle des *infinitifs*.

On peut ici observer deux choses. La première, c'est que l'infinitif, quoique subordonné à une proposition, n'en sauroit former une. Dans *je veux que vous fassiez*, *que vous dormiez*, les formes du subjonctif, *vous fassiez*, *vous dormiez*, sont deux propositions : au contraire, si je dis, *je veux faire*, *je veux dormir*, vous n'appercevez point de propositions dans *faire* ni dans *dormir*, vous n'y voyez qu'une action ou un état.

Une autre chose à observer, c'est que, dans l'infinitif, l'indétermination est encore plus sensible que dans le subjonctif. Car ce mode qui, par lui-même, ne se rapporte à aucune époque, semble pouvoir se rapporter à toutes. *Faire*, par exemple, paroît présent dans *je puis faire*, passé dans *j'ai pu faire*, futur dans *je pourrai faire*. Mais, à mieux juger des choses, c'est *je puis* qui est présent, *j'ai pu* qui est passé, *je pourrai* qui est futur, et *faire* n'est pas plus présent, passé et futur dans ces phrases, que le seroit dans celle-ci le substantif *maison*, *j'ai une maison*, *j'ai eu une maison*, *j'aurai une maison*. En effet, Monseigneur, si vous considérez que, lorsque le verbe est à l'infinitif, nous faisons abstraction de tous les accessoires qu'il a pris dans les autres modes, vous en conclurez que nous faisons abstraction des rapports d'actualité, d'antériorité et de postériorité, et que, par conséquent, il ne peut plus exprimer aucun de ces rapports.

Qu'est-ce donc que le verbe à l'infinitif? Vous voyez que, puisqu'il est dépouillé de tous les accessoires qu'il avoit dans les autres modes, il ne peut plus être qu'un nom substantif, qui exprime une action ou un état. Il y a même bien des occasions où l'on ne peut pas s'y méprendre : nous disons, par exemple, *mentir est un crime*, pour *le mensonge est un crime*.

Les participes sont des adjectifs.

Puisqu'on multiplie les verbes, en composant une idée totale de l'idée du verbe substantif et de celle de quelque adjectif, il faut qu'en décomposant cette idée, on retrouve un adjectif dans les verbes d'action et dans les verbes d'état. Or cet adjectif est ce qu'on nomme *participe*, et il y en a deux : l'un est le participe du présent, ainsi nommé d'après ce qu'il paroît être, *faisant*; l'autre est le participe du passé, qui concourt aux formes composées des temps passés. *fait*. Ces noms participent de l'adjectif et du verbe; de l'adjectif, en ce qu'ils modifient un substantif; du verbe, en ce qu'ils le modifient avec un rapport de simultanéité à une époque quelconque. Je dis *à une époque quelconque*, parce qu'ainsi que l'infinitif *faire*, ils ne sont ni passés, ni présens, ni futurs. Quand nous traiterons particulièrement de ces noms, nous verrons que ce sont encore de vrais substantifs.

L'infinitif avoir, joint à un participe, est un nom substantif.

Comme on a dit à l'indicatif, *j'ai fait*, *j'avois fait*, on a dit à l'infinitif, *avoir fait*, et cette forme a paru exprimer un passé ou un futur : un passé antérieur à un autre passé, *après avoir fait, il partit ;* un futur antérieur à un autre futur, *il faudra avoir fait, quand j'arriverai :* mais si le verbe, à l'infinitif, ne conserve aucun des accessoires qu'il avoit dans les autres modes, comment *avoir fait* pourroit-il être un passé et un futur ? Je vois un passé dans *il partit*, et un futur dans *il faudra :* je ne vois qu'un nom dans *avoir fait*, et à ce nom j'en pourrois substituer un autre, *la chose* faite, par exemple : *après la chose faite il partit, la chose faite faudra, quand j'arriverai.*

Outre les principes dont la forme est simple, *faisant* et *fait*, il y en a un autre dont la forme est composée, *ayant fait.* Vous voyez que ce participe est de la même nature que les autres, c'est-à-dire, un nom.

Nous avons observé et expliqué toutes les variations du verbe dans ses différens tems et dans ses différens modes. C'est de là que se forment les conjugaisons dont nous allons traiter.

CHAPITRE X.

Des Conjugaisons.

<small>Comment on a distingué quatre conjugaisons.</small> Nous venons de voir que, lorsque nous considérons les infinitifs *faire*, *aimer*, nous faisons abstraction de tous les accessoires que le verbe exprime dans ses tems et dans ses modes. Donc, si nous regardons cette forme comme la première que les verbes ont eue, nous verrons que, suivant les variations dont elle sera susceptible, elle ajoutera différens accessoires à la signification des verbes.

Or on a remarqué que les infinitifs ont des terminaisons différentes. Ils se terminent en *er*, comme *aimer*; en *ir*, comme *finir*; en *oir*, comme *recevoir*; en *re*, comme *rendre*, *faire*. Toutes les terminaisons des infinitifs peuvent se rapporter à ces quatre.

Alors, ayant observé tous les verbes dont l'infinitif se termine en *er*, on vit que, dans leurs tems et dans leurs modes, ils prennent en général les mêmes formes qu'*aimer*. On regarda donc les variations de ce verbe comme le modèle des variations de tous ceux qui se terminent de la même manière, et on en fit une classe sous le nom de première conjugaison. On imagina de même trois autres conjugaisons, parce qu'on fit de pareilles observations sur les verbes en *ir*, en *oir* et en *re*.

Alors conjuguer un verbe fut lui faire prendre successivement, sur le modèle d'un verbe qui servoit de règle, toutes les formes que nous avons analysées ; c'est-à-dire, les formes de l'indicatif, de l'impératif, du mode conditionnel, du subjonctif et de l'infinitif.

Dès que chaque conjugaison eut un modèle, on fut fondé à regarder comme réguliers tous les verbes qui, ayant, à l'infinitif, la même terminaison que celui qui servoit de règle, se conjuguoient exactement de la même manière. *Calmer*, par exemple, fut régulier, parce que, dans tous ses temps et dans tous ses modes, il se conjugue comme *aimer*.

considérant les verbes par rapport aux conjugaisons, on en distingue de trois espèces.

En conséquence, on mit, parmi les verbes irréguliers, ceux dont les variations n'étoient pas conformes à celles du verbe qui devoit servir de modèle; et on nomma *défectueux*, ceux qui manquoient de quelque tems ou de quelque mode. *Aller*, par exemple, fut un verbe irrégulier, parce qu'il se conjugue différemment d'*aimer* : *faillir* fut un verbe défectueux, parce qu'il n'est en usage qu'à l'infinitif *faillir*, et aux passés, *je faillis, j'ai failli, j'avois failli*. *Quérir* est plus défectueux encore; il ne se dit qu'à l'infinitif.

En considérant les verbes par rapport aux conjugaisons, il y en a donc de trois espèces : réguliers, irréguliers et défectueux.

Verbes auxiliaires.

Nous remarquons dans les conjugaisons des formes simples, *je fais, je fis, je sors, je sortis;* et des formes composées, *j'ai fait, j'avois fait, je suis sorti, j'étois sorti*.

Les verbes *avoir* et *être*, qui entrent dans les formes composées, et qui se joignent au participe du passé, se nomment *verbes auxiliaires*, parce qu'ils concourent à la formation des tems. Nous en traiterons dans le chapitre suivant.

Aller est aussi un verbe auxiliaire dans la formation du futur prochain, *je vais faire*; et *venir* en est un autre dans la formation du passé prochain, *je viens de faire*. L'usage qu'on fait de ces deux verbes ne souffre aucune difficulté. Nous verrons qu'il n'en est pas de même des auxiliaires *avoir* et *être*.

Il faut remarquer, Monseigneur, qu'un verbe, lorsqu'il devient auxiliaire, ne conserve pas exactement sa première signification; par exemple, dans *avoir fait* et *avoir des vertus*, l'idée qu'offre le verbe *avoir* n'est pas certainement la même. Vous voyez par-là pourquoi *devoir* ne peut pas être mis parmi les auxiliaires : c'est que lorsqu'on dit *je dois faire*, *je dois* conserve exactement sa première signification. Il signifie toujours, *il est arrêté*, ou *il faut*.

Le verbe substantif peut être employé avec le participe du présent, *Pierre est aimant*, et avec le participe du passé, *Pierre est aimé* : il est, dans ces deux

<small>La distinction des verbes actifs, passifs et neutres ne doit pas être admise dans notre langue.</small>

phrases, le même verbe, dont le propre est d'exprimer la co-existence de l'attribut avec le sujet.

Or quand on dit, *Pierre est aimant,* Pierre est le sujet de l'action, comme il l'est de la proposition ; c'est lui qui agit : au contraire, il n'est plus le sujet de l'action quand on dit, *Pierre est aimé.* Il en est l'objet : il n'agit donc plus, et c'est ce qu'on appelle *être passif.*

Être aimant renferme deux élémens auxquels nous pouvons substituer *aimer;* verbe adjectif, que nous avons nommé *verbe d'action*, et que les grammairiens nomment *verbe actif.*

Être aimé renferme également deux élémens auxquels les latins substituoient *amari*, verbe qu'ils nommoient *passif,* parce que, dans les modes de ce verbe, le sujet est l'objet de l'action.

Notre langue ne peut rien substituer à de pareils élémens. Elle n'a donc point de verbe passif. En effet, c'est avec les participes du passé, joints aux différentes formes du verbe *être*, que nous traduisons les verbes passifs des latins.

Comme on a nommé *verbes actifs* ceux dont l'action se termine à un objet différent du sujet de la proposition ; et *verbes passifs*, ceux dont le sujet de la proposition est l'objet même de l'action ; les verbes actifs et les verbes passifs ont emporté l'idée d'un objet sur lequel une action se termine. En conséquence, les grammairiens ont appelé *verbes neutres*, c'est-à-dire, qui ne sont ni actifs ni passifs, tous ceux où ils ne voyoient point d'action, *reposer, dormir*, et tous ceux où ils voyoient une action qui ne se terminoit pas sur un objet, *marcher, rire*. Comme nous n'avons point de verbes passifs, il me paroît inutile d'admettre des verbes neutres. Il nous suffit par conséquent, de distinguer les verbes en deux classes, en verbes d'action et en verbes d'état.

Les grammairiens distinguent encore trois espèces de verbes, dont je ne vois pas l'utilité : des verbes *réfléchis*, dont l'action réfléchit en quelque sorte sur le sujet, *je me connois, je me trompe* ; des verbes *réciproques*, dont l'action réfléchit alternativement d'un sujet sur un autre, *Pierre*

_{Ni celle des verbes réfléchis, réciproques et impersonnels.}

et Paul se battent ; enfin des verbes qu'ils appellent improprement *impersonnels* , parce qu'ils ne s'emploient ni avec la première, ni avec la seconde personne, *il faut, il pleut*. Si on s'obstinoit à distinguer les verbes par des accessoires aussi étrangers à leur usage, on en trouveroit de bien des espèces, souvent même dans un seul verbe. *Aimer*, par exemple, seroit actif, réfléchi, réciproque, neutre, et tout ce qu'on voudroit. Il est nécessaire d'analyser ; mais il y a un terme où il faut s'arrêter. Les analyses inutiles n'éclairent pas, et elles embarrassent.

Fausses dénominations qu'on a données aux tems des verbes.

Si vous remarquez, Monseigneur, que je n'ai pas donné des noms à tous les tems des verbes, je vous répondrai que je ne crois pas devoir adopter ceux qui sont en usage parmi les grammairiens.

On appelle *je faisois* , *prétérit imparfait* ; *je fis* et *j'ai fait*, *prétérit parfait* ; et *j'avois fait*, *plusque-parfait*. On dit encore que *je fis* est un *prétérit défini* , et *j'ai fait*, un *prétérit indéfini*. Enfin, on donne à *je fis* le nom de *prétérit simple*, et à *j'ai fait*, et *j'avois fait*, celui de *prétérit composé*.

Voilà les noms généralement usités. Il y a des grammaires où on en trouve encore d'autres que je ne rapporterai pas. Vous pouvez juger, à cette multitude de noms, de l'embarras où ont été les grammairiens. En effet, plus ils ont fait d'efforts, moins ils ont réussi, et nous ne savons plus comment nommer les tems.

Pour moi, j'avoue que je n'ai jamais pu comprendre ce qu'ils entendent par *imparfait, parfait, plusque-parfait, défini, indéfini :* je comprends mieux ce qu'ils veulent dire par *simple* et *composé*. Ces noms marquent au moins les formes que le verbe prend au passé : mais ils n'expriment aucun des accessoires que ces formes réveillent ; et c'est néanmoins d'après ces accessoires qu'il auroit fallu nommer les tems.

En effet, les noms seroient bien choisis, s'ils étoient comme le résultat des analyses de chaque tems. C'est ainsi qu'on a fait ceux de *passé prochain* et de *futur prochain.* Mais de pareils noms pour chaque tems, seroient difficiles à imaginer ; et quand on les proposeroit, le public ne les adopteroit pas. Ce seroient des dénominations métaphysiques, dont les idées échapperoient souvent aux métaphysiciens mêmes; et cependant la grammaire doit être à la portée de tout homme capable de réflexion. On pourroit employer un moyen plus simple.

Moyen d'y suppléer. Le verbe *faire* varie dans tous ses tems et dans tous ses modes. Or pourquoi ses variations dont on auroit fait l'analyse, ne serviroient-elles pas de dénominations aux variations des autres verbes? Pourquoi ne diroit-on pas le passé *je fis* du verbe *aimer* est *j'aimai*, le futur *je ferai* est *j'aimerai*, etc.? De pareilles dénominations ne seroient point métaphysiques; elles n'exigeroient, de la part de l'esprit, aucune contention, et elles rappelleroient, d'une manière précise, à celui qui auroit bien analysé, les accessoires, comme les formes de chaque tems.

Il ne me resteroit plus, Monseigneur, qu'à transcrire ici, d'après ce plan, les différentes conjugaisons des verbes. Mais pourquoi vous donner la peine d'apprendre de moi ce que vous apprendrez de l'usage sans effort. Je crois donc devoir me borner à mettre les conjugaisons à la fin de cette grammaire, afin que vous puissiez les consulter au besoin.

CHAPITRE XI.

Des formes composées avec les auxiliaires, ÊTRE *ou* AVOIR.

<small>Le verbe *être* ou *re* dans les formes composées qui expriment l'état du sujet, et le verbe *avoir* entre dans les formes composées qui expriment l'action.</small> On dit *je suis aimé, j'étois aimé, je fus aimé, j'ai été aimé*, etc. Ainsi, pour traduire le verbe passif *amari*, être aimé, il suffit de connoître, d'un côté, le participe *aimé*; et de l'autre, la conjugaison du verbe *être*. Alors, pour exprimer une même idée, nous employons, comme nous l'avons remarqué, les élémens auxquels, en latin, on substituoit une expression plus abrégée.

Or *je suis aimé* exprime l'état du sujet, et *j'ai aimé* en exprime l'action. Nous pouvons donc poser pour règle générale, que le verbe *être* entre dans les formes composées qui expriment l'état, et que le verbe *avoir* entre dans les formes composées qui expriment l'action.

<small>Exception à cette règle.</small> Cette règle souffre une exception; car quoiqu'on dise, *j'ai aimé cette personne*, on ne dira pas, *je* M'AI *aimé*; il faut dire, *je* ME SUIS *aimé*.

Il y a donc ici une distinction à faire : ou l'action a pour objet le sujet même qui agit, et alors il faut dire avec le verbe *être*, *il s'est vu, il s'est tué, il s'est reconnu :* ou l'objet est différent du sujet qui agit, et alors il faut dire avec le verbe *avoir*, *il l'a vu, il l'a tué, il l'a reconnu ;* c'est ainsi qu'on doit toujours parler. On se sert encore du verbe *être* toutes les fois que le terme du verbe est le sujet de la proposition. Ainsi, quoiqu'on dise J'AI *fait des difficultés à cet écrivain*, on dit, *je me* SUIS *fait des difficultés*.

Confirmation de cette règle. A ces exceptions près, qui sont elles-mêmes une règle sans exception, la règle que nous avons d'abord établie, doit être observée dans tous les cas ; c'est-à-dire, que le participe doit se construire, avec le verbe *avoir*, toutes les fois qu'il exprime une action ; et avec le verbe *être*, toutes les fois qu'il exprime un état.

On dit, *il* A *monté ce cheval, il* A *descendu les degrés*, parce que *monté* et *descendu* expriment une action, et on ne peut s'y tromper, puisque cette action a un objet, *ce cheval, les degrés*. Mais on dit, *il* EST *monté*, *il* EST *descendu*, parce qu'alors on considère moins l'action de monter, que l'état où l'on est après avoir monté.

Je dirai *la procession* A *passé sous mes fenêtres*, parce que je songe à l'action de la procession qui passoit. Mais que quelqu'un me demande s'il vient à temps pour la voir, je répondrai, *elle est passée*. C'est que je ne pense plus qu'à l'état.

En un mot, on ne peut pas choisir indifféremment entre les deux auxiliaires, quoique les participes puissent se construire également avec l'un et avec l'autre. Il faut toujours considérer si on veut exprimer un état, ou si on veut exprimer une action : et c'est d'après cette règle qu'on doit choisir entre *il est accouru, il a accouru, il est disparu, il a disparu, il est apparu, il a apparu, sa fièvre est cessée, sa fièvre a cessé, il nous est échappé, il nous a échappé*, etc.

Tous les exemples confirment cette règle. On dit, *il* EST *sorti*, en parlant de quelqu'un qui n'est pas chez lui; et *il* A *sorti*, en parlant de quelqu'un qui est rentré

De même on dit, *il* EST *demeuré à Paris*, de quelqu'un qui y est encore; et *il* A *demeuré à Paris*, de quelqu'un qui y a été et qui n'y est plus.

Tout ce que nous venons de dire est vrai des participes qui expriment également un état et une action, et nous n'avons parlé que de ceux-là. Mais quand le participe est de nature à n'exprimer qu'un état, il se construit toujours avec le verbe *avoir* : on dit, *il a langui, il a dormi: il a vieilli*. Cette dernière régle, Monseigneur, me paroît sans exception : si elle en a, l'usage vous en instruira.

<small>Formes composées où l'on n'emploie jamais le verbe *avoir*.</small>

CHAPITRE XII.

Observations sur les tems.

<small>Extension que nous donnons au tems présent.</small>

Le présent n'est, à la rigueur, que le moment où l'on parle; mais si nous voulions le borner à cet instant, il nous échapperoit à mesure que nous parlons. Nous sommes donc forcés à l'étendre dans le passé et dans l'avenir, et à regarder comme parties du présent, des momens qui ne sont plus et des momens qui ne sont pas encore.

<small>Pourquoi la forme du présent a été choisie pour exprimer les vérités nécessaires.</small>

Or dès qu'une fois nous lui donnons de l'extension, nous pouvons lui en donner toujours davantage, et nous n'avons plus de raison pour nous arrêter. Ce jour sera donc un tems présent, ce mois, cette année, ce siècle, toute période quelle qu'en soit la durée, enfin l'éternité même.

Il ne faut donc pas s'étonner si la forme du présent a été choisie pour exprimer les vérités nécessaires; c'est que ce présent, *Dieu est juste*, a une extension indéterminée, qui fait, de tous les siècles, une seule période, et cette période, qui est l'éternité, est, en quelque sorte, présente comme l'instant où je parle.

Vous avez pu remarquer, Monseigneur, qu'on emploie souvent les formes des tems les unes pour les autres. Racine a dit :

Comment on emploie les formes des tems les unes pour les autres.

> J'ai vu votre malheureux fils
> Traîné par les chevaux que sa main a nourris.
> Il *veut* les rappeler, et sa voix les *effraie*.
> Ils *courent*. Tout son corps n'*est* bientôt qu'une plaie.

Racine substitue, dans ces vers, la forme du présent à celle du passé. S'il eût dit, *il a voulu les rappeler, et sa voix les a effrayés*, la pensée eût été la même quant au fond ; mais ce n'eût été qu'un récit, au lieu que la forme du présent fait un tableau qu'elle met sous les yeux.

En substituant les unes aux autres les formes des tems, on change donc les accessoires d'une pensée. Lorsque je dis, *je partirai demain*, je ne fais qu'indiquer le jour de mon départ, et je fais voir que je suis bien décidé à partir ; si je dis, *je pars demain :* cette forme, *je pars*, semble rapprocher *demain* du moment présent ; ce rapprochement fait juger combien je suis déterminé à partir, parce qu'il me présente déjà comme partant.

Finissez-vous bientôt ? Finirez-vous bientôt ? Le premier de ces tours est l'expression d'une personne qui est impatiente de voir finir. Le second peut n'être qu'une question.

Au lieu de répondre à *finissez-vous bientôt ? je finirai dans le moment*, on répondra, *j'ai fini dans le moment ;* parce qu'en substituant la forme du passé à celle du futur, on représente comme déjà fait ce qui va l'être ; et que, par conséquent, on marque mieux la promptitude avec laquelle on promet de finir. En voilà assez, Monseigneur, pour vous faire comprendre comment on emploie la forme d'un tems pour celle d'un autre. Je dis *la forme*, car il ne seroit pas exact de dire, avec les grammairiens, qu'on emploie le présent pour le passé, et le passé pour le futur.

CHAPITRE XIII.

Des prépositions.

Quand on dit *Pierre ressemble à son frère*, le verbe *ressemble* exprime le rapport qui est entre Pierre et son frère; et la préposition *à* se borne à indiquer *son frère*, comme second terme de ce rapport.

On pourroit distinguer deux sortes de prépositions.

Mais il y a des prépositions qui, en indiquant le second terme d'un rapport, expriment encore le rapport même, et qui, par conséquent, modifient le premier terme : par exemple, dans *le livre de Pierre*, la préposition *de*, qui indique le second terme, explique encore le rapport d'appartenance du livre à Pierre. Elle modifie donc le premier terme, *le livre*, auquel elle ajoute la qualité d'appartenir.

Nous serions, par conséquent, fondés à distinguer deux espèces de prépositions : mais, comme j'aurai peu besoin de cette distinction, il suffira de l'avoir remarquée,

Selon les grammairiens, il y a des prépositions simples, *dans*, *pour*, et des prépotions composées, *à l'égard de*, *à la réserve de*. Mais pourquoi appeler prépositions des substantifs qui sont précédés d'une préposition et suivis d'une autre. Vous sentez, Monseigneur, que, si on ne veut pas tout confondre, il faut toujours rappeler les expressions aux premiers élémens du discours. Cette distinction est donc tout-à-fait inutile.

On a remarqué que les mêmes prépositions sont employées dans des cas différens, et cela est vrai, lorsque les prépositions se bornent à indiquer le second terme d'un rapport. En effet, il y a bien de la différence entre *aller à Paris* et *être à Paris*; et cependant nous employons, dans l'un et l'autre cas, la même préposition *à*. C'est que cette préposition indique seulement le second terme *Paris*, et que le rapport est exprimé par les verbes *aller* et *être*.

Mais parce qu'on a cru voir, dans *être dans le royaume*, *être en Italie*, *être à Rome*, plus de ressemblance qu'il n'y en a, on a dit que des prépositions différentes

sont employées dans des cas semblables;
c'est une erreur. Nous verrons bientôt que,
dans ces trois phrases, les rapports exprimés par les mêmes prépositions sont différens; et que, par conséquent, les cas ne
sont pas semblables.

On a encore imaginé des prépositions qui ne le sont pas toujours, et on donne pour exemples, *dedans*, *dehors*, *dessus*, *dessous*. Ce sont des prépositions, dit-on, lorsqu'on met ensemble les deux opposées: *la peste est dedans et dehors la ville; il y a des animaux dessus et dessous la terre*. Ce n'en sont pas, lorsqu'on n'emploie que l'un des deux : car on ne dit pas *dessus la terre, dedans la ville;* il faut dire *sur la terre, dans la ville*. Prépositions qui s'emploient avec ellipse.

Lorsqu'on raisonne ainsi, on ne paroît s'occuper que du matériel du discours, ce qui arrive quelquefois aux grammairiens. En effet, quand on répond à *est-il sur la table? il est dessus*; voilà *dessus* sans son opposé, et cependant il est préposition, puisqu'il indique le second terme du rapport, *la table*. Il est vrai qu'on ne prononce pas ces mots *la table*; mais ils sont sous-entendus, et la raison veut qu'on les supplée. Il falloit donc se borner à remarquer que les prépositions *dedans, dehors, dessus, dessous,* s'emploient d'ordinaire avec ellipse, c'est-à-dire, sans prononcer le second terme qu'elles indiquent. Remarquons, en passant, que l'exemple, *il y a des animaux dessus et dessous la terre,* est mal choisi : car il n'y a des animaux que sur la terre, et on seroit bien embarrassé de dire où sont ceux qu'on suppose dessous.

<small>Après avoir servi pour exprimer les rapports entre les objets sensibles, les prépositions ont été employées pour exprimer les rapports et les idées abstraites.</small> Le premier emploi des prépositions a été de marquer des rapports entre les objets sensibles. Mais parce que les idées abstraites, exprimées par des noms substantifs, prennent, dans notre imagination, presque autant de réalité que les choses en ont au dehors, elles peuvent être considérées comme ayant entr'elles des rapports à peu près semblables à ceux qui sont entre les objets sensibles. C'est pourquoi on dit, *de la vertu au vice,* comme *de la ville à la campagne.*

On n'est pas dans la jeunesse comme on est dans la maison : mais l'analogie qui est entre ces deux noms, comme substantifs, a fait employer la même préposition devant l'un et l'autre.

Par-là une même préposition est usitée dans des cas différens; et quelquefois les dernières acceptions ressemblent si peu aux premières, que si on ne saisit pas le fil de l'analogie, il ne sera pas possible de rendre raison de l'usage. Je me bornerai à vous en donner quelques exemples : car vous jugez bien, Monseigneur, que je ne me propose pas d'analyser les acceptions de toutes les prépositions.

Quelquefois les dernières acceptions d'une préposition ressemblent fort peu aux premières.

De la préposition à.

ON dit *je suis à Paris, je vais à Paris;* et cette préposition, dans l'une et l'autre phrase, se borne à indiquer un lieu comme terme d'un rapport.

Premier usage de la préposition à.

Il y a beaucoup d'analogie entre la manière d'être dans un lieu et celle d'être dans le tems : on dira donc, *à une heure, à midi, à l'avenir.*

Par quelle analogie elle a passé à un second.

Il y en a encore entre les lieux et les circonstances où l'on se trouve, et l'on dira, *à ce sujet, à cette occasion.*

A un troisième,

A un quatrième, Ce que nous appelons *substance*, ne se montre à nous que par les manières d'être qui paroissent l'envelopper : c'est une chose qui existe comme au milieu d'elles. Il y a donc de l'analogie entre être dans un lieu, et exister ou agir d'une certaine manière, *être à pied, à cheval, prier Dieu à mains jointes, recevoir à bras ouverts.*

A un cinquième, Dès-lors on dira, par analogie à ces derniers tours, *peindre à l'huile, travailler à l'aiguille*, parce que ce sont-là des manières de peindre et de travailler.

A un sixième, Tout terme, auquel une chose tend, est analogue au lieu où l'on va. *Donner à son ami, ôter à son ami, parler à son ami. Son ami* est le terme des actions de donner, d'ôter et de parler. Cette analogie est encore plus sensible dans *en venir à des injures, à des reproches.*

Un septième, *Table à manger, maison à vendre, action à raconter, homme à nasardes*, parce que la fin, ainsi que l'usage qu'on fait d'une chose, est comme le terme auquel elle tend.

A un huitième, Par la même raison on emploiera cette préposition, lorsqu'on parlera des dispositions d'une personne : *homme à réussir, à ne pas pardonner.* Ces exemples suffisent pour vous faire comprendre que les usages de cette préposition sont tous analogues, quoiqu'ils paroissent d'abord avoir peu de rapport les uns aux autres.

De la préposition de.

CETTE préposition marque le lieu d'où l'on vient, et par analogie, tout terme d'où une chose commence : *du matin au soir, d'un bout à l'autre : du commencement à la fin, de Corneille à Racine.*

On dit, *près, loin de Paris,* parce que *Paris* est un terme sur lequel l'esprit se porte pour revenir de-là à la chose dont on parle, et en marquer la situation.

Il y a quelque analogie entre le rapport de situation et le rapport d'appartenance ; car on est comme différemment situé, suivant les choses auxquelles on appartient : *le palais du roi, les mouvemens du corps, les facultés de l'ame.*

Les rapports de dépendance sont analogues aux rapports d'appartenance, et il y en a de plusieurs espèces; de l'effet à la cause, *les tableaux de Raphaël;* au moyen, *saluer de la main;* à la manière, *parler d'un ton bas;* à la matière, *vase d'or.*

Nous dépendons des qualités dont nous sommes doués : *homme d'esprit, de sens, de cœur.*

Des principes qui nous changent ou qui nous affectent: *accablé de douleur, comblé de bonheur, mort de chagrin.*

Le genre dépend de l'espèce qui le détermine : *faculté de la vue, de l'ouïe, de l'odorat :* car la signification du mot *faculté* est déterminée par les mots *vue, ouïe, odorat*, et par conséquent, elle en dépend.

Les parties appartiennent à leur tout: *moitié de, quart de.* C'est pourquoi on emploie cette préposition lorsqu'on ne veut parler que d'une partie, et on la retranche, lorsqu'on parle du tout. *Perdre l'esprit*, c'est perdre tout ce qu'on en a, *avoir de l'esprit*, c'est avoir une partie de ce qu'on nomme *esprit*, et il y a ellipse, car le premier terme du rapport est sous-entendu. On dit également : *j'ai de la rai-*

son, pour *j'ai une partie de la raison;* et, *j'ai raison*, pour *j'ai toute la raison qu'on peut avoir dans le cas dont il s'agit.*

Une chose peut être regardée comme appartenant à la collection d'où elle est tirée. D'ailleurs il y a beaucoup d'analogie entre *être tiré de* et *venir de*. On doit donc dire *c'est un des hommes des plus savans;* car le sens est, *cet homme est tiré d'entre les plus savans.* Au contraire, on dira : *c'est l'opinion des hommes les plus savans;* parce qu'alors *hommes* n'est pas pris comme une partie des plus savans, mais comme tous les plus savans ensemble.

<small>En quoi diffèrent des hommes des plus savans et des hommes les plus savans.</small>

Il faut remarquer qu'il y a ellipse toutes les fois que les prépositions *à* et *de* se construisent ensemble. Puisqu'elles indiquent des termes différens, elles ne peuvent se réunir que parce qu'on sous-entend les mots qui devroient les séparer. *Il s'est occupé à des ouvrages utiles*, signifie donc *à quelques-uns des ouvrages.*

<small>Il y a ellipse lorsque à et de se construisent ensemble.</small>

Dans les exemples que j'ai rapportés, l'analogie marque suffisamment les différentes acceptions de ces prépositions; mais,

<small>Ces deux prépositions paroissent quelquefois pouvoir s'employer l'une pour l'autre.</small>

dans d'autres, le fil en devient si délié qu'il échappe tout-à-fait. C'est pourquoi il semble qu'on puisse alors les employer indifféremment l'une pour l'autre. Je ne crois pas cependant qu'il leur arrive jamais d'être tout-à-fait synonymes, et je pense qu'il y a quelque différence entre *continuer de parler* et *continuer à parler*. Il en est de même des tours où nous paroissons pouvoir, à notre choix, employer ou retrancher la préposition. Tel est, *il espère de réussir, il espère réussir*.

<small>L'ellipse peut empêcher d'appercevoir l'espèce de rapport qu'exprime la préposition *de*.</small>
Nous employons souvent la préposition *de* avec ellipse, d'où il arrive que nous appercevons moins facilement l'espèce de rapport qu'elle exprime. Par exemple, on ne verra pas que, dans *marcher de jour, de nuit, de* marque le rapport de la partie au tout, si on ne sait pas que cette expression revient à celle-ci: *marcher en temps de jour, en temps de nuit*.

Au reste, Monseigneur, il peut se faire que je ne découvre pas l'analogie que l'usage a suivie; mais il suffit que j'en saisisse une pour vous faire connoître comment les mêmes prépositions ont pu servir à exprimer des rapports qui, au premier coup-d'œil, ne paroissent pas se ressembler.

Des Prépositions dans *et* en.

On dit : *dans une maison, dans ce temps, dans cette année;* et par analogie : *dans le désordre, dans le plaisir, dans la prospérité.*

Acceptions de la préposition dans.

A, désigne seulement le lieu où est une chose : *dans* le désigne avec un rapport du contenu au contenant. *Je partirai dans le mois d'avril* signifie avant la fin, ou dans le courant du mois. Au contraire, je ferois entendre que je partirai dès le commencement, si je disois : *je partiai au mois d'avril*, ou, en supprimant la préposition, *je partirai le mois d'avril*.

En quoi elle diffère de la préposition *à*.

En diffère de *dans*, parce que le terme qu'il indique se prend toujours d'une manière indéterminée. *J'étois en ville* signifie je n'étois pas chez moi ; et je n'ajoute pas au mot *ville* l'adjectif *la*, parce qu'en pareil cas il n'est pas nécessaire de le déterminer : il me suffit de faire entendre que j'étois quelque part dans la ville. Si, au

En quoi en diffère de dans.

contraire, je veux dire que je n'étois pas sorti hors des portes, je détermine ce mot et je dis : *j'étois dans la ville.*

Dans, s'emploie donc avec un substantif précédé de l'adjectif *le* ou *la ;* et on supprime cet adjectif, toutes les fois qu'on fait usage de la préposition *en.* On dit *en été, dans l'été, en temps de guerre, dans le temps de la guerre ; être en santé, en doute, dans la santé dont il jouit, dans le doute où il est ; en charge, dans la charge qu'il remplit ; en posture de suppliant, dans la posture d'un suppliant.*

Ces exemples vous font voir sensiblement comment le substantif, toujours indéterminé avec la préposition *en*, est toujours déterminé avec la préposition *dans.*

En, exprime des accessoires tout différens de ceux des prépositions *à* et *dans.*

Il y a des occasions où la préposition *en* renferme des accessoires qu'*à* et *dans* n'expriment pas. *Il est en prison* se dit d'un prisonnier : *il est à la prison* se dit de quelqu'un qui y est allé, comme on va tout autre part : et *il est dans la prison* se dit de quelqu'un qui y a été mis, ou qui y est allé, et qui n'en est pas encore sorti.

De la Préposition par.

Comme préposition de lieu, *par* indique l'endroit par où une chose passe; *aller par les rues, par monts et par vaux, passer par la ville:* et par analogie, *passer par l'étamine, par de rudes épreuves, par le plaisir, par les peines.* <small>Premières acceptions de la préposition par.</small>

Un effet peut être en quelque sorte considéré comme passant par la cause qui le produit: *tableau fait par Rubens, tragédie faite par Racine.* <small>Autres acceptions.</small>

Mais, dès que *par* indique le rapport de l'effet à la cause, il indiquera encore les rapports qui sont à-peu-près dans la même analogie: celui de l'effet au moyen: *élevé par ses intrigues, connoître par la raison;* au motif, *se refuser tout par avarice, agir par intérêt, par ressentiment;* à la manière, *parler par énigmes, se conduire par coutume, rire par intervalles.*

En voilà assez, Monseigneur, pour vous faire connoître comment l'analogie a étendu chaque préposition à des usages différens. Vous pouvez vous amuser à chercher vous-même d'autres exemples. Souvenez-vous seulement de commencer toujours par observer comment les prépositions ont d'abord été employées avec des idées sensibles; vous chercherez ensuite par quelle analogie on en a fait usage avec des idées abstraites.

CHAPITRE XIV.

De l'Article.

L'ARTICLE, Monseigneur, a fort embarrassé les grammairiens, et c'est la chose qu'ils ont traitée le plus obscurément. M. du Marsais a commencé le premier à débrouiller ce chaos, et M. Duclos y a répandu un nouveau jour. Je n'entreprendrai pas de réfuter ce que les autres grammairiens ont dit à ce sujet, parce que de pareilles critiques vous seroient tout-à-fait inutiles. Je me borne à expliquer la nature de l'article, soit d'après les vues des deux écrivains que je viens de nommer, soit d'après quelques réflexions qui me sont particulières.

Je ne reconnois d'autre article que l'adjectif *le*, *la*, *les*; et d'abord vous voyez que l'article est susceptible de genre et de nombre.

L'*e* et l'*a* se suppriment, lorsque l'article est joint à un mot qui commence par une voyelle, ou par une *h* non aspirée : au lieu de dire, *le homme, la espérance,* on dit *l'homme, l'espérance.*

L'article se déguise encore davantage, lorsqu'étant au masculin et au singulier, il est précédé de la préposition *de*, et suivi d'un nom qui commence par une consonne ou par une *h* aspirée. Alors *de le* se change en *du: du mérite du héros.* Mais il ne s'altère jamais, soit au masculin, soit au féminin, lorsque le nom commence par une voyelle ou par une *h* non aspirée: *de l'homme, de la fatigue.* Quant à *de les*, il se transforme toujours en *des* ; *à le*, en *au* ; *à les*, en *aux*: *des vertus, au mérite, aux honneurs.*

<small>L'article est un adjectif qui détermine un nom, soit parce qu'il le fait prendre dans toute son étendue, soit parce qu'il concourt à le restreindre.</small>

Pour saisir la nature de l'article, il faut vous souvenir, Monseigneur, qu'un nom peut être pris déterminément ou indéterminément.

Il est déterminé, lorsqu'il est employé pour désigner un genre, une espèce, ou un individu. Dans *les hommes*, le nom est genre, parce qu'il se prend dans toute son étendue. Dans *les hommes savans*, le nom est espèce, parce qu'il est restreint à une certaine classe, ou à un certain nombre d'individus. Dans *l'homme dont je vous parle*, le nom est pris individuellement, et cette expression est l'équivalent d'un nom propre.

Un nom est pris indéterminément, lorsque ne voulant ni le faire considérer comme genre, ni le restreindre à une espèce ou à un individu, on ne détermine rien sur l'étendue de la signification. C'est ce qu'on voit dans cet exemple, *il est moins qu'homme*. Car alors je ne veux parler ni de tous les hommes en général, ni de telle classe, ni de tel homme en particulier. Je veux seulement réveiller l'idée indéterminée, dont ce mot est le signe, lorsqu'il n'est modifié par aucun adjectif.

Or vous vous rappelez, Monseigneur, que les adjectifs modifient de deux manières. Ils modifient en expliquant quelqu'une des qualités d'un objet; ou ils modifient en déterminant une chose; c'est-à-dire, en indiquant les vues de l'esprit qui la considère dans toute son étendue, ou qui la renferme dans de certaines bornes.

L'article est donc un adjectif. En effet, dans *l'homme est mortel*, il détermine le mot *homme* à être pris dans toute sa généralité ; et dans *l'homme vertueux*, il concourt avec *vertueux* à le restreindre à une certaine classe.

On dira donc avec l'article, *le courage de Turenne, l'érudition de Freret, la sagesse de Socrate*; parce qu'on veut restreindre ces mots *courage, érudition, sagesse*. Mais on dira sans article, *homme de courage, se conduire avec sagesse, rempli d'érudition*; parce qu'alors il n'est pas nécessaire de distinguer différentes espèces de courage, de sagesse, d'érudition : on ne veut que modifier les mots *homme, se conduire, rempli*.

<small>L'article se supprime, lorsque les noms sont déterminés par d'autres adjectifs qui les précèdent.</small>

On dit *un courage surprenant, une sagesse singulière, une érudition vaste ;* et pour lors l'adjectif *un* fait l'office de l'article. Il en est de même de *tout, chaque, nul, aucun, quelque; ce, cet, mon, votre, notre*, etc. L'article se supprime donc toutes les fois que les noms sont précédés par d'autres adjectifs qui les déterminent. Ainsi vous direz sans article, *il y a d'an-*

ciens philosophes, il y a de grands hommes. Il est vrai cependant qu'on dit avec l'article *des sages-femmes, des petits pâtés :* mais, en pareil cas, les mots *sages* et *petits* sont plutôt regardés comme faisant partie du nom que comme adjectifs.

Quelquefois le substantif ne fait, avec l'adjectif qui le précède, qu'une seule idée qui a besoin d'être déterminée, et vous concevez qu'alors on ne doit pas supprimer l'article. Vous direz donc *les ouvrages des anciens philosophes, les actions des grands hommes;* car vous voulez parler de tous les anciens philosophes, de tous les grands hommes; et l'article est nécessaire pour déterminer ces idées à être prises dans toute leur généralité.

Il ne se supprime pas lorsque le substantif ne fait qu'une seule idée avec l'adjectif qui le précède.

Il seroit à souhaiter qu'on supprimât l'article toutes les fois que les noms sont suffisamment déterminés par la nature de la chose, ou par les circonstances : le discours en seroit plus vif. Mais la grande habitude que nous nous en sommes faite ne le permet pas; et ce n'est que dans des proverbes, plus anciens que cette habitude, que nous nous faisons une loi de le suppri-

Proverbe où il est supprimé.

mer. On dit, *pauvreté n'est pas vice*, au lieu de *la pauvreté n'est pas un vice*.

<small>Quand les noms propres prennent l'article, il faut de deux choses l'une, ou qu'ils soient employés comme noms généraux, ou qu'il y ait ellipse.</small>

Tout nom propre est déterminé par lui-même. L'article lui est donc inutile, et on dira, *César*, *Alexandre*. Mais si, après avoir généralisé ces noms, on veut les restreindre, on dira, *l'Alexandre de le Brun*. En pareil cas, *Alexandre* est d'abord considéré comme un nom commun, et il est ensuite restreint à un seul individu. C'est par cette raison qu'on dit, sans article, *Dieu est tout-puissant*, et avec l'article, *le Dieu de paix*, *le Dieu de miséricorde*.

Le Tasse, *le Dante*, *l'Arioste*, ne sont pas des exceptions à la règle que je viens d'établir. Car il est du génie de notre langue de regarder *le* plutôt comme partie du nom que comme article. Il est vrai néanmoins que nous paroissons quelquefois employer l'article avec des noms propres, et sur-tout avec des noms de femmes; mais alors il y a ellipse. Ce n'est pas à ces noms que nous joignons l'article, c'est à un substantif que nous ne voulons pas prononcer, parce que notre dessein est de mettre la personne dont nous parlons, dans une classe

sur laquelle nous jetons quelque mépris
Ce tour que nous employons rarement,
parce qu'il n'est pas honnête, est plus ordinaire dans la langue italienne, où il indique le titre de la personne dont on parle.
Car, lorsque les Italiens disent *la Malaspina, il Tasso,* ils veulent dire, *la contessa Malaspina, il signor* ou *il poëta Tasso.*

Il y a des termes qui, sans être généraux, L'article avec les noms des métaux.
ont cependant une signification fort étendue, parce qu'ils représentent une collection de choses de même espèce. Tels sont les noms des métaux. On peut donc déterminer ces noms à être pris dans toute l'étendue de leur signification, et alors on dit, avec l'article, *l'or, l'argent,* c'est-à-dire, tout ce qui est or, tout ce qui est argent. Mais si on n'emploie ces mots que pour réveiller indéterminément l'idée du métal, on omet l'article, *une tabatière d'or.* L'analogie est ici la même que dans les exemples que nous avons donnés.

On dit, *je vous payerai avec de l'or,* et non pas *avec d'or,* parce que le mot *or,* employé par opposition à argent, est un nom qui veut être déterminé. On ne s'arrête plus à l'idée du métal ; on se représente l'idée générale de monnoie, dont l'or et l'argent sont deux espèces, et veulent, par conséquent, l'article : si on dit, *je vous payerai en or*, c'est que cette préposition emporte toujours avec elle une idée indéterminée, qu'elle communique au nom qu'elle précède.

Usage de l'article devant les noms de ville, de royaume, de province.

Ce que nous venons de dire sur l'article employé ou supprimé, est une suite des principes que nous avons établis. Mais pourquoi le donne-t-on quelquefois aux noms de province et de royaume? Ou pourquoi ne le leur donne-t-on pas toujours? L'usage est bizarre, répondent les grammairiens. Peut-être seroit-il plus vrai de dire que nous ne savons pas toujours saisir l'analogie qui le règle.

Les hommes jugent toujours par comparaison, et en conséquence ils ont regardé une ville comme un point par rapport à un royaume. Les noms de ville sont donc suffisamment déterminés par eux-mêmes, et on les a mis parmi les noms propres qui ne prennent jamais l'article : *Paris, Parme. Le Catelet* et d'autres ne sont pas une exception; car, *le Catelet,* c'est, par corruption, *le petit château.*

Mais les noms de provinces et de royaumes ont, comme ceux des métaux, une signification plus ou moins étendue. Ils peuvent donc être pris déterminément ou indéterminément; et par conséquent, on dira, avec l'article, *la Provence, la France;* et sans article, *il vient de Provence, de France.*

Dans ces occasions, il faut considérer si le discours fait porter l'attention sur l'étendue d'un pays, ou seulement sur le pays, abstraction faite de toute étendue. On dit *je viens d'Espagne*, parce qu'alors il suffit de considérer l'Espagne comme un terme d'où l'on part; et on dit *l'Espagne est fort dépeuplée,* parce qu'alors l'esprit embrasse ce royaume avec toutes ses provinces. Une preuve de ce que j'avance, c'est que nous disons *les limites de la France, les bornes de l'Espagne,* avec l'article; et sans article, *la noblesse de France, les rois d'Espagne.* Car pourquoi cette différence, si ce n'est parce que les mots de limites et de bornes obligent de penser à l'étendue de ces royaumes, ce que ne font par ceux de *noblesse* et de *rois*.

Il faut cependant remarquer que *la noblesse de la France* est un tour très-français ; mais il ne signifie pas la même chose que *la noblesse de France*. Par celui-ci on entend la collection des gentilshommes français, et pour les distinguer de ceux des autres royaumes il suffit de déterminer le substantif *noblesse* en ajoutant *de France*. Mais par *la noblesse de la France*, on entend les prérogatives, les avantages, l'illustration dont elle jouit. Or ces choses s'étendent sur toute la France et obligent d'en déterminer le nom à toute l'étendue dont il est susceptible.

L'usage, remarque l'abbé Regnier Desmarais, permet qu'on dise presque également bien : *les peuples de l'Asie, les villes de l'Asie,* et *les peuples d'Asie les villes d'Asie ; les villes de France, les peuples de France; et les villes de la France, les peuples de la France.* La différence de ces tours vient de ce que, dans ces occasions, l'esprit peut presqu'à son gré donner ou ne pas donner son attention à l'étendue des pays. En pareil cas, on use du droit de choisir. Il me paroît cependant que les tours avec l'article sont les plus usités. On dit, par exemple, toujours *les nations de l'Asie*, et jamais *les nations d'Asie*.

Il me semble que quand on parle des quatre principales parties de la terre, on a quelque peine à faire abstraction de leur grandeur. C'est pourquoi nous disons, avec l'article, *il vient de l'Amérique, de l'Asie, de l'Europe, de l'Afrique*. Je ne crois pas même que l'usage permette de parler autrement.

Usage de l'article avec les noms des quatre parties de la terre.

Cela n'est pas particulier à ces noms: car ceux de quelques royaumes veulent l'article, et on doit toujours dire *les rois de la Chine, du Pérou, du Japon*. Peut-être en usons-nous ainsi à l'exemple de nos voisins qui, ayant commercé dans ces pays avant nous, en ont donné les premières relations, et nous ont engagés à en parler avec l'article, parce que c'est ainsi qu'ils en parlent. Peut-être aussi que le vulgaire, qui fait l'usage, rempli des vastes idées qu'on lui a données de ces royaumes, leur

Avec les noms de quelques royaumes.

attache une idée de grandeur dont il ne sait plus faire abstraction.

Avec les noms des astres. *La terre, le soleil, la lune, l'univers* prennent l'article, et cela est fondé sur l'analogie. Mais on ne le donne point à *Mars, Mercure, Vénus, Jupiter, Saturne*, parce que, dans l'origine, ce sont là des noms propres d'hommes.

Avec les noms de rivière et de mer. Suivant les vues que nous avons, en parlant des rivières, des fleuves et des mers, nous employons ou nous supprimons l'article.

Je dirai, *je bois de l'eau de Seine*, parce que, pour faire connoître l'eau que je bois, il n'est pas nécessaire que je prenne le mot *Seine* d'une manière déterminée. Mais je dirai, *l'eau de la Seine est bourbeuse*, parce qu'alors j'ai besoin de déterminer ce mot à toute l'étendue de sa signification.

On dit, *le poisson de mer*, lorsqu'on ne veut que distinguer ce poisson de celui de rivière. Mais on dit, *le poisson de la mer des Indes*, et l'article est nécessaire pour contribuer à déterminer ce nom à une certaine partie de la mer.

Selon l'abbé Regnier, il faut toujours dire, *l'eau de la mer*. Cependant l'analogie autorise à dire, *l'eau de rivière est douce, et l'eau de mer est salée;* et je ne sais si l'usage est pour la décision de ce grammairien.

Dès que l'article est un adjectif, il ne peut être employé qu'autant qu'on énonce ou qu'on sous-entend le substantif qu'il modifie; et toutes les fois qu'il n'est suivi que d'un adjectif, *le grand, le noble, le sublime*, il faut qu'il y ait ellipse, ou que l'adjectif soit pris substantivement. {L'article modifie toujours un substantif.}

Lorsqu'un nom est précédé de plusieurs adjectifs, tantôt on met l'article devant chaque adjectif, *les bons et les mauvais citoyens;* tantôt on ne le met que devant le premier, *les sages et zélés citoyens*. La raison de cette différence, c'est que, dans le premier exemple, le substantif est distingué en plusieurs classes, *les bons et les mauvais;* et en pareil cas, il faut toujours répéter l'article; dans l'autre les adjectifs énoncent des qualités qui appartiennent ou peuvent appartenir à une même classe, et c'est alors que l'article ne doit pas être répété. {Dans quel cas on répète l'article devant plusieurs adjectifs.}

Règle générale pour l'usage de l'article.

Je crois, Monseigneur, n'avoir oublié aucune des difficultés qu'on peut faire sur l'article; quels que soient les exemples, on verra toujours la même analogie donner la loi. Il suffit de se souvenir que l'article est un adjectif qui détermine un nom à être pris dans toute son étendue, ou qui concourt à le restreindre.

L'article n'est pas absolument nécessaire.

La nature de l'article étant connue, on voit quelle en est l'utilité. Mais il ne faut pas s'imaginer que le latin perde beaucoup à n'en pas avoir. Ce que l'article fait, les circonstances où l'on parle peuvent souvent le faire. La langue latine s'en repose sur elles, et n'aime pas à dire ce qu'elles disent suffisamment. Vous vous en convaincrez un jour.

CHAPITRE XV.

Des Pronoms.

Nous avons vu qu'*il*, *elle*, *le*, *la* sont, dans le vrai, des adjectifs employés avec ellipse ; en effet, qu'après avoir parlé d'Alexandre, j'ajoute *il a vaincu Darius*, *il* sera pour *il Alexandre*, où l'on voit que ce mot est un adjectif. De même, si ayant parlé de la campagne, je dis *je l'aime*, c'est *je la campagne aime*, et on reconnoît encore un adjectif aussitôt qu'on a rempli l'ellipse.

Comment les adjectifs il, elle le, la, sont devenus des pronoms.

Nous avons mis, parmi les noms de la troisième personne, les adjectifs *il*, *ils*, *elle*, *elles*, et nous venons de considérer comme articles et adjectifs, *le*, *la*, *les*.

Or parce que ces noms de la troisième personne et ces articles sont employés sans être suivis des substantifs qu'ils modifient, il est arrivé qu'ils ont paru prendre la place des noms qu'on supprime, et ils sont devenus des pronoms, c'est-à-dire, des noms employés pour des noms qui ont été énoncés auparavant, et dont on veut éviter la répétition.

<small>Quelle est l'expression des pronoms.</small>

Telle est l'expression des pronoms; c'est qu'ils rappellent un nom avec toutes les modifications qui lui ont été données. *Avez-vous vu la belle maison de campagne qui vient d'être vendue? Je l'ai vue. La,* c'est-à-dire, *la belle maison de campagne qui vient d'être vendue.* C'est que cette phrase, qui est déterminée par l'article *la*, n'est qu'une seule idée comme elle n'en seroit qu'une, si elle étoit exprimée par un seul mot.

Souvent les pronoms rappellent plutôt les idées qu'on a dans l'esprit, que les mots qu'on a prononcés. *Voulez-vous que j'aille vous voir? je le veux. Le,* c'est-à-dire, *que vous veniez me voir.*

<small>Y et en doivent être mis parmi les pronoms.</small>

Il y a des mots qui n'ont jamais été ni articles, ni noms de la troisième personne, et que l'on doit néanmoins mettre parmi les pronoms. Ce sont *y* et *en. Allez-vous* à *Paris ? j'y vais. Y*, c'est *à Paris. Avez-vous de l'argent ? j'en ai. En*, c'est *de l'argent. Y* et *en* sont donc employés à la place d'un nom précédé d'une préposition; et ce sont des pronoms, à plus juste titre, que les articles et les noms de la troisième personne, puisqu'ils n'ont jamais pu avoir d'autre emploi. On ne balancera pas à les regarder comme tels, si on juge des mots par les idées dont ils sont les signes, plutôt que par le matériel.

Le substantif *on* ou *l'on*, que nous avons vu être un nom de la troisième personne, n'est pas un pronom, puisqu'il n'est jamais employé à la place d'aucun nom.

On ou l'on n'est pas un pronom.

Les termes figurés se substituent à d'autres mots : mais c'est moins pour en prendre la place, que pour réveiller le même fond d'idées avec des accessoires différens. Tel est *voile*, employé pour *vaisseau*. Les termes figurés ne sont donc pas des pronoms.

Les termes figurés ne sont pas des pronoms.

En traitant des verbes, nous avons considéré, comme sujet d'une proposition, les noms des personnes. Il nous reste à observer les autres rapports que ces noms ont avec le verbe, les différentes formes qu'ils prennent, et les lois que suit l'usage. Nous acheverons, à cette occasion, d'expliquer tout ce qui concerne les pronoms.

CHAPITRE XVI.

De l'emploi des noms des personnes.

Au singulier, les noms de la première personne sont *je, me, moi*; et au pluriel, *nous*.

Comment on emploie les noms de la première personne.

Je est toujours le sujet de la proposition : *je crois, je suis*.

Me est l'objet ou le terme de l'action exprimée par le verbe. Il est l'objet dans cette phrase, *il m'aime*; il est le terme dans cette autre, *il me parle*.

Me se construit toujours avant le verbe : *moi*, doit toujours en être précédé, soit lorsqu'il en est l'objet, *aimez-moi*, soit lorsqu'il en est le terme, *donnez-moi, donnez à moi, donnez à moi-même*. Il n'y a pas d'autre manière de l'employer à l'impératif.

Donnez-moi sans préposition, et *donnez à moi* avec la préposition *à*, ne s'emploient pas indifféremment l'un pour l'autre. On dit, *donnez-moi*, lorsqu'on se borne à demander une chose ; et on dit, *donnez à moi*, lorsqu'on la demande à quelqu'un qui paroissant ne savoir à qui la donner, est au moment de la donner à un autre. Quant à *même* qu'on joint souvent à *moi*, il fixe l'attention sur ce substantif, et il paroît le montrer. C'est un adjectif.

A tout autre mode que l'impératif, *moi* ne peut pas s'employer seul. Il se construit avec *je*, lorsqu'il est le sujet de la proposition ; *moi, moi-même, je prétends*. Lorsqu'il est l'objet ou le terme du verbe, il se construit avec *me : il me préfère moi*, ou *moi-même : il me soutient à moi, à moi-même*. Vous concevez que, lorsqu'on joint à propos ces deux noms de la première personne, la phrase peut en avoir plus d'énergie.

Nous peut être sujet, objet ou terme. Sujet : *nous*, ou *nous-mêmes nous pensons*. Objet : *aimez-nous*, ou *aimez-nous nous-mêmes*. Terme : *donnez-nous, donnez à nous, à nous-mêmes*.

<small>Comment on emploie les noms de la seconde personne.</small>

Tel est l'usage pour les noms de la première personne. Il est le même pour ceux de la seconde. Il ne faut que substituer, dans les exemples, *tu* à *je*, *te* à *me*, *toi* à *moi* et *vous* à *nous*. Au singulier, *vous* est le seul nom qu'on peut employer quand on ne tutoye pas.

Les noms de la troisième personne, *il, ils, elle, elles, lui, eux, le, la, les, leur, se, soi, en, y, on, l'on,* souffrent de plus grandes difficultés. Les uns ne se disent que des personnes, les autres ne se disent que des choses : enfin il y en a qui se disent également des choses et des personnes. Emplois des noms de la troisième personne *il*, *le*, *la* et *elle*, lorsque celui-ci est sujet d'une proposition.

Du nombre de ces derniers sont *il* et *ils*. Mais le pronom féminin *elle* ou *elles*, ne se dit également des personnes et des choses, que lorsqu'il est le sujet d'une proposition. Quant à *le, la, les*, qui sont toujours l'objet du verbe, ils sont dans le même cas qu'*il*; et voici comment ils se construisent. *Je le lis, je les lirai, lisez-la, ne la lisez pas, lisez-le et le renvoyez,* ou encore *renvoyez-le.* Ces exemples vous serviront de règle.

Racine a dit :

Nulle paix pour l'impie, il la cherche, elle fuit. Ces pronoms doivent réveiller la même idée que les noms dont ils prennent la place.

Et ce vers a été critiqué avec raison : car

les pronoms *la* et *elle*, qui, par la construction, paroissent employés pour *nulle paix*, sont déterminés par le sens à ne rappeler que l'idée du substantif *la paix*, c'est-à-dire, une idée toute contraire. C'est ce qu'il faut éviter. La règle est donc que le pronom doit réveiller la même idée que le nom dont il prend la place. Cependant, Monseigneur, il faut convenir qu'il y a, dans le tour de Racine, une vivacité et une précision qui doit d'autant plus faire pardonner cette licence au poëte, que l'esprit a suppléé ce qui manque à l'expression, avant d'appercevoir la faute.

<small>*Il* a toujours la même acception, même avec les verbes qui n'ont ni première, ni seconde personne.</small> *Il*, quoique pronom, paroît quelquefois ne prendre la place d'aucun nom. C'est lorsqu'on l'emploie avec les verbes qui n'ont ni première, ni seconde personne, tel qu'*il faut*, *il importe*, *il tonne*, *il pleut*. Ce mot néanmoins continue, dans tous les cas, d'avoir la même acception; et c'est celle de l'adjectif *le* que nous avons nommé article. Ainsi, quand on dit, *il faut parler*, *il importe de faire*, les verbes à l'infinitif sont les noms que l'adjectif *il* modifie, et le sens est, *il parler*

faut, il faire importe. Il est vrai que dans *il tonne, il pleut,* on ne voit pas d'abord le nom qui peut être modifié : il y en a un cependant. Ce sera, par exemple, *ciel, il ciel tonne, il ciel pleut.*

Lui, leur et *eux* ne se rapportent d'ordinaire qu'aux personnes ; et il en est de même du pronom *elle* ou *elles,* lorsqu'étant le terme d'un rapport, il est précédé d'une préposition. Voici, Monseigneur, ce que les grammairiens observent à ce sujet.

<small>Emploi de *lui*, d'*eux* et d'*elle*, lorsque celui-ci est précédé d'une préposition.</small>

Quoiqu'un homme dise fort bien d'un autre *qu'il se repose sur lui, qu'il s'appuie sur lui,* on ne dira pas pour cela d'un lit ou d'un bâton, *reposez-vous sur lui, appuyez-vous sur lui ;* mais on se servira de la préposition elliptique *dessus, reposez-vous, appuyez-vous dessus.*

En parlant des choses, on emploie le pronom *en* au lieu *de lui,* et le pronom *y* au lieu d'*à lui.* On ne dit pas d'un mur, *n'approchez pas de lui,* on dit, *n'en approchez pas ;* ni d'une science ou d'une profession, *il s'est adonné à elle,* il faut dire, *il s'y est adonné.*

Une femme dit d'un chien qu'elle aime: *il fait tout mon amusement, je n'aime que lui, je suis attachée à lui, je ne vais pas sans lui.* Cependant on ne dira pas d'un cheval, *qu'on n'a jamais monté sur lui*, mais *qu'on ne l'a jamais monté*, ni *qu'on ne s'est pas encore servi de lui,* mais *qu'on ne s'en est pas encore servi.*

Il semble donc qu'avec les prépositions *de* et *à*, les pronoms *lui*, *eux*, *elle* ne se disent pas indifféremment des choses et des personnes. Cependant, lorsqu'ils sont précédés des prépositions *avec* ou *après*, ils peuvent se dire des choses même inanimées. *Ce torrent entraîne avec lui tout ce qu'il rencontre. Il ne laisse après lui que du sable et des cailloux.*

Il y a des phrases fort en usage en parlant des personnes dont on ne se sert pas en parlant d'une multitude. Quoiqu'on dise d'une femme *je m'approchai d'elle*, il faut dire d'une armée, *je m'en approchai.*

La règle que donnent les grammairiens est que, lorsque ces pronoms sont précédés d'une préposition, ils ne se disent des choses que dans le cas où elles ont été personnifiées. Mais cette règle n'est pas exacte, puisque nous venons de voir que les prépositions *avec* et *après* n'empêchent pas qu'on ne les dise des choses. D'ailleurs quoi de plus personnifié qu'une armée, qu'on fait mouvoir, agir et combattre ? et pourquoi ne diroit-on pas : *Nous allâmes, nous marchâmes à elle ?* Pourroit-on même parler autrement ? Voilà donc le pronom *elle* précédé d'une préposition qui se dit d'une armée. Je crois qu'on peut dire encore : *J'aime la vérité, au point que je sacrifierois tout pour elle ;* et il importe peu que la vérité soit personnifiée ou ne le soit pas. Mais nous traiterons plus particulièrement cette question dans le chapitre suivant, à l'occasion des adjectifs possessifs *son*, *sa*.

Eux se met toujours après le verbe. Quelle est dans le discours la place du pronom *eux*. Tantôt il est précédé d'une préposition : *il dépend d'eux, je vais à eux ;* alors il est le terme d'un rapport. S'il n'en est pas précédé, il est le sujet d'une proposition ; et en pareil cas, il est ordinairement accompagné de l'adjectif *même* : *ils prétendent eux-mêmes.*

Quelle est la place de lui.

Lui peut également être le sujet de la proposition : *il l'a dit lui-même ;* et ce tour est encore usité avec le pronom *elle, elle l'assure elle-même.*

Lui se construit de différentes manières. Avec le verbe *parler*, on dira : *voulez-vous parler à lui* ou *lui parler ?* Pour plus d'énergie on le répétera en ajoutant *même : Je lui ai représenté à lui-même.* Enfin il peut être l'objet du verbe : *Je le verrai lui-même.*

A l'impératif, sans négation, on dit ordinairement : *Donnez-lui*, quelquefois aussi *donnez à lui ;* et au même mode, avec négation, *ne lui donnez pas*, ou *ne donnez pas à lui.*

A tout autre mode, *lui* doit précéder le verbe, toutes les fois qu'il est le terme d'un rapport qui pourroit être exprimé par la préposition *à : Je lui ai lu mon ouvrage.* Au contraire, il doit suivre le verbe s'il est le terme d'un rapport exprimé par la préposition *de : nous dépendons de lui.*

Quelle est la place de leur.

Leur, veut toujours le précéder : *je leur ai offert.* Si on vouloit, pour plus d'énergie, mettre un pronom après le verbe, *eux* est le seul dont on pourroit se servir: *Je leur ai offert à eux-mêmes.*

Lorsque le sujet de la propoition est l'objet du verbe ou le terme d'un rapport, on se sert de *se*, de *soi* ou de *lui*, pour marquer cet objet ou ce terme : *il s'aime*, *se* est l'objet d'*aimer*. *Chacun est pour soi*, *soi* est le terme d'un rapport marqué par la préposition *pour*. *Il se donne des louanges*, *se* est le terme d'un rapport qui seroit exprimé par la préposition *à*.

Se ne se met jamais qu'avant le verbe, et *soi* se met toujours après : *s'occuper de soi*.

Ils servent aux deux genres et aux deux nombres. Cependant les pluriels *eux-mêmes*, et *elles-mêmes* doivent être préférés à *soi-même*. Ainsi, quoiqu'on dise fort bien : *ce raisonnement est bon en soi*, on dira : *ces raisonnemens sont solides en eux-mêmes*.

En général, *lui-même* se construit avec tous les noms qui portent une idée déterminée, et *soi-même* avec ceux qui n'offrent qu'une idée indéterminée : *on se tourmente soi-même, on fait soi-même sa félicité*, *chacun est soi-même son juge, la confiance en soi seul est dangereuse.* On diroit, au contraire : *le sage fait lui-même sa félicité, il est lui-même son juge, il ne met pas sa confiance en lui seul.*

Se se dit également des personnes et des choses, et *soi* ne se dit que des personnes, ou du moins y a-t-il peu d'exceptions à faire. Quoiqu'on ne puisse pas blâmer, *ces choses sont de soi indifférentes*, il me semble qu'il seroit encore mieux de dire *sont d'elles-mêmes*.

<small>Emploi du pronom *y*.</small>
Y s'emploie dans des phrases d'où nous avons vu que l'usage rejette le pronom *lui*. Ainsi il faut dire d'une maison, *vous y avez ajouté un pavillon*. Il se dit néanmoins quelquefois des personnes. *Avez-vous pensé à moi ? Je n'y ai pas pensé. Y*, c'est-à-dire, *à vous*.

<small>Du pronom *en*.</small>
En équivaut toujours à un nom précédé de la préposition *de* ; et, selon ce qui précède, à plusieurs noms ou même à des phrases entières. *J'en ai reçu* sera *de l'argent, des livres, un exemplaire d'un ouvrage qui fait beaucoup de bruit.*

<small>D'*on* et *l'on*.</small>
On et *l'on* sont les noms d'une troisième

personne considérée vaguement. *On chante, on rit.* Ils sont toujours le sujet d'une proposition ; nous avons vu qu'ils viennent, par corruption, du mot *homme.*

Nous finirons ce chapitre par une difficulté sur l'usage des pronoms *le*, *la*, *les.* *<small>Quand une femme doit dire je le suis, ou je la suis.</small>* Une femme à qui l'on demande, *êtes-vous malade ?* ou *êtes-vous la malade ?* répond à la première question, *je le suis*, et *je la suis*, à la seconde. Plusieurs répondroient : *nous le sommes* à *êtes-vous malades ?* et *nous les sommes* à *êtes-vous les malades ?* Voilà certainement l'usage ; il s'agit d'en rendre raison.

Je remarque d'abord que, dans les phrases où le pronom ne doit être qu'au singulier masculin, le nom auquel on le rapporte est toujours un adjectif, *malade* ou *malades*. Au contraire, dans celles où il peut être au féminin ou au pluriel, il tient toujours la place d'un substantif sur lequel l'attention se porte, *la malade* ou *les malades*.

Je remarque, en second lieu, que, lorsque ce pronom se rapporte à un substantif, il est dans l'analogie de la langue qu'il en suive le genre et le nombre. On dira donc, *je la suis; la,* c'est-à-dire, *la malade.*

Mais les adjectifs, quoiqu'ils prennent souvent différentes formes, suivant le nombre et le genre des noms qu'ils modifient, ne sont, par eux-mêmes, ni du masculin ni du féminin, ni du singulier ni du pluriel. Il n'y a donc pas de fondement pour changer la terminaison du pronom qui en prend la place; et on lui laisse sa forme primitive, qui se trouve celle qu'on a choisie pour marquer le masculin et le singulier. *Je le suis. Le* quoi? *malade.* Or *malade* est une idée qui, par elle-même, n'a point de genre.

Autre question sur le pronom *le*. Voici un exemple que l'abbé Girard dit avoir été proposé à l'académie, et sur lequel les avis furent partagés. *Si le public a eu quelque indulgence pour moi, je le dois à votre protection.* C'est ainsi qu'il faut dire, comme le décide l'abbé Girard, et non pas, *je la dois.* Car le pronom ne se rapporte pas à *indulgence,* mais à cette phrase, *le public a eu quelque indulgence pour moi.* Or cette phrase n'a point de genre. Il faudroit dire au contraire : *l'indulgence que le public a eue pour moi, je la dois ;* parce qu'alors il est évident que le pronom se rapporte à *indulgence.*

CHAPITRE XVII.

Des Adjectifs possessifs.

<small>Ce qu'on entend par adjectifs possessifs.</small>

J'APPELLE *adjectifs possessifs* ceux qui déterminent un nom avec un rapport de propriété. Dans *mon chapeau*, *mon* est adjectif, puisqu'il détermine *chapeau*; et il est possessif, puisqu'il marque un rapport de propriété du chapeau à moi.

Ces adjectifs expriment un rapport de propriété à la première personne, *mon, le mien, notre, le nôtre*; à la seconde, *ton, le tien, votre, le vôtre*; à la troisième, *son, le sien, leur, le leur*.

<small>Les uns s'emploient sans article, les autres avec l'article.</small>

Mon, ton, son, leur féminin et leur pluriel s'emploient toujours avec des substantifs, et ne peuvent jamais être précédés de l'article.

Avec *mien, tien, sien,* leur féminin et leur pluriel, il faut, au contraire, faire toujours usage de l'article, et sous-entendre un substantif. *Voilà votre plume, donnez-moi la mienne : la mienne* signifie *la plume mienne*, c'est une ellipse. L'article s'emploie en pareil cas, non pour déterminer *mienne*, mais pour concourir, avec cet adjectif, à déterminer le mot *plume* qui est sous-entendu.

Enfin, *notre*, *votre*, *leur*, se mettent avec le substantif sans article, ou avec l'article sans substantif. Un coup-d'œil sur la table suivante suffira, Monseigneur, pour vous faire remarquer l'usage qu'on fait de tous ces adjectifs.

RAPPORTS DE PROPRIÉTÉS.

		SANS ELLIPSE.	AVEC ELLIPSE.
A la première personne.	Sing.	Mon.	Le mien.
	Plur.	Mes.	Les miens.
A plusieurs de la première.	Sing.	Notre.	Le nôtre.
	Plur.	Nos.	Les nôtres.
A la seconde.	Sing.	Ton. Votre.	Le tien. Le vôtre.
	Plur.	Tes. Vos.	Les tiens. Les vôtres.
A plusieurs de la seconde.	Sing.	Votre.	Le vôtre.
	Plur.	Vos.	Les vôtres.
A la troisième.	Sing.	Son.	Le sien.
	Plur.	Ses.	Les siens.
A plusieurs de la troisième.	Sing.	Leur.	Le leur.
	Plur.	Leurs.	Les leurs.

Mon, ton, son, ont cela de particulier *Mon, ton, son, s'emploient quel-*

qu'ils s'emploient non-seulement avec les noms masculins, mais encore avec les féminins, qui commencent par une voyelle ou par une *h* non aspirée : *mon ame, ton amitié*, et non pas, *ma ame, ta amitié.*

C'est une règle générale que nous supprimons ces adjectifs, toutes les fois que les circonstances y suppléent suffisamment. On dit, *j'ai mal à la tête, ce cheval a pris le mors aux dents*; et non pas, *j'ai mal à* MA *tête, ce cheval a pris* SON *mors à* SES *dents.*

Il n'y a aucune difficulté sur l'usage des adjectifs de la première et de la seconde personne. Il n'en est pas de même de ceux de la troisième. En parlant d'un homme ou d'une femme, on dira, *sa tête est belle*, et on ne dira pas *la tête* EN *est belle*, quoique *sa* et *en* aient ici la même signification. S'il s'agissoit d'une statue, il faudroit dire au contraire, *la tête* EN *est belle*, et non pas SA *tête est belle*.

La règle générale que vous pouvez vous faire, c'est d'employer les adjectifs *son, sa*, lorsque vous parlez des personnes, ou des choses que vous personnifiez, c'est-à-dire, auxquelles vous attribuez des vues et une volonté. Hors ces cas, l'usage varie beaucoup, et les grammairiens ont bien de la peine à se faire des règles.

On ne dira pas, en parlant d'une rivière, son *lit est profond*, mais le *lit* en *est profond*; on dit cependant, *elle est sortie de* son *lit*.

On ne dira pas d'un parlement, d'une armée, d'une maison : ses *magistrats sont intègres*, ses *soldats sont bien disciplinés*, sa *situation est agréable*. Il faut dire : les *magistrats* en *sont intègres*, les *soldats* en *sont bien disciplinés*, la *situation* en *est agréable*. Cependant vous direz, *le parlement est mécontent d'une partie de* ses *magistrats*, *l'armée a beaucoup perdu de* ses *soldats*, *cette maison est mal située*, *il faudroit pouvoir la tirer de* sa *place*; vous ne pourriez pas même parler autrement.

Règle à ce sujet.

D'après ces exemples, il est aisé de se faire une règle : la voici. Quand il s'agit des choses qui ne sont pas personnifiées, on doit se servir du pronom *en*, toutes les fois qu'on en peut faire usage ; et on ne doit employer l'adjectif possessif, que lorsqu'il est impossible de se servir de ce pronom. Vous direz donc : *l'église a* SES *priviléges, le parlement a* SES *droits, la république a conservé* SES *conquêtes, si la ville a* SES *agrémens, la campagne a* LES SIENS. Il n'est pas possible de substituer ici le pronom *en* aux adjectifs possessifs; et, par conséquent, on ne doit pas se faire un scrupule de les employer. Mais si on peut se servir de ce pronom, on dira, en parlant de la ville, LES *agrémens* EN *sont préférables à ceux de la campagne;* d'une république, LES *citoyens* EN *sont vertueux ;* d'un parlement, LES *magistrats* EN *sont intègres;* de l'église, LES *priviléges* EN *sont grands.*

Vous pouvez, Monseigneur, faire l'application de cette règle aux exemples que j'ai apportés plus haut, et à beaucoup d'autres. Vous parlerez donc également bien, soit que vous disiez d'un tableau : *il a* SES *beautés, ou* LES *beautés en sont supérieures ;* et d'une maison, *elle a* SES *commodités, ou* LES *commodités* EN *sont grandes.* Quoique les adjectifs possessifs paroissent plus particulièrement destinés à marquer le rapport de propriété aux personnes, il est naturel de s'en servir pour marquer ce même rapport aux choses, quand on n'a pas d'autres moyens. On dira donc de l'esprit, SES *avantages*; de l'amour, SES *mouvemens*; d'un triangle, SES *côtés*; d'un quarré, SA *diagonale*: ceci résout la question que nous avons agitée au sujet des pronoms, *lui*, *eux*, etc; c'est-à-dire, qu'on doit se servir de ces pronoms, toutes les fois qu'on n'y peut suppléer par aucun autre tour.

Je remarquerai par occasion, que *ce tableau a* SES *beautés*, et *ce tableau a* DES *beautés*, ne signifient pas exactement la même chose. On dira, *ce tableau a* SES *beautés*, lorsqu'on parle à quelqu'un qui y trouve des défauts dont on est obligé de convenir malgré soi; et ce tour exprime un consentement tacite aux critiques qui ont été faites. On dira, au contraire, *ce tableau a* DES *beautés*, lorsqu'on y trouve des défauts qu'on ne relève pas, qu'on veut même passer sous silence, et qu'on seroit fâché de voir échapper aux autres.

En quoi diffère ce tableau a SES *beautés de ce tableau a* DES *beautés.*

<small>Difficulté sur les adjectifs ses et leurs.</small>

On demande s'il faut dire, *tous les juges ont opiné chacun selon* ses *lumières*, ou *tous les juges ont opiné chacun selon* leurs *lumières*.

Pour résoudre cette question il faut connoître la différente signification des adjectifs *ses* et *leurs*. Or le premier signifie que la chose appartient distributivement aux uns et aux autres, et le second qu'elle leur appartient à tous collectivement.

De cette explication, il s'en suit que vous devez dire : *tous les juges ont opiné chacun selon* ses *lumières*. Car, ce que vous dites de tous collectivement, c'est qu'ils ont opiné ; et ce que vous dites distributivement, c'est que chacun a opiné selon ses lumières. Il y a ellipse, et le sens est : *tous les juges ont opiné, et chacun a opiné selon ses lumières.*

Vous direz au contraire : *tous les juges ont donné chacun leur avis suivant* leurs *lumières*.

Pour sentir la différence de ces deux tours, il faut remarquer que, dans ces mots *les juges ont opiné*, le sens collectif est fini, et qu'il ne l'est pas dans ceux-ci, *les juges ont* donné. Or dès que *chacun* ne vient qu'après un sens collectif fini, c'est à ce mot que tout ce qui suit doit se rapporter, et on doit dire distributivement, *les juges ont opiné chacun selon ses lumières.* Mais si *chacun* vient avant que le sens collectif soit fini, ce qui suit ne peut plus se dire distributivement. Vous direz donc : *les juges ont donné chacun* LEUR *avis suivant* LEURS *lumières ;* car le sens collectif ne finit qu'après *avis* que *chacun* précède.

Par la même raison vous direz : *il leur a dit à chacun* LEUR *fait*, et non pas, SON *fait.* Vous direz cependant, *il a dit à chacun* SON *fait*, parce que n'y ayant point de nom auquel l'adjectif possessif puisse se rapporter collectivement, *chacun* détermine le sens distributif.

Voilà, Monseigneur, les règles générales. Il suffit de vous les avoir fait remarquer. L'usage achevera de vous instruire.

CHAPITRE XVIII.

Des Adjectifs démonstratifs.

<small>Ce qu'on entend par *adjectif démonstratif*.</small> Les adjectifs démonstratifs sont ceux qui montrent, pour ainsi dire, l'objet qu'ils déterminent. *Ce livre, cet homme, ces abus.*

<small>De ce nombre sont *ci* et *là*.</small> Parmi ces adjectifs on doit mettre *ci* et *là*, dont l'un détermine lequel de deux objets est le plus près; et l'autre, lequel est le plus loin. Ils sont les mêmes pour tous les genres et pour tous les nombres, et ils se placent après les noms. *Cet homme-ci* signifie le plus près, *cet homme-là* signifie le plus loin.

Ci ne s'emploie qu'à la suite d'un nom : *là* s'emploie seul, et alors c'est une expression elliptique. *Il est là*, suppléez *dans ce lieu*; *il vient de là*, suppléez *de ce lieu*.

<small>*Ci* et *la* ajoutés à *ce*.</small> On a ajouté *ci* et *la* à *ce*, et on a fait *ceci*, *cela*, qui sont encore deux expressions elliptiques, où l'esprit sous-entend une idée vague, un nom tel qu'*objet, être* ou tout autre.

L'ellipse a lieu encore, lorsque nous joignons *ce* au verbe *est*. *J'aime Molière, c'est le meilleur comique,* c'est-à-dire, *ce Molière est le meilleur comique. C'est une chose merveilleuse que de l'entendre.* Ici il n'y a point d'ellipse : car *de l'entendre* est le nom que modifie l'adjectif *ce* ; et le sens est *ce de l'entendre est une chose merveilleuse.* Mais il y a ellipse dans la phrase suivante : *prenez garde à ce que vous dites.* Car l'esprit ajoute à *ce* l'idée de discours ou de propos, et ce tour est équivalent à celui-ci : *prenez garde aux propos que vous tenez.*

{*Ce* avec le verbe *être*.}

Cet adjectif, joint au verbe *être*, a un avantage du côté de l'expression. *Ce fut Sylla qui montra le premier que la république pouvoit perdre sa liberté*, indique, d'une manière plus sensible, Sylla comme le premier auteur de la tyrannie, que si l'on disoit, *Sylla fut le premier...* En effet *ce fut*, fixe l'attention sur Sylla et le montre au doigt, pour ainsi dire ; au lieu qu'en disant *Sylla fut*, on ne fait que le nommer.

On dit indifféremment *c'est eux, ce*

sont eux, c'est elle, ce sont elles. Mais avec les noms de la première personne et de la seconde, on ne peut employer que le singulier *c'est vous, c'est nous, c'est moi.*

Dans ces phrases le sujet du verbe est une idée vague, que montre l'adjectif *ce*, et que la suite du discours détermine. Si l'esprit se porte sur cette idée, nous disons au singulier, *c'est eux, c'est nous :* et nous disons au pluriel, *ce sont eux*, si l'esprit se porte sur le nom qui suit le verbe.

L'usage a donc ici le choix des tours ; et il peut à son gré rejeter quelquefois l'un des deux. C'est ce qu'il fait, lorsque le nom est à la première ou à la seconde personne, car il ne permet jamais de dire *ce sont nous, ce sont vous.* Il use encore du même droit, lorsqu'on parle au passé, et il ne veut pas qu'on dise : *ce fut les Phéniciens qui inventèrent l'art d'écrire* Cependant le singulier ne seroit pas une faute, si on parloit au présent : *c'est les Phéniciens qui ont inventé l'art d'écrire.* Je conviens néanmoins que *ce sont* pourroit être mieux, parce que l'attention se porte plus particulièrement sur le nom qui est au pluriel.

Il y a des adjectifs démonstratifs qui n'indiquent qu'une chose ou qu'une personne en général. C'est pourquoi on ne les joint jamais à aucun nom : ce sont *celui*, *celle*. On dit *celui qui*, *celle qui*; et l'esprit supplée toujours l'idée sous-entendue, *homme*, *chose* ou quelque autre. *Celui, celle*

A ces adjectifs on a ajouté *ci* et *là*, et on a fait *celui-ci*, *celui-là*; le premier indique ce qui est près, ou ce dont on a parlé en dernier lieu ; et le second, ce qui est loin, ou ce qu'on a nommé en premier lieu. *Celui-ci, celui-là*

Celui est formé de *ce* et de *lui* : *celle* de *ce* et d'*elle*. On disoit même autrefois *cil* de *ce* et d'*il*, et nous disons aujourd'hui *ceux* de *ce* et d'*eux*. Vous voyez que l'adjectif *ce* a été joint aux noms des troisièmes personnes, et qu'il est pour tous les genres et pour tous les nombres.

CHAPITRE XIX.

Des Adjectifs conjonctifs.

<small>Quelle est la nature des adjectifs conjonctifs *qui, lequel*, etc.</small>

L<small>E</small> propre des mots, *qui, que, dont, lequel, laquelle*, quoique tous les grammairiens les mettent dans la classe des pronoms, n'est certainement pas de pouvoir être substiué à aucun substantif. Voyons quelle en est la nature.

Nous avons dit, Monseigneur, qu'un substantif peut être modifié par une proposition incidente. *Les vers de l'écrivain que vous aimez, dont vous recherchez les ouvrages, et auquel vous donnez la préférence.* Voilà trois propositions incidentes. Il s'agit de savoir quelle est l'énergie des mots *que, dont, auquel*.

Observons d'abord *lequel* et *duquel*, et disons: *l'écrivain lequel vous aimez et duquel*..... Je sais bien que l'usage préfère *l'écrivain que ...... et dont....* Mais toutes ces expressions ont le même sens, et je serai en droit d'appliquer à *qui, que, dont*, ce que j'aurai démontré de *lequel* et *duquel*.

Or, quand je dis *l'écrivain*, j'offre une idée dans toute sa généralité ; et si j'ajoute *lequel*, ce mot restreint mon idée. J'annonce que je vais parler d'un individu, et je fais pressentir que je vais le désigner par quelques modifications particulières.

Ces modifications sont exprimées dans la proposition incidente, et cette proposition est annoncée par le mot *lequel*, qui la lie au substantif. Ce mot commence donc à déterminer celui d'écrivain, et, par conséquent, il doit être mis dans la classe des adjectifs.

Mais, comme nous l'avons remarqué, tout adjectif est censé accompagné de son substantif ; et lorsque celui-ci n'est pas exprimé, il est sous-entendu. *L'écrivain lequel vous aimez et auquel vous donnez la préférence*, est donc pour *l'écrivain lequel écrivain vous aimez et auquel écrivain*...... Il n'est pas étonnant qu'on fasse usage de l'ellipse en pareil cas, puisque l'idée qu'on néglige d'énoncer se supplée d'elle-même.

Or *qui*, *que*, *dont* sont synonymes de *lequel* et *duquel*. Ce sont donc aussi des adjectifs ; et toutes les propositions où nous les employons sont des tours elliptiques. Ce ne seroit pas faire une difficulté, que de dire que l'usage ne permet pas de leur ajouter le mot sous-entendu : l'idée s'en présente au moins, et c'est assez. *L'écrivain qui* est donc pour *l'écrivain qui écrivain*. Ainsi, bien loin que ces mots *qui*, *que*, *dont*, *lequel*, tiennent la place d'un nom, ils le sous-entendent, au contraire, toujours après eux. Je les appelle *adjectifs conjonctifs* : *adjectifs*, parce qu'ils commencent à déterminer le nom ; *conjonctifs*, parce qu'ils le lient à la proposition incidente qui achève de le modifier.

<small>Souvent les adjectifs conjonctifs déterminent des noms qui n'ont point été exprimés.</small>
Il faut remarquer que le nom que les adjectifs déterminent n'est pas toujours exprimé ; mais il se supplée. *Qui vous a dit cela ?* c'est *quel est l'homme, qui homme*. *Qui ne sait pas garder un secret, ne mérite pas d'avoir des amis* : c'est *l'homme qui homme ne sait......* Quelquefois aussi le conjonctif n'est précédé que d'un autre adjectif vague, *celui qui* ; et

alors il faut suppléer le substantif pour l'un et pour l'autre adjectif, *celui homme qui homme.*

Qui et *lequel* ne se rapportent d'ordinaire qu'à un substantif qui le précède : mais nous avons d'autres adjectifs conjonctifs qui ne se rapportent jamais qu'à des noms sous-entendus : ce sont *quoi* et *où.* Quand on dit, *à quoi vous occupez-vous ? quoi* est entièrement l'équivalent de *lequel* ou *laquelle.* C'est un adjectif qui est le même pour les deux genres ; et il faut suppléer *chose* ou tout autre nom. *Quelle est la chose à quoi chose* pour *à laquelle chose, vous vous occupez ?*

Quand on dit : *où allez-vous ? d'où venez-vous ?* le sens est, *quel est le lieu auquel lieu vous allez ? quel est le lieu duquel lieu vous venez ?* Ces exemples vous font voir que l'adjectif *où* est équivalent à un conjonctif suivi de son substantif, et à une proposition qui le pourroit précéder, mais qu'on supprime. Il est vrai, Monseigneur, que les grammairiens seront étonnés de voir *quoi* et *où* dans la classe des adjectifs. Mais remarquez que je rappelle ces expressions aux élémens du discours ; et que c'est le seul moyen d'en déterminer la nature.

Des adjectifs quel et quelle.

Lequel et *laquelle* sont formés des articles *le*, *la*, et des adjectifs *quel* et *quelle* qui ne sont pas conjonctifs, et qui s'emploient souvent avec ellipse. *Quel est-il, quelle est-elle ?* se diront, par exemple, pour *cet homme quel homme est il? cette femme quelle femme est-elle?* nous disons aussi, *qui est-elle ?* ces adjectifs ne souffrent point de difficultés. Il n'en est pas de même des adjectifs conjonctifs. Nous allons observer dans le chapitre suivant, comment on les emploie.

CHAPITRE XX.

De l'emploi des adjectifs conjonctifs.

On ne dit point, *l'homme est animal qui raisonne*, *vous avez été reçu avec politesse qui* .... il faut dire, *l'homme est* UN *animal qui raisonne*, *vous avez été reçu avec* UNE *politesse* ou *avec la politesse qui* ..... En examinant ces exemples, nous trouverons la règle qu'on doit suivre.

<small>Les adjectifs conjonctifs ne peuvent se rapporter qu'à des noms pris déterminément.</small>

Les mots *animal* et *politesse* sont pris indéterminément dans *l'homme est animal* et dans *vous avez été reçu avec politesse*. Au contraire, ils sont déterminés et restreints, lorsqu'on dit, *un animal*, *une* ou *la politesse* .... La règle est donc qu'un adjectif conjonctif ne doit se rapporter qu'à un nom pris dans un sens déterminé.

Un nom est sensiblement déterminé, toutes les fois qu'il est précédé de l'article ou des adjectifs, *un*, *tout*, *quelque* et autres semblables. Mais il peut l'être encore, quoiqu'il ne soit précédé d'aucun de ces adjectifs ; et on y sera trompé, si on ne saisit pas le sens de la phrase. Tous les tours suivans, par exemple, sont très-corrects. *Il n'a point de livre qu'il n'ait lu, est-il ville dans le royaume qui soit plus obéissante ? il n'y a homme qui sache, il se conduit en père qui......* Livre, ville, homme, père sont évidemment déterminés; car le sens est : *il n'a pas un livre qu'il..... est-il dans le royaume une ville qui .... il n'y a pas un homme qui..... il se conduit comme un père qui ....* on dira de même, *il est accablé de maux, de dettes qui ....* parce qu'on sous-entend *certains, plusieurs* ou quelque chose d'équivalent : *il est accablé de certains maux, de plusieurs dettes* ; on dira encore: *une sorte de fruit qui ne mûrit point dans nos climats*, parce que *sorte* restreint le mot *fruit :* enfin on dira, *il n'y a point d'injustice qu'il ne commette ;* parce que le sens est , *il n'y a pas une sorte d'injustice.*

Tous les conjonc-
tions veulent-ils la in-

Une observation que nous avons déjà

faite sur d'autres noms a encore lieu ici : *différemment des personnes et des choses.* c'est que, parmi les adjectifs conjonctifs, les uns ne se disent que des personnes, et les autres se disent des personnes et des choses. Il s'agit d'observer ce que l'usage prescrit à ce sujet.

Il faut d'abord distinguer si l'adjectif *Distinction à faite à ce sujet.* conjonctif est le sujet de la proposition incidente, l'objet du verbe ou le terme d'un rapport. Il est le sujet dans *la science qui plaît le plus*, l'objet dans *la science que j'aime*, et le terme d'un rapport, toutes les fois qu'il peut être précédé d'une préposition.

Lorsque le conjonctif est le sujet de la *Quel conjonctif on doit préférer pour exprimer le sujet de la proposition incidente.* proposition incidente, *qui* doit être préféré à *lequel* et *laquelle*, soit qu'on parle des choses, soit qu'on parle des personnes. *Les écrivains qui savent penser, savent écrire : les talens qui font le philosophe et ceux qui font l'homme sociable ne sont pas toujours les mêmes : la philosophie qui cabale, qui déclame et qui crie, est un fanatisme qui veut paroître ce qu'il n'est pas.* Il ne seroit pas permis de substituer ici *lequel* ou *laquelle*. Cependant ces adjectifs, susceptibles de genre et de nombre, sont très-propres à prévenir des équivoques; et il y a des écrivains qui les emploient souvent dans ce dessein, mais il faut, autant qu'il est possible, préférer tout autre moyen.

Pour exprimer l'objet du verbe. Lorsque le conjonctif est l'objet du verbe, c'est encore une règle générale de préférer *que* à *lequel* et *laquelle*. *Les arts que vous étudiez : les ennemis qu'il a vaincus : la grammaire que je fais.* Jamais *les arts lesquels*, etc.

Pour exprimer le terme d'un rapport qui seroit indiqué par la préposition de. Lorsque le conjonctif est le terme d'un rapport qu'on pourroit exprimer par la préposition *de*, *dont* s'emploie en parlant des choses comme en parlant des personnes : il est même préférable à tous les autres. *César dont la valeur : les biens dont vous jouissez : la maladie dont vous êtes menacé.*

Si on vouloit faire usage des autres conjonctifs, il faudroit distinguer s'ils se rapportent à une chose ou à une personne. Dans le premier cas, le plus sûr seroit d'employer *duquel* ou *de laquelle*, et jamais *de qui*. *Un arbre duquel le fruit : une chose de laquelle.* Sur quoi il faut remarquer que *dont* seroit préférable.

Si le conjonctif se rapporte à des personnes, vous préférerez *de qui* à *duquel* et *de laquelle* ; *César de qui la valeur.*

Mais il y a une exception à faire sur ces deux dernières règles. Pour cela, j'observe que *de qui* peut être le terme auquel se rapporte le substantif de la proposition incidente, ou le terme auquel se rapporte le verbe.

Dans *César de qui la valeur* ; *de qui* est le terme auquel se rapporte le substantif *la valeur*, et il le détermine, comme *de César* le détermineroit. Mais dans *l'homme de qui vous m'avez parlé*, *de qui* est le terme auquel on rapporte le verbe.

Or, toutes les fois que le conjonctif est le terme auquel on rapporte le verbe, on peut se servir de *de qui* ou de *dont*, qui est encore mieux.

Mais s'il est le terme auquel se rapporte le substantif de la proposition incidente, il faut distinguer ; ou il est suivi de ce substantif, ou il en est précédé.

S'il en est suivi, *dont* pourra se dire des personnes et des choses, et *de qui* ne se dira que des personnes. *La Seine dont le lit,* et non pas *de qui. Le prince dont* ou *de qui la protection.*

S'il en est précédé, il faudra toujours préférer *duquel* ou *de laquelle. La Seine dans le lit de laquelle : le prince à la protection duquel : de qui* ne seroit pas si bien, même en parlant des personnes.

Quel conjonctif on doit employer avec la préposition à.

Avec la préposition *à* on emploie les conjonctifs *lequel* et *laquelle*, en parlant des choses : *la fortune à laquelle je ne m'attendois pas.* En parlant des personnes, on a le choix entre *qui* et *lequel: les amis à qui* ou *auxquels je me suis confié.*

Emploi du conjonctif *quoi* avec les prépositions à ou de.

A quoi ne se dit que des choses absolument inanimées, et encore peut-on toujours substituer *auquel* ou *à laquelle: c'est une objection à quoi* ou *à laquelle on ne peut satisfaire.* On ne dira pas, *c'est un cheval à quoi je me suis fié,* mais *auquel. A quoi* et *de quoi,* ne s'emploient proprement que lorsqu'on les rapporte à des choses plutôt qu'à des noms :

*c'est de quoi je me plains : c'est à quoi
e ne m'attendois pas.*

Il y a des occasions où *que* se met pour *à qui*; *c'est à vous que je parle*; et d'autres où il s'emploie pour *dont*, *c'est de lui que je parle* : on ne doit pas même s'exprimer autrement.

Que employé pour *à qui* et pour *dont*.

Où et *d'où* ne se disent jamais que des choses: *voilà le point où je m'arrête; voilà le principe d'où je conclus.*

Où et *d'où* ne se disent que des choses.

Avec toute autre préposition qu'*à* et *de*, le conjonctif *lequel* et *laquelle* peut se dire des personnes et des choses : mais *qui* ne s'emploie qu'en parlant des personnes. *Les revenus sur lesquels vous comptez; les accidens contre lesquels vous êtes en garde: l'homme chez qui* ou *chez lequel vous êtes allé : la personne avec qui* ou *avec laquelle vous m'avez compromis.*

Emploi des conjonctifs avec toute autre préposition qu'*à* et *de*.

S'il s'agit des choses inanimées, on emploiera *quoi* ou *lequel: le principe sur quoi* ou *sur lequel je me fonde : la chose en quoi* ou *dans laquelle il a manqué.*

Il n'est pas nécessaire de s'arrêter long-temps sur les règles de grammaire.

La grammaire, Monseigneur, seroit bien longue et bien difficile, s'il falloit retenir toutes les règles que je vous donne dans ce chapitre et dans d'autres. Mais mon dessein n'est pas de vous arrêter long-temps sur ces choses; je ne veux vous les faire observer qu'une fois, cela suffira pour vous préparer à étudier l'usage. Finissons ce chapitre par une question qui souffre quelques difficultés.

Question. Pourquoi dit-on : *votre ami est un des hommes qui manquèrent périr dans la sédition* ; quoiqu'on dise *votre ami est un des hommes qui* DOIT *le moins compter sur moi ?* pourquoi le pluriel *qui manquèrent*, dans l'une de ces phrases, et pourquoi, dans l'autre, le singulier *qui doit ?*

C'est que les vues de l'esprit ne sont pas les mêmes. On se sert de la première phrase quand on veut mettre *votre ami* parmi ceux qui manquèrent périr; et on se sert au contraire de la seconde, quand on veut le mettre à part ; et le sens est, *votre ami est un homme, qui doit, le moins de tous les hommes, compter sur moi.*

CHAPITRE XXI.

Des Participes du présent.

JE vous ai déjà rappelé plusieurs fois, Monseigneur, que les verbes adjectifs sont des expressions abrégées, équivalentes à deux élémens du discours, à un nom adjectif et au verbe *être*. *Aimer* est équivalent d'*être aimant; lire*, d'*être lisant; faire*, d'*être faisant*. Ces adjectifs sont les participes du présent dont nous avons à traiter.

<small>Les participes du présent ne sont susceptibles ni de genre ni de nombre.</small>

Ces participes, faciles à reconnoître, se terminent tous de la même manière, et leur terminaison ne souffre jamais aucune variation. D'ailleurs ils n'ont ni genre ni nombre, ou, si vous voulez, ils sont tout-à-la-fois du masculin et du féminin, du singulier et du pluriel. Car, sans aucun égard pour le genre et pour le nombre des noms qu'ils modifient, on les prononce et on les écrit toujours de la même manière: *les hommes préférant, les femmes préfé-*

rant, *un homme préférant.* C'est en cela qu'on les distingue des autres adjectifs que nous terminons en *ant*, et qui sont susceptibles de genre et de nombre. Quand on dit, *une vue riante; des personnes obligeantes; riantes* et *obligeantes* rentrent dans la classe des autres adjectifs, et ce ne sont pas des participes.

<small>Comment, d'adjectifs, les participes du présent deviennent substantifs.</small>
Vous remarquerez, Monseigneur, que les participes du présent sont souvent précédés de la préposition *en. Je l'ai vu en passant; en riant on peut dire la vérité.*

Or vous savez qu'une préposition indique le second terme d'un rapport, et vous concevez qu'il ne peut y avoir de rapport qu'entre deux choses qui existent, ou qui, étant considérées comme existantes, sont distinguées par des noms substantifs. La préposition *en* vous fait donc appercevoir deux substantifs dans les participes *passant* et *riant.*

Il n'est pas étonnant que ces noms, qui sont originairement des adjectifs, deviennent des substantifs, puisqu'ils participent du verbe qui, à l'infinitif, est un vrai substantif, et que d'ailleurs nous avons remarqué que les adjectifs se prennent souvent substantivement. Faisons actuellement l'analyse de ces participes, lorsqu'on les emploie comme substantifs, et lorsqu'on les emploie comme adjectifs. La chose ne sera pas difficile.

En riant, on peut dire la vérité, signifie, *lorsqu'on rit* ou *quoiqu'on rie*, *on peut dire la vérité*. *En riant* est donc l'équivalent d'une proposition subordonnée, et il exprime une action qui peut n'être pas un accessoire de la proposition principale, et qui n'en est un que par occasion.

Les courtisans, préférant leur avantage particulier au bien général, ne donnent que des conseils intéressés. Les courtisans préférant, est ici la même chose que *les courtisans qui préfèrent*. *Préférant* est donc l'équivalent d'une proposition incidente ; il exprime une habitude qui paroît devoir être toujours un accessoire du substantif qui est modifié. La pensée est la même que si on disoit : *c'est le caractère des courtisans de préférer leur avantage particulier au bien général;* et

Analyse de ces participes, employés soit comme substantifs, soit comme adjectifs.

c'est pourquoi ils ne donnent que des conseils intéressés.

Vous voyez, par l'analyse de ces exemples, en quoi l'acception de ces participes, employés comme substantifs, diffère de l'acception de ces mêmes participes employés comme adjectifs.

<small>Équivoque à laquelle ils donnent lieu et qu'il faut éviter.</small>

Quelquefois on supprime la préposition *en*, et alors on ne sait plus si le participe doit être pris substantivement ou adjectivement. *Les hommes jugeant sur l'apparence, sont sujets à se tromper.*

Si dans cette phrase, *jugeant* est adjectif, il signifie *les hommes qui jugent*, et il les représente comme s'étant fait une habitude de juger sur l'apparence.

Si, au contraire, ce participe est un substantif, il signifie *les hommes lorsqu'ils jugent*, et alors il ne représente pas les jugemens qu'ils font sur l'apparence, comme une habitude, mais seulement comme une circonstance qui peut quelquefois les jeter dans l'erreur. C'est à un écrivain à savoir laquelle de ces deux choses il veut dire, et à la dire clairement.

L'équivoque peut être plus grande encore :

je l'ai rencontré allant à la campagne. On ne sait si la préposition doit être suppléée devant le participe *allant*, ou si elle ne doit pas l'être ; et, par conséquent, on ne voit pas si c'est celui qui a rencontré ou celui qui a été rencontré, qui alloit à la campagne.

Dans le cas où la préposition devroit être suppléée, *allant* seroit un substantif, et le sens seroit : *je l'ai rencontré en allant*, c'est-à-dire, *lorsque j'allois à la campagne.* Dans le cas où la préposition ne devroit pas être suppléée, *allant* seroit un adjectif, et le sens seroit, *je l'ai rencontré qui alloit à la campagne* (1). Ces

---

(1) Quelques grammairiens voient un gérondif dans cette expression *en riant, en passant.* Il seroit plus exact de dire que nous n'avons point de gérondif. Si une langue n'avoit, pour tout verbe, que le verbe être, la grammaire en seroit fort simple. Mais combien ne la compliqueroit-on pas, si on vouloit trouver, dans cette langue, des verbes substantifs, adjectifs, actifs, passifs, neutres, déponens, réfléchis, réciproques, impersonnels, des participes, des gérondifs, des supins, etc. C'est ainsi que nous avons compliqué notre grammaire,

sortes de phrases sont incorrectes, et il les faut éviter.

---

parce que nous l'avons voulu faire d'après les grammaires latines. Nous ne la simplifierons qu'autant que nous rappellerons les expressions aux élémens

CHAPITRE XXII.
Des participes du passé.

On dit *j'ai habillé mes troupes*, *mes troupes que j'ai habillées*, *mes troupes sont habillées* : voilà constamment l'usage. Or vous voyez, Monseigneur, pourquoi, dans la dernière phrase, le participe se met au féminin et au pluriel, c'est qu'*habillées* est un adjectif qui modifie un substantif féminin et pluriel.

Mais si dans la seconde phrase, ce participe modifie également le substantif *troupes*, il y devra prendre encore la terminaison qu'il a prise dans la troisième, et il faudra dire *mes troupes que j'ai habillées* : or il le modifie. En effet, quel est l'objet du verbe *avoir*, lorsque je dis, *mes troupes que j'ai*, ou, ce qui est la même chose, *mes troupes lesquelles troupes j'ai ?* il est évident que c'est *mes troupes*. Si j'ajoute donc *habillées*, ce participe ne peut exprimer qu'une des modifications du substantif *troupes* ; il est donc encore adjectif.

Les participes du passé sont adjectifs, ou substantifs, suivant la manière dont on les emploie.

Mais que sera-t-il dans la phrase où il ne prend ni le féminin, ni le pluriel, *j'ai habillé mes troupes?* M. du Marsais a le premier remarqué qu'en pareil cas, le participe est toujours un substantif. Il en est donc du participe du passé comme du participe du présent : il est substantif ou adjectif, suivant la manière dont on l'emploie.

Le verbe *avoir*, dit le grammairien que je viens de nommer, signifie proprement *posséder : j'ai une terre*. On l'a ensuite étendu à d'autres usages, et on a dit, *j'ai faim, j'ai soif*. Car quoiqu'on n'ait pas faim comme on a une terre, et que dans l'un comme dans l'autre cas, *avoir* ne signifie pas absolument la même chose que *posséder*, il y a cependant quelque analogie entre *j'ai une terre* et *j'ai faim*. Or nous avons vu que d'analogie en analogie, un mot finit souvent par être pris dans une acception qui a à peine quelque rapport à la première. C'est ce qui est arrivé au verbe *avoir* : il a passé par une suite d'acceptions, dont les deux extrêmes sont, *j'ai une terre, j'ai habillé*; et ces deux extrêmes diffèrent en ce que l'un a pour accessoire, un rapport au présent, et que l'accessoire de l'autre est un rapport au passé. Dans *j'ai une terre*, l'objet du verbe *avoir* est *une terre* : *habillé* est donc également l'objet du verbe *avoir* dans *j'ai habillé*. Or un verbe ne peut avoir pour objet qu'une chose qui existe, ou que nous considérons comme existante ; c'est-à-dire, qu'il ne peut avoir pour objet qu'une chose que nous désignons par un nom substantif. *Habillé* est donc, ainsi qu'*une terre*, un substantif.

Ces sortes de substantifs participent du verbe ; ils ont un objet quand le verbe en a un : *mes troupes*, par exemple, est l'objet d'*habillé*, dans *j'ai habillé mes troupes*. Ils n'ont point d'objet quand le verbe n'en a pas. Ainsi, dans *j'ai parlé*, *parlé* est un substantif qui n'a pas d'objet.

Comme nous savons distingué des verbes d'action et des verbes d'état, on pourroit distinguer deux espèces de participes substantifs : les uns sont des substantifs qui expriment une action, *habillé*, *parlé* ; les autres sont des substantifs qui expriment un état, *dormi*, *langui*.

Tous ces substantifs diffèrent des autres, en ce qu'ils ne sont ni masculins, ni féminins, ni singuliers, ni pluriels : leur terminaison ne varie donc jamais ; et, par conséquent, les participes adjectifs sont seuls susceptibles de genre et de nombre.

Dès que les participes substantifs sont invariables dans leur terminaison, vous concevez, Monseigneur, qu'il ne peut y avoir aucune difficulté sur la manière de les employer. Passons donc aux participes adjectifs.

<small>Comment on emploie les participes adjectifs, lorsqu'ils se construisent avec le verbe *être*.</small>

Les participes adjectifs peuvent se construire avec le verbe *être* ou avec le verbe *avoir*.

Dans le premier cas, ou le verbe *être* conserve la signification qui lui est propre, ou il ne la conserve pas. S'il la conserve, le participe doit toujours s'accorder avec le sujet de la proposition : *il est aimé, elle est aimée, ils sont aimés.*

S'il ne la conserve pas, il sera employé à la place du verbe *avoir*; et on dira, *il s'est tué*, pour *il a tué soi*; et *il s'est* crevé les yeux, pour *il a crevé les yeux à soi*. Alors il y a encore une distinction à faire.

Ou l'action, exprimée par le participe, a pour objet le sujet même de la chose, et vous direz *il s'est tué, elle s'est tuée, ils se sont tués*. Car, en pareil cas, le participe est un adjectif qui doit prendre le genre et le nombre du nom qu'il modifie.

Ou l'action a pour objet un nom différent du sujet de la proposition; et vous direz, *il s'est crevé les yeux, elle s'est crevé les yeux, ils se sont crevé les yeux*. C'est qu'ici le participe *crevé* est un substantif. Dans cette phrase, *il s'est crevé*, *se* n'est pas l'objet comme dans *il s'est tué*: il est le terme du rapport, et on dit *se* pour *à soi*.

La règle que l'usage suit dans toutes ces phrases où le verbe *être* est employé à la place du verbe *avoir*, est donc de regarder comme adjectif, tout participe qui a pour objet le sujet même de la proposition, et de regarder comme substantif tout participe qui a un autre nom pour objet. Dans le premier cas, le participe est susceptible de genre et de nombre; dans le second, il ne l'est pas. Cette règle est constante, et ne souffre point d'exception.

Vous pourrez, Monseigneur, facilement connoître si le participe est substantif ou s'il est adjectif. Il est substantif toutes les fois qu'il est suivi de son objet ; *j'ai reçu les lettres* : il est adjectif toutes les fois qu'il en est précédé; *les lettres que j'ai reçues*.

Vous direz donc, *de deux filles qu'elle avoit, elle en a fait une religieuse*, et non pas *faite*. Car *une* est l'objet du participe *fait*, et il ne vient qu'après. Le sens est, *elle a fait une d'elles religieuse*.

Par la même raison, vous direz, en faisant du participe un substantif, *les académies se sont fait des objections* ; et, en faisant de ce même participe un adjectif, vous direz, *j'ignore les objections que les académies se sont faites*.

On a demandé s'il faut dire *la justice que vous ont rendu* ou *rendue vos juges*. Pendant long-temps, tous les grammairiens se sont déclarés pour *rendu*, parce que, disoient-ils, ce participe est suivi du sujet de la proposition. Comme cette raison est sans fondement, je crois, avec M. Duclos, qu'il faut dire *rendue*.

Mais la grande question est de savoir si le participe est variable dans sa terminaison, lorsqu'il est suivi d'un verbe ou d'un adjectif; par exemple, faut-il dire, *elle s'est* LAISSÉE *mourir*, ou *elle s'est* LAISSÉ *mourir*; *elle s'est* RENDUE *catholique*, ou *elle s'est* RENDU *catholique*. Cette question en renferme deux : il faut d'abord observer le participe, lorsqu'il est suivi d'un verbe : nous l'observerons ensuite, lorsqu'il est suivi d'un adjectif.

<small>Comment s'employant les participes adjectifs, lorsqu'ils sont suivis d'un verbe ou d'un adjectif.</small>

On dit *elle s'est* FAIT *peindre*, et non pas *elle s'est* FAITE *peindre*; parce que ce n'est pas du participe *fait* que *se* est l'objet : il l'est d'une idée qui est exprimée par ces deux mots, *fait peindre*.

<small>Premièrement lorsqu'ils sont suivis d'un verbe.</small>

De même quoiqu'on dise, *une maison que j'ai* FAITE, parce que l'adjectif conjonctif *que* est l'objet du participe *faite* ; on doit dire *une maison que j'ai* FAIT *faire* ; parce qu'alors le conjonctif, au lieu d'être l'objet du participe, devient l'objet de *fait faire*.

Vous direz encore, *imitez les vertus que vous avez* ENTENDU *louer*, et vous ne direz pas *entendues*, parce que le conjonctif n'est l'objet ni d'*entendu*, ni de *louer*, pris séparément : il l'est de ces deux mots réunis, ou d'une seule idée qu'on exprime avec deux mots, comme on pourroit l'exprimer avec un seul.

Enfin vous direz, *terminez les affaires que vous avez* PRÉVU *que vous auriez*, et non pas *prévues*; parce que le conjonctif est l'objet d'une seule idée exprimée par ces mots, *prévu que vous auriez*.

D'après ces exemples, nous pouvons établir pour règle, que le participe est invariable dans sa terminaison, toutes les fois que nous le joignons à un verbe, pour exprimer, avec deux mots, une seule idée, comme nous l'exprimons avec un seul. Il ne s'agit donc plus, pour juger si le participe, suivi d'un verbe, doit être ou n'être pas susceptible de genre et de nombre, qu'à considérer si nous prenons comme deux idées séparées, celle du verbe et celle du participe, ou si, au contraire, nous sommes portés à les regarder comme une seule idée.

On doit dire, *elle a pris un remède qui l'a* FAIT *mourir*, parce que le pronom *la* est l'objet d'une seule idée, *fait mourir*. Mais, dira-t-on, *elle a pris un remède qui l'a* LAISSÉE *mourir*, ou *qui l'a* LAISSÉ *mourir?* M. Duclos veut qu'on dise *laissée*. Il considère donc séparément l'idée de *laissée* et celle de *mourir;* et, parce que *mourir* ne peut pas avoir un objet, il pense que le pronom *la* est celui du participe *laissée*. De même il veut qu'on dise, *elle s'est présentée à la porte, je l'ai* LAISSÉE *passer*; quoiqu'on doive dire, *je l'ai* FAIT *passer*. Pour rendre la chose plus sensible, il traduit ces phrases *je l'ai laissé passer je l'ai laissé mourir;* par celles-ci, *j'ai laissé elle passer; j'ai laissé elle mourir:* mais que veut dire: *j'ai laissé elle ?* il me semble que nous sommes portés à regarder *laisser mourir* ou *laisser passer*, comme une seule idée, et que nous sommes choqués de la voir partagée en deux par un pronom placé entre le participe et le verbe.

Autre exemple de M. Duclos: *avez-*

*vous entendu chanter la nouvelle actrice?
je l'ai* ENTENDUE *chanter:* c'est-à-dire, *j'ai entendu elle chanter: avez-vous entendu chanter la nouvelle ariette? je l'ai* ENTENDU *chanter:* c'est-à-dire, *j'ai entendu chanter l'ariette.*

Quand il s'agit de l'ariette, M. Duclos considère donc *entendu chanter* comme une seule idée; parce que, en effet, l'ariette ne peut être l'objet que de l'idée exprimée par ces deux mots réunis, *entendu chanter.*

Or je conviens qu'à la rigueur, la nouvelle actrice pourroit être l'objet d'*entendu*, mais il ne s'agit pas seulement de l'avoir entendue, il s'agit de l'avoir entendu chanter; et il me semble qu'on ne peut pas considérer, comme deux idées séparées, celle du participe et celle du verbe: il faudroit donc dire *je l'ai entendu chanter*, même en parlant de l'actrice.

En second lieu, lorsqu'ils sont suivis d'un ajectif.

Considérons actuellement le participe, lorsqu'il est suivi d'un adjectif; il faut dire, comme l'assure M. Duclos, *elle s'est* RENDUE *la maîtresse, elle s'est rendue catholique.*

Pour résoudre cette question, je considère encore si nous sommes portés à séparer ces idées ou à les réunir dans une seule. Or il me semble qu'on dira beaucoup mieux, *le commerce a rendu riche cette ville*, que *le commerce a rendu cette ville riche*. Ainsi, quoique nous employons deux mots, nous ne paroissons voir qu'une seule idée, comme si nous disions *a enrichi*. L'idée seroit-elle donc une, lorsque nous nous servons d'une périphrase, comme lorsque nous la rendons en un seul mot ? mais cette conclusion seroit peut-être trop précipitée : car l'oreille est quelquefois la règle de nos constructions, autant, au moins, que notre manière de concevoir. En effet, on dira plutôt, *le commerce a rendu cette ville opulente*, que *le commerce a rendu opulente cette ville ; j'ai rendu cette personne maîtresse de mon sort*, que *j'ai rendu maîtresse de mon sort cette personne ; un docteur a rendu ce protestant catholique*, qu'*un docteur a rendu catholique ce protestant*. Il semble donc que nous soyons portés à séparer l'idée du participe de celle de l'adjectif : et par conséquent, on peut dire avec M. Duclos, *elle s'est rendue catholique, elle s'est rendue maîtresse.* Cependant il seroit bien plus simple que les participes suivis d'un adjectif, fussent assujettis à la même règle, que les participes suivis d'un verbe.

Au reste, si nous séparons plus volontiers l'idée du participe de celle d'un adjectif que de celle d'un verbe, c'est qu'un adjectif présente une idée qui, étant plus déterminée, se distingue davantage de toute autre. Celle d'un verbe à l'infinitif, étant au contraire indéterminée, est, par cette raison, plus propre à se confondre avec celle du participe.

Je n'oserois, Monseigneur, vous répondre de l'exactitude des règles que je viens de proposer sur les participes du passé. En fait de langage, quand l'usage ne fait pas lui-même la règle, il est bien à craindre qu'il n'y ait de l'arbitraire dans les décisions des grammairiens.

CHAPITRE XXIII.

Des conjonctions.

Nous avons vu que les conjonctions sont moins des élémens du discours que des expressions abrégées, auxquelles on pourroit suppléer par des expressions plus composées.

Deux propositions ne se lient que par les rapports qu'elles ont l'une à l'autre. Or le propre des conjonctions est de prononcer ces rapports.

Une proposition se lie-t-elle à une précédente, comme conséquence ? nous avons les conjonctions *donc, ainsi ;* comme preuve ? *car ;* comme opposée ? *mais, cependant, pourtant ;* affirment-elles ensemble ? nous avons la conjonction *et ;* nient-elles ensemble ? *ni ;* affirment-elles séparément, ensorte que des deux une seule puisse être vraie ? *ou.* Mais, Monseigneur, il est inutile de faire l'énumération de toutes les conjonctions. Il le seroit encore plus de charger votre mémoire des noms qu'on leur a donnés : car les grammairiens en ont distingué jusqu'à quinze espèces. Bornons-nous à observer la conjonction *que*, la seule qui puisse souffrir quelques difficultés.

De la conjonction que. Nous avons vu, dans la première partie de cette grammaire, quelle est la nature de cette conjonction, et comment elle a été trouvée : il nous reste à voir comment on l'emploie.

Nous l'employons quelquefois dans des tours elliptiques, où la proposition principale est supprimée. Nous disons, par exemple, *que je meure !* c'est-à-dire, *plaise-à-Dieu que je meure ! qu'il se soit oublié jusqu'à ce point-là !* c'est-à-dire, *je suis étonné qu'il se soit oublié jusqu'à ce point-là.* Quelquefois nous laissons à suppléer la conjonction même : *qui m'aime me suive ;* c'est-à-dire, *je veux que celui qui m'aime me suive.*

Avec cette conjonction, le verbe de la proposition subordonnée se met, tantôt à l'indicatif, *je sais qu'il* EST *surpris ;* tantôt au subjonctif, *je doute qu'il* SOIT *surpris :* or ce n'est pas la conjonction *que* c'est le verbe de la proposition principale, qui détermine le mode du verbe de la proposition subordonnée.

Si le verbe de la proposition principale affirme positivement et avec certitude, celui de la proposition subordonnée doit aussi affirmer positivement et avec certitude ; et nous disons, à l'indicatif, *je sais qu'il* EST *surpris*, parce que le propre de ce mode est l'affirmation. Au contraire, nous disons, au subjonctif, *je doute qu'il* SOIT *surpris*, parce que ce mode n'étant destiné qu'à marquer le rapport de la proposition subordonnée, à la proposition principale, il conserve, dans le second verbe, le doute exprimé dans le premier.

La règle est donc que le verbe de la proposition subordonnée doit être au subjonctif, toutes les fois que celui de la proposition principale exprime quelque doute, quelque crainte, quelque incertitude. Vous direz, par conséquent, *j'ignore qu'il* VIENNE, *je sais qu'il* VIENDRA : *je crains qu'il ne réussisse, je crois qu'il réussira : je souhaite qu'il parvienne, on dit qu'il est parvenu.*

Cette règle s'applique à toutes les expressions composées, où nous faisons entrer la conjonction *que*, et que les grammairiens mettent parmi les conjonctions. Ainsi il faut dire, *attendu que cela* EST, *vu que cela* EST; parce qu'*attendu* et *vu* affirment positivement : et il faut dire, *pourvu que cela* SOIT, *afin que cela* SOIT, *avant que cela* SOIT; parce que *pourvu*, *afin* et *avant*, laissent dans l'esprit quelque incertitude, ou du moins quelque suspension.

Je ne crois pas, Monseigneur, qu'il y ait rien de plus à remarquer sur les conjonctions.

CHAPITRE XXIV.

Des Adverbes.

Nous avons dit, Monseigneur, que l'adverbe est une expression abrégée, qui est l'équivalent d'un nom précédé d'une préposition; et nous avons donné pour exemple *sagement*, qui signifie *avec sagesse*; *plus*, qui signifie *en quantité supérieure*, etc. <small>Ce qu'on entend par un adverbe.</small>

Sagement, *prudemment*, et autres semblables, se nomment *adverbes de manière* ou *de qualité*, parce qu'ils expriment la manière dont une chose se fait. Tout ce qu'il y a à remarquer sur ces adverbes, c'est qu'ils se joignent au verbe qu'ils modifient : *il s'est conduit sagement, il s'est prudemment conduit.* <small>Adverbe de qualité.</small>

Quand nous considérons les mêmes qualités dans deux objets, nous y trouvons de l'égalité ou de l'inégalité, et nous avons, pour exprimer ces rapports, les adverbes *plus, moins, aussi, plus grand, moins grand, aussi grand.* <small>Adverbe de quantité.</small>

Mais quand nous disons d'un homme, *il est fort instruit, il est très-savant*, nous ne considérons plus la même qualité dans deux objets; nous la considérons dans un seul, et nous la comparons à une idée que nous nous sommes faite et qui nous sert de mesure. Nous employons encore à cet usage *infiniment, considérablement, abondamment, copieusement, grandement, petitement.* Tous ces adverbes se rapportent à une mesure que chacun se fait d'après les jugemens qu'il est dans l'habitude de porter. On les nomme *adverbes de quantité.*

Les grammairiens distinguent encore des adverbes de tems, de lieu et d'autres, sur lesquels il n'y a rien à remarquer. Nous aurions même peu de choses à dire dans ce chapitre, s'ils n'avoient pas confondu, parmi les adverbes, des adjectifs et des expressions que nous allons rappeler à leurs vrais élémens.

<small>Noms qu'il ne faut pas confondre avec les adverbes.</small> *Je n'ai pu vous voir* HIER, *je vous verrai demain.* Hier et *demain* sont évidemment des noms substantifs: *c'est au jour d'hier, au jour de demain;* et il

faut vous accoutumer à remplir ces ellipses.

On dit *il est en haut, il est en bas,* pour *en lieu haut, en lieu bas.*

Ici l'adjectif est précédé d'une préposition : quelquefois il est employé seul. *Parler bas, chanter juste, frapper fort, voir clair, voir trouble, voir double,* signifient *parler d'un ton bas, chanter d'une voix juste, frapper à coup fort, voir d'un œil clair, trouble, voir d'une manière double. Bas, juste, fort, clair, trouble, double,* sont donc des adjectifs, et ces tours sont elliptiques.

Si, comme le veulent les grammairiens, *à toute heure, à tout moment, de temps en temps,* sont des adverbes, pourquoi n'en diroit-on pas autant de *à l'heure que je vous vois, au moment que je vous parle, dans le tems que vous étiez en France?* Bornons-nous donc à reconnoître les élémens dont ces expressions sont composées. S'il y en a qu'on puisse, avec quelque fondement, mettre parmi les adverbes, ce sont celles dont l'usage ne fait plus qu'un seul mot: telles sont *aujourd'hui* qui est formé d'*à ce jour d'hui; doréna-*

vant, qui l'est de *de cette heure en avant*, et *beaucoup* qui l'est, comme le remarque M. du Marsais, de *bella copia*, grande abondance.

CHAPITRE XXV.

Des Interjections.

Les interjections, ou ces accens que nous avons vu être communs au langage d'action et à celui des sons articulés, sont des expressions rapides, équivalentes quelquefois à des phrases entières. Elles n'ont point de place marquée, et elles n'en sont que plus expressives, soit qu'elles commencent un discours, soit qu'elles le terminent, soit qu'elles l'interrompent, il semble qu'elles échappent toujours au moment de produire leur effet.

Aux accens naturels du langage d'action, les langues ont ajouté des mots tels que *hélas ! ciel ! Dieu !* La grammaire n'a rien à remarquer sur ces espèces de mots : c'est au sentiment à les proférer à propos.

Les interjections sont des expressions équivalentes à des phrases entières.

CHAPITRE XXVI.

De la Syntaxe.

<small>Objet de la syntaxe.</small> Nous ne concevons jamais mieux une pensée, que lorsque toutes les parties, distinctes les unes des autres, se présentent à nous avec tous les rapports qui sont entre elles. Ce n'est donc pas assez d'avoir des mots pour chaque idée, il faut encore savoir former, de plusieurs idées, un tout dont nous saisissions tout-à-la-fois les détails et l'ensemble, et dont rien ne nous échappe. Voilà l'objet de la syntaxe.

<small>Comment se marquent les rapports entre les mots.</small> Les rapports se marquent de plusieurs manières : par la place qu'on donne aux mots, par les différentes formes qu'ils prennent, par des prépositions qui les montrent comme second terme d'un rapport, par des conjonctifs qui rapprochent, autant qu'il est possible, les propositions incidentes des substantifs qu'elles modifient ; enfin, par des conjonctions qui prononcent la liaison entre les principales

parties du discours. Voilà, Monseigneur, tous les moyens : nous les avons déjà remarqués dans le cours de cet ouvrage : nous allons les observer plus particulièrement.

Pierre est homme. Tel est l'ordre des mots dans une proposition simple : le sujet, puis le verbe, enfin l'attribut. Notre syntaxe ne permet pas d'autre arrangement.

<small>Arrangement des mots dans une proposition simple.</small>

Tout sujet d'une proposition offre une idée déterminée, puisque c'est la chose dont on parle et qu'on désigne comme existante. Il semble donc qu'on auroit pu dire, *homme est Pierre.* Car *homme* étant indéterminé, ne sauroit être pris pour sujet ; et par conséquent, la phrase n'en seroit pas moins claire ; mais l'usage ne l'a pas permis. Il permet encore moins, *un homme est Pierre*, parce qu'*un homme* paroîtroit le sujet, et la phrase auroit quelque chose de louche. Mais on dira également, *Pierre est l'homme que vous voyez*, ou *l'homme que vous voyez est Pierre :* c'est que les deux termes de cette proposition étant identiques, ils peuvent être indifféremment l'un et l'autre, le sujet ou l'attribut.

L'attribut peut être un adjectif: *Pierre est courageux*. Il semble encore qu'en pareil cas on pourroit dire, *courageux est Pierre :* mais nous nous sommes fait une si grande habitude du premier tour, que nous ne permettons point ces sortes de transpositions.

<small>Arrangemens des mots dans une proposition composée. Quelle est la place de l'objet ?</small> Une proposition se compose suivant qu'on ajoute des accessoires au sujet, au verbe ou à l'attribut.

L'objet est un accessoire du verbe; il doit le suivre immédiatement, ou du moins il n'en peut être séparé que par des modifications même du verbe. *Le roi aime le peuple, le roi aime beaucoup le peuple.*

Vous voyez que *beaucoup* ne sépare *le peuple* d'*aime*, que parce qu'il est une modification de l'action d'aimer.

<small>Place des noms des personnes, lorsqu'ils sont l'objet du verbe, ou le terme.</small> Il ne faut excepter de cette règle que les pronoms *le, la, les,* les noms des personnes *me, te, je, nous, vous,* et le conjonctif *que*. Sans doute, c'est l'oreille qui a engagé à transporter les pronoms et les noms des personnes avant le verbe. *Je l'aime, il nous aime.* Ces monosyllabes auroient fait une chute désagréable, s'ils

avoient terminé la phrase. Cela est surtout sensible dans *me*, *te*, *se*, *le :* aussi préférons-nous *moi*, *toi*, *soi*, *lui*, lorsque nous voulons faire précéder le verbe, ce qui est rare.

Voilà constamment la place de ces noms, quand le verbe est à tout autre mode que l'impératif. Mais quand on commande ou qu'on défend, voici ce que prescrit l'usage.

On dit, *dites-lui*, *menez-le*, *conduisez-la*, *parlez-moi*, *prenez-en*, *allez-y*. En pareil cas, chacun de ces noms doit être précédé du verbe.

Si la phrase est composée de deux impératifs, l'arrangement de ces mots sera encore le même avec le premier : mais ils pourront, à notre choix, précéder ou suivre le second. *Allez le chercher et me l'amenez*, ou *amenez-le-moi : allez le trouver et lui mandez*, ou *mandez-lui : allez là et y demeurez*, ou, ce qui est mieux, *demeurez-y : prenez des étoffes et en apportez*, ou , ce qui est mieux encore, *apportez-en*.

Lorsqu'on défend, ces noms doivent toujours être placés avant le verbe. *Ne lui dites pas :* ne le menez pas, ne le conduisez pas, ne lui mandez pas, n'en parlez pas, n'y allez pas, n'en prenez pas. Voilà, en pareil cas, les seuls arrangemens. On dit, *parlez-moi*, et jamais *parlez-me.* Il semble donc qu'on ne devroit pas dire *parlez-m'en* ; on le dit cependant, mais on ne dit point *menez-m'y.*

<small>Place des adjectifs conjonctifs.</small>
Le conjonctif *que* ne peut avoir qu'une place : il faut qu'il suive immédiatement le substantif, auquel il lie la proposition incidente dont il est l'objet. Dans *les conquêtes qu'Alexandre a faites, que* est l'objet de la proposition incidente, *Alexandre a faites*, et il suit immédiatement le substantif *conquêtes.*

Mais une proposition incidente modifie souvent un nom, qui est revêtu de quelques modifications. Par exemple, *l'homme de courage que vous connoissez*, offre le substantif *homme* modifié par ces mots *de courage.* Or ce n'est point au mot *courage*, dont l'idée est indéterminée, que se rapporte le conjonctif *que :* ce n'est pas non plus au mot *homme*, considéré tout seul. C'est à l'idée totale qui résulte de ces mots, *l'homme de courage*, et qui est une, comme si elle étoit exprimée par un seul nom substantif. Cet exemple confirme donc la règle que nous avons donnée, que *le conjonctif* QUE *doit toujours suivre immédiatement le substantif auquel il lie la proposition incidente*. Or cette règle est la même pour tous les adjectifs de cette espèce, *qui, dont, lequel,* etc.

La phrase que nous avons apportée pour exemple, *les conquêtes qu'Alexandre a faites*, occasionne une exception à la règle que nous avons donnée pour la place du sujet. Car le sens étant également marqué, soit qu'on dise *qu'Alexandre a faites*, ou *qu'a faites Alexandre*, on peut, à son choix, donner au nom l'une ou l'autre place. Il y a même encore un cas où le sujet peut suivre le verbe ; c'est lorsque celui-ci est précédé par une circonstance de temps. On dira, par exemple, *alors arriva votre ami*.

<small>Le sujet peut quelquefois suivre le verbe.</small>

Les propositions incidentes n'ont qu'une place dans le discours, puisqu'elles ne sauroient être séparées du substantif, ou du moins de l'idée totale à laquelle on les

<small>Les propositions subordonnées ont plusieurs places dans le discours.</small>

rapporte. Mais comme les propositions subordonnées sont des accessoires du verbe de la proposition principale, et que leur rapport est suffisamment indiqué par des conjonctions ou par des prépositions, elles peuvent commencer ou finir la phrase, ou même être insérées entre le nom et le verbe. *Votre fils n'est pas connoissable, depuis qu'il a voyagé : depuis que votre fils a voyagé, il n'est pas connoissable : votre fils, depuis qu'il a voyagé, n'est pas connoissable.* Il est évident que, dans tous ces arrangemens, la liaison des idées est également conservée, et, par conséquent, ils sont tous dans les règles de la syntaxe.

Les moyens et les circonstances ont aussi différentes places dans le discours. Les moyens et les circonstances sont encore des accessoires du verbe : on peut donc aussi leur donner différentes places dans le discours. EXEMPLE pour les moyens : *avec votre secours, cet homme finira son affaire ; cet homme finira son affaire avec votre secours : cet homme, avec votre secours, finira son affaire.* EXEMPLE pour les circonstances : *votre ami étoit à Rome dans ce temps-là : votre*

ami, dans ce temps-là, étoit à Rome:
dans ce temps-là votre ami étoit à Rome.
C'est donc une règle générale, qu'un nom, précédé d'une préposition, peut prendre différentes places dans le discours, toutes les fois qu'il exprime les moyens, les circonstances ou quelque autre accessoire du verbe. Il faut seulement prendre garde qu'il n'en naisse quelque équivoque avec ce qui précède ou avec ce qui suit.

Au reste, quand je dis que les moyens, les circonstances et autres accessoires du verbe peuvent avoir différentes places dans le discours, c'est proprement des accessoires du verbe *être* que je parle. Lors donc que vous emploierez un verbe adjectif, vous le rappellerez à ses élémens, si vous voulez distinguer les accessoires qui appartiennent au verbe, de ceux qui appartiennent à l'adjectif. En traduisant, par exemple, *finira* par *sera finissant*, vous verrez qu'*avec votre secours* est l'accessoire du verbe *sera*, et que *son affaire* est celui de l'adjectif *finissant. Cet homme sera, avec votre secours, finissant son affaire.*

Il ne faudroit pas confondre, avec les

accessoires du verbe, tout nom qui seroit précédé d'une préposition. Traduisez cette phrase, *je pars demain pour Rome*, par celle-ci, *je suis demain partant pour Rome :* vous voyez aussi-tôt que *pour Rome* est un accessoire qui appartient à l'adjectif *partant*, et que vous ne pouvez pas transposer. Au lieu que vous pouvez dire à votre choix: *demain je pars pour Rome, je pars demain pour Rome, je pars pour Rome demain.*

<small>S'il est l'accessoire d'un adjectif, ne peut pas être transposé.</small>

<small>Il peut l'être, s'il est l'accessoire d'un substantif.</small>

Un nom, précédé d'une préposition, ne peut donc pas être transposé, lorsqu'il est l'accessoire d'un adjectif. Il n'en seroit pas de même, s'il étoit l'accessoire d'un substantif; alors il pourroit être transposé. EXEMPLE : *Quand de Rome avec vous j'entreprendrai le voyage.*

Or pourquoi ne peut-on pas transposer *pour Rome* avant *partant*, comme on transpose *de Rome* avant *voyage ?*

Si vous considérez les actions exprimées par des adjectifs tels que *partant*, vous remarquerez qu'elles ont un but auquel elles tendent; et que, par conséquent, il est dans l'ordre des idées que ce but soit nommé après l'action, dans une langue où la place est le principal signe des rapports. Il faut donc dire *partant pour Rome*.

Mais si vous considérez le substantif *voyage* et le nom *Rome*, qui, étant précédé de la préposition *de*, détermine de quel voyage on parle, vous ne sentez plus qu'il soit nécessaire que les idées viennent à la suite l'une de l'autre, dans cet ordre, *le voyage de Rome*. Au contraire, vous appercevez deux idées que vous pouvez éloigner, et placer, pour ainsi dire, dans deux points de perspective. Après avoir donc fixé ma vue sur Rome, en disant *de Rome*, vous la conduisez sur l'autre terme, qui est *le voyage*; et lorsque votre phrase est finie, je rapproche les mots que vous avez écartés, j'en apperçois le rapport, et votre construction n'a rien qui me choque.

Une preuve que ces idées doivent être regardées comme deux points de perspective distans l'un de l'autre, c'est que vous ne pouvez les transposer qu'autant que vous les séparez par quelques mots. Vous ne direz pas, *quand j'entreprendrai avec vous de Rome le voyage.* Cette transposition paroîtroit dure, parce que les idées ne seroient pas assez éloignées pour être regardées comme deux points de perspective. Il faut donc les séparer, ou ne les point transposer.

Souvent les mots qu'on peut transposer se rapportent à un substantif qu'on n'appercevra pas, si on ne sait pas réduire les expressions composées à leurs vrais élémens. Lorsque je dis, *à de pareils propos je ne sais que répondre*, ce n'est pas à l'adjectif *répondant* que se rapportent les mots transposés, *à de pareils propos*. Car le sens n'est pas, *je ne sais qu'être répondant :* je veux dire que je ne sais quelle réponse faire. C'est donc au substantif *réponse* que ces mots doivent se rapporter : *je ne sais quelle réponse faire à de pareils propos.*

Différence entre syntaxe et construction.
D'après les exemples que nous avons apportés, vous jugez, Monseigneur, que ce sont toujours les mêmes signes qui marquent les rapports des mots et des phrases. C'est là proprement ce qui appartient à la syntaxe. Mais comme l'ar-

rangement des mots et des phrases peut varier, suivant les différentes transpositions qu'on se permet, les constructions changent, quoique la syntaxe soit toujours la même. La syntaxe, comme le remarque M. du Marsais, ne consiste que dans des signes choisis pour marquer les rapports; et la construction consiste dans les différens arrangemens que nous pouvons nous permettre, en observant toujours les règles de la syntaxe. Nous allons traiter des constructions dans le chapitre suivant.

CHAPITRE XXVII.

Des Constructions.

<small>Construction directe.</small> U<small>N</small> *prince qui remplit exactement ses devoirs, mérite l'amour de ses sujets et l'estime de tous les peuples.* Un Prince est le nom de la phrase : c'est la chose dont je parle : il ne suppose rien d'antérieur ; et tous les autres mots se rapportent successivement à celui qui les précède. Dans un pareil discours, l'esprit n'est point suspendu : on saisit la pensée à mesure qu'on lit. J'appelle cet ordre *construction directe*.

<small>Construction renversée ou inversion.</small> Mais si je dis, *avec des procédés comme les vôtres*, ces mots laissent l'esprit en suspens. Vous voyez, Monseigneur, qu'ils dépendent de quelque chose que je vais dire : car la préposition *avec* indique le second terme d'un rapport, et je n'ai pas encore montré le premier. Vous sentez donc que mon discours va finir par des idées qui, dans l'ordre direct, devroient

être les premières. Or cet ordre a lieu toutes les fois qu'il y a transposition. Je l'appelle *construction renversée.*

Cette sorte de construction est ce que les grammairiens nomment *inversion* (1). L'inversion n'est donc pas, comme ils le disent, un ordre contraire à l'ordre naturel, mais seulement un ordre différent de l'ordre direct; et les constructions directes et renversées sont également naturelles..

Comme il étoit naturel à Cicéron de parler latin, et par conséquent de faire beaucoup d'inversions, il nous est naturel de parler français, et par conséquent d'en faire peu. Le mot *naturel* n'est pris ici qu'improprement. Il ne signifie pas ce que nous faisons en conséquence de la conformation que la nature nous donne; mais seulement ce que nous faisons en consé-

Les constructions directes et renversées sont également naturelles.

---

(1) Ou du moins c'est ce qu'ils devroient entendre par ce mot. Mais, après avoir beaucoup disputé sur les inversions, sans y rien comprendre, ils en sont venus à mettre en question, si elles appartiennent à la langue latine ou à la langue française; et, en vérité, ils ne savent plus où les trouver.

quence des habitudes que nous avons contractées.

<small>L'ordre direct et l'ordre renversé ne sont point dans l'esprit, il ne sont que dans le discours.</small>

A parler vrai, il n'y a dans l'esprit ni ordre direct, ni ordre renversé, puisqu'il apperçoit à-la-fois toutes les idées dont il juge; il les prononceroit toutes à-la-fois, s'il lui étoit possible de les prononcer comme il les apperçoit. Voilà ce qu'il lui seroit naturel; et c'est ainsi qu'il parle, lorsqu'il ne connoît que le langage d'action.

C'est, par conséquent, dans le discours seul que les idées ont un ordre direct ou renversé, parce que c'est dans le discours seul qu'elles se succèdent. Ces deux ordres sont également naturels. En effet les inversions sont usitées dans toutes les langues, autant du moins que la syntaxe le permet.

Je sais bien, Monseigneur, qu'on aura de la peine à se persuader que nous appercevons à-la-fois toutes les idées qui sont comme enveloppées dans une pensée un peu composée; et on s'obstinera à demander quel est l'ordre naturel dans lequel elles se présentent successivement à l'esprit. Mais si je demandois *quel est l'ordre na-*

turel dans lequel les objets se présentent successivement à la vue, lorsque la vue elle-même embrasse à-la-fois tout ce qui frappe les yeux, vous me diriez que je fais une question absurde ; et si j'ajoutois qu'il faut cependant qu'il y ait dans la vue un ordre direct ou renversé, vous penseriez que je déraisonne tout-à-fait. Quand on voit tout-à-la-fois, me diriez-vous, on ne voit pas l'un après l'autre ; et pour voir l'un après l'autre, il faut regarder successivement les choses qu'on voit. Dites-en autant, Monseigneur, de la vue de l'esprit. Quand il voit, il voit à-la-fois tout ce qui s'offre à lui ; il faut qu'il regarde pour mettre, dans ce qu'il apperçoit, un ordre direct ou un ordre renversé ! Or il ne regarde qu'autant que nous avons besoin de parler, ou d'appercevoir les choses d'une manière distincte.

Quand nous étudierons l'Art d'Écrire, nous verrons plus particulièrement l'usage qu'on peut faire des inversions. Pour le présent, Monseigneur, je ne vous donnerai qu'un exemple ; et ce sera le même qui nous a servi à l'analyse du discours.

<small>Exemple qui fait voir un des principaux avantages de l'ordre renversé.</small>

« Dans cette enfance, ou, pour mieux
» dire, dans ce chaos du poëme dramatique
» parmi nous, votre illustre frère, après
» avoir quelque temps cherché le bon
» chemin, et lutté, si je l'ose dire ainsi,
» contre le mauvais goût de son siècle,
» enfin, inspiré d'un génie extraordinaire,
» et aidé de la lecture des anciens, fit voir
» sur la scène la raison, mais la raison ac-
» compagnée de toute la pompe, de tous
» les ornemens dont notre langue est ca-
» pable, accordant heureusement la vrai-
» semblance et le merveilleux, et laissant
» bien loin derrière lui tout ce qu'il avoit
» de rivaux, dont la plupart, désespérant
» de l'atteindre, et n'osant plus entrepren-
» dre de lui disputer le prix, se bornèrent
» à combattre la voix publique déclarée
» pour lui, et essayèrent en vain, par leurs
» frivoles critiques, de rabaisser un mérite
» qu'ils ne pouvoient égaler ».

Considérez, Monseigneur, comment toutes les parties de cette période se lient à une idée principale pour former un seul tout. C'est ainsi que cette multitude d'idées s'offroit à Racine, et c'est ainsi qu'il lui étoit naturel de les présenter. Cependant les constructions sont renversées. Substituons l'ordre direct, et disons :

Votre illustre frère fit voir sur la scène la raison, mais la raison accompagnée de toute la pompe, de tous les ornemens dont notre langue est capable, accordant heureusement la vraisemblance et le merveilleux, et laissant bien loin derrière lui tout ce qu'il avoit de rivaux.

Il fit voir la raison dans cette enfance, ou, pour mieux dire, dans ce chaos du poëme dramatique parmi nous.

Il la fit voir après avoir quelque temps cherché le bon chemin, et lutté, si je l'ose dire ainsi, contre le mauvais goût de son siècle.

Enfin il la fit voir, lorsqu'il étoit inspiré d'un génie extraordinaire, et aidé de la lecture des anciens.

Vous voyez, Monseigneur, que pour suivre l'ordre direct, je suis obligé de partager une pensée qui est une, et qui doit être une. Quand j'éviterois de répéter *il fit voir la raison*, la pensée n'en seroit pas moins partagée : car ce ne seroit qu'à plusieurs reprises que j'acheverois de la développer. Dans Racine, au contraire, cette pensée est, pour ainsi dire, moulée d'un seul jet. Tel est l'avantage de l'ordre renversé.

Il y a dans le discours deux choses : la liaison des idées et l'ensemble. La liaison des idées se trouve toujours dans l'ordre direct : mais pour peu qu'une pensée soit composée, l'ensemble ne peut se trouver que dans l'ordre renversé. Il est donc absolument nécessaire de faire usage des inversions ; et si elles sont nécessaires, il faut bien qu'elles deviennent naturelles.

Nous avons considéré les langues comme autant de méthodes analytiques ; et nous avons vu, Monseigneur, quels sont, dans la nôtre, les signes de cette méthode, et d'après quelles règles nous devons nous en servir. Mais nous avons encore bien des observations à faire pour démêler tout l'artifice de cette analyse, et pour en saisir la simplicité. Ce sera le sujet de l'ouvrage suivant, *l'Art d'Ecrire*.

CONJUGAISONS

QU'ON POURRA CONSULTER AU BESOIN.

On commence par la conjugaison du verbe *faire*, dont les formes doivent servir de dénomination aux formes des autres verbes.

INDICATIF.

L'affirmation est l'accessoire qui caractérise ce mode.

Forme qui exprime un rapport de simultanéité avec le moment où l'on parle.

Singulier.
Je fais, tu fais, il fait.
Pluriel.
Nous faisons, vous faites, ils font.

Forme qui est propre à exprimer un rapport de simultanéité, soit avec une époque antérieure, soit avec une époque actuelle.

Singulier.
Je faisois, tu faisois, il faisoit.

Pluriel.

Nous faisions, vous faisiez, ils faisoient.

Je faisois ce que je vous ai promis, lorsqu'il m'est survenu une affaire, a un rapport de simultanéité avec une époque sensiblement antérieure.

Si quelqu'un, en entrant chez moi, me demande : *que faisiez-vous ?* cette forme exprime un rapport de simultanéité avec une époque immédiatement antérieure à l'époque actuelle.

Enfin elle exprime un rapport de simultanéité avec l'époque actuelle même, lorsque je dis à quelqu'un que je rencontre, *j'allois chez vous.*

Forme qui exprime un rapport de simultanéité avec une période où l'on n'est plus. Il y en a deux. L'une marque plus particulièrement le temps où la chose se faisoit.

Singulier.

Je fis, tu fis, il fit.

Pluriel.

Nous fîmes, vous fîtes, ils firent.

L'autre marque le tems où la chose étoit faite.

Singulier.

J'eus fait, tu eus fait, il eut fait.

Pluriel.

Nous cûmes fait, vous eûtes fait, ils eurent fait.

Forme qui exprime un rapport de simultanéité avec une période où l'on est enore. Il y en a également deux ; et la différence est la même qu'entre les formes précédentes. L'une indique donc le temps où la chose se faisoit.

Singulier.

J'ai fait, tu as fait, il a fait.

Pluriel.

Nous avons fait, vous avez fait, ils ont fait.

L'autre indique le tems où la chose étoit faite.

Singulier.

J'ai eu fait, tu as eu fait, il a eu fait.

Pluriel.

Nous avons eu fait, vous avez eu fait, ils ont eu fait.

Forme qui exprime un rapport de simultanéité avec une époque antérieure à une autre époque, qui est elle-même antérieure à l'époque actuelle.

Singulier.

J'avois fait, tu avois fait, il avoit fait.

Pluriel.

Nous avions fait, vous aviez fait, ils avoient fait.

Voilà toutes les formes du passé. Il y en a six : *Je faisois, je fis, j'eus fait, j'ai fait, j'ai eu fait, j'avois fait;* quelques-uns ajoutent *j'avois eu fait.* Nous avons deux formes pour le futur.

La première exprime un rapport de simultanéité avec une époque postérieure, qui peut être ou n'être pas déterminée.

Singulier.

Je ferai, tu feras, il fera.

Pluriel.

Nous ferons, vous ferez, ils feront.

La seconde exprime un rapport de simultanéité avec une époque postérieure qui doit être déterminée.

Singulier.

J'aurai fait, tu auras fait, il aura fait.

Pluriel.

Nous aurons fait, vous aurez fait,
ils auront fait.

Quelques-uns ajoutent une troisième forme : *J'aurai eu fait.*

MODE CONDITIONNEL.

Ce mode diffère de l'indicatif en ce que l'affirmation devient conditionnelle.

Lorsqu'on affirme positivement que les

choses ont été, ou qu'elles seront, on peut avoir besoin de distinguer des époques plus ou moins antérieures, et des époques plus ou moins postérieures. C'est pourquoi l'indicatif est de tous les modes celui qui a le plus de formes différentes.

Mais, lorsque l'affirmation devient conditionnelle, on n'a pas besoin de distinguer autant d'époques ; et, en conséquence, les formes du mode conditionnel sont en petit nombre.

C

Forme qui, suivant les circonstances, exprime un rapport de simultanéité avec une époque actuelle, ou avec une époque postérieure.

Singulier.

Je ferois, tu ferois, il feroit.

Pluriel.

Nous ferions, vous feriez, ils feroient.

Forme qui exprime un rapport de simultanéité avec une époque antérieure.

Singulier.

J'aurois fait, tu aurois fait, il auroit fait.

Pluriel.

Nous aurions fait, vous auriez fait, ils auroient fait.

Autre forme qui exprime un pareil rapport.

Singulier.

J'eusse fait, tu eusses fait, il eût fait.

Pluriel.

Nous eussions fait, vous eussiez fait, ils eussent fait.

La première de ces deux formes marque plus particulièrement l'époque pendant laquelle on auroit fait; et la seconde marque, plus particulièrement l'époque où la chose eût été faite et finie.

Forme qui exprime un rapport de simultanéité avec une époque antérieure à une époque, qui est elle-même antérieure à l'époque actuelle.

Singulier.

J'aurois eu fait, tu aurois eu fait,
il auroit eu fait.

Pluriel.

Nous aurions eu fait, vous auriez eu fait,
ils auroient eu fait.

J'eusse eu fait ne doit pas se dire, parce qu'il ne différeroit pas de *j'aurois eu fait.*

IMPÉRATIF.

Ce mode n'affirme point; il commande. Il a deux formes pour le futur.

La première, qui ne détermine point l'époque où la chose doit se faire, semble commander qu'elle se fasse, à commencer au moment où l'on parle.

Singulier.

Fais, qu'il fasse.

Pluriel.

Faisons, faites, qu'ils fassent.

La seconde commande que la chose soit faite avant une époque postérieure qu'on détermine.

Singulier.

Aie fait, qu'il ait fait.

Pluriel.

Ayons fait, ayez fait, qu'ils aient fait.

La troisième personne de ce mode est empruntée du subjonctif, où nous la retrouverons.

On comprend pourquoi les formes de l'impératif n'ont point de première personne au singulier. Lorsqu'on se commande à soi-même, on se sert de la seconde du singulier, *fais*, ou de la première du pluriel, *faisons*.

Subjonctif.

Dans ce mode, les rapports d'actualité d'antériorité et de postériorité sont moins exprimés par les formes que prend le verbe, que par les circonstances du discours.

Forme qui peut exprimer un rapport de simultanéité avec une époque actuelle, ou avec une époque postérieure.

Singulier.

Que je fasse, que tu fasses, qu'il fasse.

Pluriel.

Que nous fassions, que vous fassiez, qu'ils fassent.

A ces questions, *fait-il beau ?* ou *fera-t-il beau ?* je puis répondre également, *je ne crois pas qu'il fasse beau.*

———

Forme qui exprime un rapport de simultanéité avec une époque antérieure, ou avec une époque postérieure.

Singulier.

Que je fisse, que tu fisses, qu'il fît.

Pluriel.

Que nous fissions, que vous fissiez, qu'ils fissent.

Qu'on dise : *il a fait le voyage qu'il méditoit*, ou qu'on dise : *il le fera*, je puis également répondre : *je ne croyois pas qu'il le fît.*

Autre forme qui exprime un pareil rapport.

Singulier.

Que j'aie fait, que tu aies fait,
qu'il ait fait.

Pluriel.

Que nous ayons fait, que vous ayez fait,
qu'ils aient fait.

Il a fallu que j'aie fait est un passé. *Je n'irai point chez vous que je n'aie fait* est un futur.

Autre encore qui exprime le même rapport.

Singulier.

Que j'eusse fait, que tu eusses fait,
qu'il eût fait.

Pluriel.

Que nous eussions fait, que vous eussiez fait, qu'ils eussent fait.

Si on vouloit marquer plus particulièrement le temps où la chose eût été faite et finie, on pourroit se servir de la forme suivante.

Singulier.

Que j'eusse eu fait, que tu eusses eu fait, qu'il eût eu fait.

Pluriel.

Que nous eussions eu fait, que vous eussiez eu fait, qu'ils eussent eu fait.

Je doute néanmoins que cette forme soit bien nécessaire. Quant aux autres, on ne les emploie pas indifféremment, quoiqu'elles expriment les mêmes rapports. Le choix est déterminé par la forme qu'a prise le verbe de la proposition principale. On dit par exemple, *je veux que vous ayez fait;* et *je voudrois que vous eussiez fait.* Il faut se souvenir que le propre des formes du subjonctif est de marquer le rapport de la proposition subordonnée à la proposition principale.

Infinitif.

Le verbe, dépouillé des accessoires qu'il avoit dans les modes précédens, devient à l'infinitif un nom substantif, ou un nom adjectif.

Nom substantif.

Faire.

Participes qui, suivant les circonstances, sont des substantifs ou des adjectifs.

Faisant, fait, ayant fait.

Autre nom substantif.

Avoir fait.

On voit que dans la conjugaison du verbe *faire*, les formes varient comme les accessoires qu'elles expriment. C'est ce qui doit déterminer à les faire servir de dénomination aux formes des autres verbes.

Conjugaison du verbe auxiliaire
Avoir.

Il me paroît convenable de commencer les conjugaisons par l'infinitif, puisque dans ce mode, le verbe est dépouillé des accessoires qu'il prend dans les autres.

INFINITIF.

Faire.	Avoir.
Faisant.	Ayant.
Fait.	Eu.
Ayant fait.	Ayant eu.
Avoir fait.	Avoir eu.

INDICATIF.

Singulier.

Je fais. J'ai, tu as, il a.

Pluriel.

Nous avons, vous avez, ils ont.

Singulier.

Je faisois. J'avois, tu avois, il avoit.

Pluriel.

Nous avions, vous aviez, ils avoient.

Singulier.

Je fis. J'eus, tu eus, il eut.

Pluriel.

Nous eûmes, vous eûtes, ils eurent.

Singulier.

J'eus fait. J'eus eu, tu eus eu, il eut eu.

Pluriel.

Nous eûmes eu, vous eûtes eu, ils eurent eu.

Singulier.

J'ai fait. J'ai eu, tu as eu, il a eu.

Pluriel.

Nous avons eu, vous avez eu, ils ont eu.

J'ai eu fait. Cette forme manque.

Singulier.

J'avois fait. J'avois eu, tu avois eu, il avoit eu.

Pluriel.

Nous avions eu, vous aviez eu, ils avoient eu.

Singulier.

Je ferai. J'aurai, tu auras, il aura.

Pluriel.

Nous aurons, vous aurez, ils auront.

Singulier.

J'aurai fait. J'aurai eu, tu auras eu, il aura eu.

Pluriel.

Nous aurons eu, vous aurez eu, ils auront eu.

MODE CONDITIONNEL.

Singulier.

Je ferois. J'aurois, tu aurois, il auroit.

Pluriel.

Nous aurions, vous auriez, ils auroient.

Singulier.

J'aurois fait. J'aurois eu, tu aurois eu, il auroit eu.

Pluriel.

Nous aurions eu, vous auriez eu, ils auroient eu.

Singulier.

J'eusse fait. J'eusse eu, tu eusses eu, il eût eu.

Pluriel.

Nous eussions eu, vous eussiez eu, ils eussent eu.

J'aurois eu fait. Cette forme manque.

IMPÉRATIF.

Singulier.

Fais. Aie, qu'il ait.

Pluriel.

Ayons, ayez, qu'ils aient.

SUBJONCTIF.

Singulier.

Que je fasse. Que j'aie, que tu aies, qu'il ait.

Pluriel.

Que nous ayons, que vous ayez, qu'ils aient.

Singulier.

Que je fisse. Que j'eusse, que tu eusses, qu'il eût.

Pluriel.

Que nous eussions, que vous eussiez, qu'ils eussent.

Singulier.

Que j'aie fait. Que j'aie eu, que tu aies eu, qu'il ait eu.

Pluriel.

Que nous ayons eu, que vous ayez eu, qu'ils aient eu.

Singulier.

Que j'eusse fait. Que j'eusse eu, que tu eusses eu, qu'il eût eu.

Pluriel.

Que nous eussions eu, que vous eussiez eu, qu'ils eussent eu.

Que j'eusse eu fait. Cette forme manque.

Conjugaison du verbe auxiliaire être.

INFINITIF.

Faire.	Être.
Faisant.	Étant.
Fait.	Été.
Ayant fait.	Ayant été.
Avoir fait.	Avoir été.

INDICATIF.

Singulier.

Je fais. Je suis, tu es, il est.

Pluriel.

Nous sommes, vous êtes, ils sont.

Singulier.

Je faisois. J'étois, tu étois, il étoit.

Pluriel.

Nous étions, vous étiez, ils étoient.

Singulier.

Je fis. Je fus, tu fus, il fut.

Pluriel.

Nous fûmes, vous fûtes, ils furent.

Singulier.

J'eus fait. J'eus été, tu eus été, il eut été.

Pluriel.

Nous eûmes été, vous eûtes été, ils eurent été.

Singulier.

J'ai fait. J'ai été, tu as été, il a été.

Pluriel.

Nous avons été, vous avez été, ils ont été.

J'ai eu fait. Cette forme manque.

Singulier.

J'avois fait. J'avois été, tu avois été, il avoit été.

Pluriel.

Nous avions été, vous aviez été, ils avoient été.

GRAMMAIRE.

Singulier.

Je ferai. Je serai, tu seras, il sera.

Pluriel.

Nous serons, vous serez, ils seront.

Singulier.

J'aurai fait. J'aurai été, tu auras été, il aura été.

Pluriel.

Nous aurons été, vous aurez été, ils auront été.

MODE CONDITIONNEL.

Singulier.

Je ferois. Je serois, tu serois, il seroit.

Pluriel.

Nous serions, vous seriez, ils seroient.

Singulier.

J'aurois fait. J'aurois été, tu aurois été, il auroit été.

Pluriel.

Nous aurions été, vous auriez été, ils auroient été.

Singulier.

J'eusse fait. J'eusse été, tu eusses été, il eût été.

Pluriel.

Nous eussions été, vous eussiez été, ils eussent été.

J'aurois eu fait. Cette forme manque.

IMPÉRATIF.

Singulier.

Fais. Sois, qu'il soit.

Pluriel.

Soyons, soyez, qu'ils soient.

SUBJONCTIF.

Singulier.

Que je fasse. Que je sois, que tu sois, qu'il soit.

GRAMMAIRE.

Pluriel.

Que nous soyons, que vous soyez, qu'ils soient.

Singulier.

Que je fisse. Que je fusse, que tu fusses, qu'il fût.

Pluriel.

Que nous fussions, que vous fussiez, qu'ils fussent.

Singulier.

Que j'aie fait. Que j'aie été, que tu aies été, qu'il ait été.

Pluriel.

Que nous ayons été, que vous ayez été, qu'ils aient été.

Singulier.

Que j'eusse fait. Que j'eusse été, que tu eusses été, qu'il eût été.

Pluriel.

Que nous eussions été, que vous eussiez été, qu'ils eussent été.

Que j'eusse eu fait. Cette forme manque.

Conjugaison des verbes en er.

Je ne transcrirai que les formes simples, parce qu'en substituant au participe *fait* le participe des verbes que nous conjuguerons, on aura les formes composées ; il faudra consulter le chapitre onzième de la seconde partie de cette grammaire, pour savoir si l'on doit employer, dans ces formes, le verbe *être* ou le verbe *avoir*.

INFINITIF.

Faire.   Aimer.
Faisant.   Aimant.
Fait.   Aimé.

INDICATIF.

Je fais. J'aime, tu aimes, il aime.
          Nous aimons, vous aimez, ils aiment.
Je faisois. J'aimois, tu aimois, il aimoit.
          Nous aimions, vous aimiez, ils aimoient.

Je fis. J'aimai, tu aimas, il aima.
Nous aimâmes, vous aimâtes, ils aimèrent.

Je ferai. J'aimerai, tu aimeras, il aimera.
Nous aimerons, vous aimerez, ils aimeront.

MODE CONDITIONNEL.

Je ferois. J'aimerois, tu aimerois, il aimeroit.
Nous aimerions, vous aimeriez, ils aimeroient.

IMPÉRATIF.

Fais. Aime, qu'il aime, aimons, aimez, qu'ils aiment.

SUBJONCTIF.

Que je fasse. Que j'aime, que tu aimes, qu'il aime.
Que nous aimions, que vous aimiez, qu'ils aiment.

Que je fisse. Que j'aimasse, que tu aimasses, qu'il aimât.

Que nous aimassions, que vous aimassiez, qu'ils aimassent.

Verbes irréguliers de cette conjugaison.

Aller, à la forme *j'aime*, fait *je vais* ou *je vas, il va, nous allons, vous allez, ils vont.*

A la forme *j'aimerai* : *j'irai, tu iras, il ira, nous irons, vous irez, ils iront.*

A la forme *j'aimerois* : *j'irois, tu irois, il iroit, nous irions, vous iriez, ils iroient.*

A la forme *aime* : *va, qu'il aille, allons, allez, qu'ils aillent.* On dit avec une *s*, *vas-y*, et avec un *t*, *va-t-en*.

Puer, à la forme *j'aime*, fait, *je pus, tu pus, il put.* Au pluriel il est régulier : *nous puons*, etc.

Lorsque les verbes se terminent en *ger* à l'infinitif, on conserve l'*e* dans toutes les formes, afin de conserver la même prononciation à la lettre *G. Juger, jugeois, jugeant.*

On retranche l'*e* dans les formes *j'aimerai*, *j'aimerois*, lorsque les verbes se terminent en *ier* ou en *uer*; et on prononce j'emploîrai, j'emploîrois, je continûrai, je continûrois.

On écrit ordinairement ces mots avec un *e*, sur-tout en prose.

Envoyer, aux formes *j'aimerai*, *j'aimerois*, fait *j'enverrai*, *j'enverrois*.

Aux formes *nous aimions*, *vous aimiez*, les verbes en *oyer*, font *nous envoyions*, *vous envoyiez*, *nous employions*, *vous employiez;* mais il vaut mieux éviter de se servir de ces formes, qu'on ne trouve que dans les grammaires.

Conjugaison des verbes en ir.

Il y en a quatre.

INFINITIF.

	Faire,	faisant,	fait.
finir.	sentir.	ouvrir.	tenir.
finissant.	sentant.	ouvrant.	tenant.
fini.	senti.	ouvert.	tenu.

INDICATIF.

Je fais.

je finis.	sens.	ouvre.	tiens.
tu finis.	sens.	ouvres.	tiens.

il finit.   sent.   ouvre.   tient.
nous finissons.   sentons.   ouvrons. tenons.
vous finissez.   sentez.   ouvrez.   tenez.
ils finissent.   sentent.   ouvrent. tiennent.

Je faisois.

Je finisssois. sentois. ouvrois. tenois.

Le reste de cette forme comme dans la conjugaison précédente.

Je fis.

je finis.   sentis.   ouvris.   tiens.
tu finis.   sentis.   ouvris.   tins.
il finit.   sentit.   ouvrit.   tint.
nous finîmes.   sentîmes. ouvrîmes tînmes.
vous finîtes.   sentîtes. ouvrîtes. tîntes.
ils finirent.   sentirent. ouvrirent. tinrent.

Je ferai.

Je finirai. sentirai. ouvrirai. tiendrai.

Le reste comme dans la conjugaison précédente.

CONDITIONNEL.

Je finirois. sentirois. ouvrirois. tiendrois. etc.

IMPÉRATIF.

Fais.

finis.	sens.	ouvre.	tiens.
qu'il finisse.	sente.	ouvre.	tienne.
finissons.	sentons.	ouvrons.	tenons.
finissez.	sentez.	ouvrez.	tenez.
qu'ils finissent.	sentent.	ouvrent.	tiennent.

SUBJONCTIF.

Que je fasse.

que je finisse.	sente.	ouvre.	tienne.
que tu finisses.	sentes.	ouvres.	tiennes.
qu'il finisse.	sente.	ouvre.	tienne.
que nous finissions.	sentions.	ouvrions.	tenions.
que vous finissiez.	sentiez.	ouvriez.	teniez.
qu'ils finissent.	sentent.	ouvrent.	tiennent.

Que je fisse.

que je finisse.	sentisse.	ouvrisse.	tinsse.
que tu finisses.	sentisses.	ouvrisses.	tinsses.
qu'il finît.	sentît.	ouvrît.	tînt.
que nous finissions.	sentissions.	ouvrissions.	tinssions.
que vous finissiez.	sentissiez.	ouvrissiez.	tinssiez.
qu'ils finissent.	sentissent.	ouvrissent.	tinssent.

Verbe de la première conjugaison en ir.

Conjuguez, comme *finir*, unir, punir,

et tous les verbes qui à la forme *je fuis*, se terminent en *is* : *j'unis*, *je punis*.

Formes irrégulières. *Bénir* n'a qu'une forme irrégulière *bénit*, *bénite* : mais il a aussi la forme régulière *béni*, *bénie*. On dit *le pain bénit*, *l'eau bénite* ; et en parlant des personnes, *elle est bénie, ils sont bénis*.

Fleurir qui, au propre, est régulier dans toutes ses formes, est irrégulier au figuré, dans les formes suivantes : *l'empire florissoit, les lettres étoient florissantes*.

Haïr n'est irrégulier que dans les formes *je hais, tu hais, il hait*, où l'*a* et l'*i* ne sont qu'une syllabe qui se prononce comme un *e ouvert*.

Verbes de la seconde conjugaison en ir.

Conjuguez, comme *sentir*, les verbes *consentir, ressentir, pressentir, mentir, démentir, dormir, endormir, s'endormir, se repentir, servir, desservir, sortir, partir, ressortir,* sortir de nouveau, et *repartir,* répliquer, partir de nouveau : mais *ressortir* être du ressort, *répartir* partager, et *sortir* obtenir, se conjuguent comme *finir*.

Formes irrégulières. *Bouillir : je bous, tu bous, il bout, nous bouillons,* etc., *je bouillirai* ou *bouillerai, je bouillirois* ou *bouillerois.*

Courir, et en terme de chasse, *courre : couru, je courus, je courrai, je courrois.*

Accourir, concourir, discourir, parcourir, recourir, secourir, se conjuguent comme *courir.*

Fuir : fuyant, je fuis, tu fuis, il fuit, nous fuyons, vous fuyez, ils fuient.

Mourir : mort, je meurs, tu meurs, il meurt, nous mourons, vous mourez, ils meurent; je mourus, je mourrai, je mourrois, que je meure, que je mourusse. Les formes composées se font avec le verbe *être.*

Vêtir : vêtu. Revêtir : revêtu. Ils sont réguliers dans les autres formes. Cependant je doute qu'on puisse dire, *je vêts. Je revêts* est usité.

Acquérir : acquérant, acquis, j'acquiers, nous acquérons, j'acquerrai, j'acquerrois.

Conquérir ne s'emploie guère qu'aux formes simples *conquérant, conquis, je conquis, je conquisse,* et aux formes composées *j'ai conquis,* etc.

Ouïr, défectueux aux formes *je sens, je sentois,* s'emploie aux autres : *ouï, j'ouïs, j'ouïsse, j'ai ouï.*

Faillir s'emploie au participe *failli*, à la forme du passé *je faillis* et aux formes composées *j'ai failli,* etc.; les autres lui manquent.

Querir n'est suceptible d'aucune autre forme. *Envoyer querir, aller querir.*

Verbes de la troisième conjugaison en ir.

Conjuguez, comme *ouvrir*, les verbes *découvrir, entre-ouvrir, rouvrir, recouvrir, offrir, mésoffrir, souffrir.*

FORMES IRRÉGULIÈRES, *cueillir, cueilli, je cueillerai, je cueillerois.* Il est régulier dans les autres formes. *Accueillir* et *recueillir* se conjuguent comme *cueillir.*

Saillir, dans le sens de s'avancer en dehors, n'a guère que cette forme, et celle du participe *saillant*.

Dans le sens de s'élancer, de s'élever, *saillir* s'emploie au participe *sailli*, et quelquefois aux troisièmes personnes : *les eaux saillissent.*

Assaillir, tressaillir : assailli, tressailli. Le reste est irrégulier et peu usité.

Verbes de la quatrième conjugaison en ir.

On conjugue comme *tenir*, les verbes *appartenir, s'abstenir, entretenir, détenir; maintenir, obtenir, retenir, soutenir, venir, survenir, convenir,* en un mot, tous ceux qui dérivent de *tenir* et de *venir.*

Conjugaison des verbes en oir.

INFINITIF.

    Faire.   Recevoir.
    Faisant.   Recevant.
    Fait.   Reçu.

Je fais.   Je reçois, tu reçois, il reçoit, nous recevons, vous recevez, ils reçoivent.

Je faisois. Je recevois, tu recevois, il recevoit, nous recevions, vous receviez, ils recevoient.

Je fis. Je reçus, tu reçus, il reçut, nous reçûmes, vous reçûtes, ils reçurent.

Je ferai. Je recevrai, tu recevras, il recevra, nous recevrons, vous recevrez, ils recevront.

CONDITIONNEL.

Je ferois. Je recevrois, tu recevrois, il recevroit, nous recevrions, vous recevriez, ils recevroient.

IMPÉRATIF.

Fais. Reçois, qu'il reçoive, recevons, recevez, qu'ils reçoivent.

SUBJONCTIF.

Que je fasse. Que je reçoive, que tu reçoives, qu'il reçoive, que nous recevions, que vous receviez, qu'ils reçoivent.

Que je fisse. Que je reçusse, que tu reçusses, qu'il reçût, que nous reçussions, que vous reçussiez, qu'ils reçussent.

On conjugue, comme *recevoir*, les verbes *appercevoir, décevoir, concevoir, percevoir, devoir, redevoir.*

VERBES IRRÉGULIERS. *S'asseoir: S'asseyant, assis, je m'assieds, tu, etc. nous nous asseyons, vous vous asseyez, ils s'asseyent; je m'asseyois, etc., nous nous asseyions*, qu'il faut éviter ainsi que *vous vous asseyiez, ils s'asseyoient, je m'assis, je m'asseoirai, je m'asseoirois, que je m'assisse.*

Conjuguez de la même manière *asseoir rasseoir* et *se rasseoir.*

Voir: voyant, vu, je vois, nous voyons, je vis, je verrai, je verrois, que je voie, que je visse.

Entrevoir et *revoir* se conjuguent comme *voir. Prévoir* a deux formes qui lui sont particulières : *je prévoirai, je prévoirois.*

Pourvoir: je pourvus, je pourvoirai, je pourvoirois, que je pourvusse. Le reste comme *voir.*

Surseoir: sursis, surseoirai, surseoirois. Les autres formes comme *voir.*

Mouvoir : mouvant, mu, je meus, nous mouvons, je mouvois, je mus, je mouvrois, que je meuve, que je musse.

Pouvoir : pouvant, pu, je puis ou je peux, tu peux, il peut, nous pouvons, vous pouvez, ils peuvent, je pus, je pourrai, je pourrois, que je puisse, que je pusse.

Savoir : sachant, su, je sais, nous savons, vous savez, ils savent, je sus, je saurai, je saurois, sache, qu'il sache, sachons, sachez, qu'ils sachent, que je sache que, je susse.

Valoir : valant, valu, je vaux, nous valons, je vaudrai, je vaudrois, que je vaille, que nous valions, que je valusse.

Vouloir : voulant, voulu, je veux, je voulus, je voudrai, je voudrois, que je veuille, que nous voulions, que je voulusse.

Choir : chu. Il n'est usité qu'à ces deux formes ; encore est-il du style familier.

Déchoir n'a que le participe *déchu* et manque de la forme *je ferois*. Les autres sont *je déchois, nous déchoyons, vous* déchoyez, ils déchoyoient, je décherrois, que je déchoie, que je déchusse.

Echoir : échéant, échu, il échet, sans première ni seconde personnes ; j'échus, j'écherrai, j'écherrois, que j'échoie, que j'échusse.

Seoir, pour être convenable, n'a que des formes simples, et aux troisièmes personnes seulement. *Il sied, il séioit, il siéra, il siéroit, qu'il siée.*

Seoir pour prendre séance, n'a que cette forme et le participe *séant*.

Conjugaisons des verbes
en re.

Il y en a cinq. Il semble que ce soit beaucoup. Cependant on auroit pu en imaginer encore davantage : car les verbes de cette terminaison sont bien irréguliers. Pour abréger, je supprimerai les secondes et troisièmes personnes, que l'analogie fera facilement trouver.

INFINITIF.

Faire, faisant, fait.

plaire.   paroître.   réduire.   craindre.   rendre.

plaisant. paroissant. réduisant. craignant. rendant.
plaît. paru. réduit. craint. rendu.

INDICATIF.

Je fais.

je plais. parois. réduis. crains. rends.
nous plaisons. paroissons. réduisons. craignons. rendons.

Je faisois.

je plaisois. paroissois. réduisois. craignois. rendois.
nous plaisions. paroissions. réduisions. craignions. rendions.

Je fis.

je plus. parus. réduisis. craignis. rendis.
nous plûmes. parûmes. réduisimes. craignimes. rendimes.

Je ferai.

je plairai. paroîtrai. reduirai. craindrai. rendrai.
nous plairons. paroîtrons. réduirons. craindrons. rendrons.

CONDITIONNEL.

Je ferois.

je plairois. paroîtrois. réduirois. craindrois. rendrois.
nous plairions. paroîtrions. réduirions. craindrions. rendrions.

IMPÉRATIF.

Fais.

plais. parois. réduis. crains. rends.
qu'il plaise. paroisse. réduise. craigne. rende.
plaisons. paroissons. réduisons. craignons. rendons.

Que je fasse.

que je plaise.   paroisse.   réduise.   plaigne.   rende.
que nous plaisions. paroissions. réduisions. plaignions. rendions

Que je fisse.

que je plusse.   parusse.   réduisisse.   plaignisse.   rendisse.
que nous plussions. parussions. réduisissions. plaignissions. rendissions.

Verbes de la première conjugaison en re.

Les verbes en *aire* se conjuguent comme *plaire*. Mais *faire*, qui a des formes différentes, est la règle d'après laquelle on conjugue ses composés, *contrefaire, défaire, redéfaire, refaire, satisfaire, surfaire. Forfaire, forfait, malfaire, malfait, méfaire, méfait, parfaire, parfait* : ces quatre verbes n'ont que ces deux formes.

Traire, est irrégulier et défectueux. *Trait, trayant, je trais, nous trayons, je trairai, je trairois, que je traie.* Il ne s'emploie point à la forme *je fis*, ni à la forme *que je fisse*.

Braire, il brait, ils braient, il braira, ils brairont. Ce verbe n'est en usage qu'à ces formes.

Verbes de la seconde conjugaison en re.

Tous les verbes en *oître* se conjuguent comme *paroître*. Il ne faut excepter que *naître* qui a deux formes irrégulières, *né* au participe, et *je naquis* à la forme *je fis*.

Paître, est défectueux. Il manque des formes simples *je fis*, *que je fisse*; et il ne s'emploie aux formes composées que dans cette phrase du discours familier : *il a pu et repu*.

Verbes de la troisième conjugaison en re.

On conjugue comme *réduire* tous les verbes en *ire*. Voici ceux qui sont irréguliers. Les formes dont je ne parlerai pas sont régulières.

Circoncire : *circoncis* au participe, et *je circoncis*, à la forme *je réduisis*.

Dire et redire : *vous dites, vous redites* à la forme *vous réduisez*; *je dis*, *je redis* à la forme *je réduisis*; *que je dise, que je redisse* à la forme *que je réduisisse*.

Dédire, contredire, interdire, médire, prédire font *vous dédisez, vous contredisez*, etc.; *maudire* fait *maudissant, maudissons, maudissez, maudissent.* Dans tout le reste, ces verbes se conjuguent comme *dire.*

Confire et *suffire* font à la forme *je réduisis, je confis, je suffis*; et à la forme *que je réduisisse, que je confisse, que je suffisse.*

Lire, élire, relire: lu, je lus, que je lusse.

Rire, sourire: riant, ri, nous rions, vous riez, ils rient. Il fait *je ris* à la forme *je réduisis.*

Écrire, circonscrire, décrire, etc.; *écrivant, nous écrivons, vous écrivez, ils écrivent, j'écrivis, que j'écrive, que j'écrivisse.*

Frire, frit, je frirai, je frirois, impératif *fris.* Ce verbe n'a pas d'autres formes.

Tous les verbes en *uire* se conjuguent comme *réduire,* excepté *bruire,* qui est tout-à-la fois irrégulier et défectueux. *Bruyant, il bruyoit, ils bruyoient.* Voilà toutes les formes usitées. Il faut encore excepter *luire, reluire, nuire,* qui ont une irrégularité au participe *réduit :* ils font *lui, relui, nui* sans *t.*

On rapporte à cette conjugaison *boire, clorre, conclure* et leurs composés.

Boire, buvant, bu, je bois, nous buvons, je buvois, je bus, je boirai, je boirois, que je boive, que je busse.

Clorre, je clos, tu clos, il clot, sans pluriel, *je clorrai, je clorrois.* Les autres formes simples manquent, et il n'a que le participe *clos.*

Éclorre, il éclot, ils éclosent, il éclorra, ils éclorront, il éclorroit, ils éclorroient, qu'il éclose, qu'ils éclosent. Ce verbe n'a que ces formes.

Conclure, concluant, conclu, je conclus, nous concluons, je concluois, nous concluïons, je conclus, nous conclûmes, je conclurai, je couclurois, que je conclue, que je conclusse.

Verbes de la quatrième conjugaison en re.

Tous les verbes en *aindre, eindre, oindre,* se conjuguent comme *craindre.*

Verbes de la cinquième conjugaison en re.

On conjugue, comme rendre, tous les verbes qui se terminent en *dre, pre, cre, tre, vre.* Les irréguliers sont :

Prendre et ses composés, *apprendre, comprendre,* etc. ; *prenant, pris, je prends, nous prenons, je prenois, je pris, que je prenne, que je prisse.*

Coudre et ses composés, *recoudre, découdre : cousant, cousu, je couds, nous cousons, je cousois, je cousis, que je couse, que je cousisse.*

Mettre et ses composés *permettre, commettre,* etc. ; *mettant, mis, je mets, je mis, que je mette, que je misse.*

Moudre, émoudre, remoudre : moulant, moulu, je mouds, nous moulons, je moulois, je moulus, que je moude, que je moulusse.

Absoudre, dissoudre : absolvant, absous, et au féminin, *absoute, j'absous, nous absolvons, j'absolvois, j'absoudrai, que j'absolve.* Les autres formes simples manquent.

Résoudre : résolvant, résolu et *résous.* Dans tout le reste il se conjugue comme *absoudre :* mais il n'est pas défectueux. On dit, *je résolus, que je résolusse.*

Suivre, s'ensuivre et poursuivre : suivant, suivi, je suis, nous suivons, je suivois, je suivis, que je suive, que je suivisse.

Vivre, revivre et *survivre : vivant, vécu, je vis, nous vivons; je vivois, je vécus, que je vive, que je vécusse.*

Je ne conseille à personne d'étudier ces conjugaisons. C'est de l'usage qu'il faut les apprendre.

FIN DE LA GRAMMAIRE ET DE CE
VOLUME.

TABLE DES MATIÈRES.

DISCOURS PRÉLIMINAIRE DU COURS D'ÉTUDE, page j.

MOTIF DES LEÇONS PRÉLIMINAIRES, pag. l.
PRÉCIS DES LEÇONS PRÉLIMINAIRES, pag. lxv.

ARTICLE PREMIER.

Des différentes espèces d'idées, pag. lxvij.

ARTICLE II.

Des opérations de l'ame, pag. lxxxiv.

L'ATTENTION, idem.
LA COMPARAISON, pag. lxxxvj.
LE JUGEMENT, pag. lxxxix.
LA RÉFLEXION, pag. xcj.
L'IMAGINATION, pag. xcij.
LE RAISONNEMENT, pag. xciij.
L'ENTENDEMENT, pag. xciv.
LE DÉSIR, pag. xcvj.
LA VOLONTÉ CONSIDERÉE COMME FACULTÉ pag. xcviij.
LA FACULTÉ DE PENSER, idem.

ARTICLE III.

Des habitudes, pag. cj.

ARTICLE IV.

Que l'ame est une substance différente du corps, pag. cvij.

ARTICLE V.

Comment nous nous élevons à la connoissance de Dieu, pag. cxiv.

MOTIF DES ÉTUDES QUI ONT ÉTÉ FAITES APRÈS LES LEÇONS PRÉLIMINAIRES, pag. cxxiv.

GRAMMAIRE.

Objet de cet Ouvrage, page 3.

Écrivains qui ont porté la lumière dans les livres élémentaires. C'est dans l'analyse de la pensée qu'il faut chercher les principes du langage. *De l'analyse du discours*. Première partie de cette grammaire. *Des élémens du discours*. Seconde partie. Pourquoi on a banni de cette grammaire tous les termes techniques dont on a pu se passer.

PREMIÈRE PARTIE.

De l'analyse du Discours.

CHAPITRE PREMIER.

Du langage d'action, pag. 6.

Des signes du langage d'action. Le langage d'action est une suite de la conformation des organes. Quoiqu'il soit naturel, on a besoin de l'apprendre. En nous donnant des signes naturels, l'auteur de la nature nous a mis sur la voie pour en imaginer d'artificiels. Il ne faut pas confondre les signes artificiels avec les signes arbitraires. Avec quel art on imagine des signes artificiels. Langage d'action des pantomimes. Deux sortes de langage d'action. Avec le langage d'action chaque pensée s'exprime tout-à-la-fois et sans succession. Ce langage des idées simultanées est seul naturel. Les idées simultanées, dans celui qui parle, deviennent successives dans ceux qui l'écoutent. Les idées successives dans ceux qui écoutent, sont encore chacune des pensées composées. Le langage d'action a l'avantage de la rapidité. Comment l'art peut en faire une méthode analytique. Pourquoi on a commencé, dans cette grammaire, par observer le langage d'action. A quoi se réduisent tous les principes des langues.

CHAPITRE II.

Considérations générales sur la formation des langues et sur leurs progrès, pag. 21.

L'homme est conformé pour parler le langage des sons articulés. Les mots n'ont pas été choisis arbitrairement. C'est une erreur de croire que les noms de la langue primitive exprimoient la nature des choses. En formant les langues, nous n'avons fait qu'obéir à notre manière de voir et de sentir. Comment les langues, en proportion avec nos idées, forment un système qui est calqué sur celui de nos connoissances. Quelles langues sont plus parfaites. Comment il s'établit une proportion entre les besoins, les connoissances et les langues. Toutes les langues portent sur les mêmes fondemens. En quoi les langues diffèrent. Comment elles se perfectionnent. Connoissances préliminaires à l'analyse du discours.

CHAPITRE III.

En quoi consiste l'art d'analyser nos pensées, pag. 39.

Comment l'œil analyse, et nous fait remarquer, dans une sensation confuse, plusieurs sensations distinctes. L'analyse des idées de l'entendement se fait de la même manière. A quoi se réduit l'art de décomposer la pensée. Nous avons jugé et raisonné avant de pouvoir remarquer que nous jugions et raisonnions. Ce sont les langues qui nous fournissent le moyen de décomposer la pensée.

CHAPITRE IV.

Combien les signes artificiels sont nécessaires pour décomposer les opérations de l'ame, et nous en donner des idées distinctes, pag. 45.

Le jugement peut être considéré comme une perception, ou comme une affirmation. Avec le secours des signes artificiels, les jugemens qui n'étoient que des perceptions, deviennent des affirmations. Comment toutes les parties d'un raisonnement, quoique simultanées dans l'esprit, se développent successivement par le moyen des signes artificiels. Tout homme a été dans l'impuissance de démêler ce qui se passe dans son esprit. Tout animal qui a des sensations, a la faculté d'appercevoir des rapports.

CHAPITRE V.

Avec quelle méthode on doit employer les signes artificiels, pour se faire des idées distinctes de toute espéce, pag. 51.

L'analyse des objets qui sont hors de nous, ne peut se faire qu'avec des signes artificiels. Cette analyse est assujettie à un ordre. On découvrira cet ordre, si on considère l'objet que se fait l'analyse. La nature indique cet ordre. Elle nous a donné des sens qui décomposent les objets, sans aucun art de notre part. Pour les décomposer avec art, l'ordre de l'analyse doit être celui de la génération des idées. L'ordre de la génération des idées est de l'individu au genre, et du genre aux espèces. Cet ordre est fondé sur la nature des choses. La méthode, qui suit l'ordre de la génération des idées, est l'unique pour analyser les choses, et pour acquérir de vraies connoissances. Il y a deux méthodes ; l'une pour parler aux personnes instruites, et l'autre pour parler aux personnes que l'on instruit. Avantage de la méthode d'instruction.

CHAPITRE VI.

Les langues considérées comme autant de méthodes analytiques, pag. 67.

C'est comme méthodes analytiques qu'il faut considérer les langues. Comment les langues sont des méthodes analytiques plus ou moins parfaites. C'est à leur insu que les hommes, en formant les langues, ont suivi une méthode analytique. Cette méthode a des règles communes à toutes les langues, et des règles particulières à chacune. Objet de la grammaire.

CHAPITRE VII.

Comment le langage d'action décompose la pensée, pag. 74.

Comment la pensée de celui qui parle le langage d'action, se décompose aux yeux de ceux qui l'observent. Comment il apprend à la décomposer lui-même. Idées distinctes qu'offre cette décomposition.

CHAPITRE VIII.

Comment les langues, dans les commencemens, analysent la pensée, pag. 77.

Précautions à prendre pour ne pas se perdre dans des conjectures peu vraisemblables. Les accens ont été les premiers noms. Comment les organes des sens ont été nommés. Comment les objets sensibles ont été nommés. Les langues ont été long-temps fort bornées. Elles n'étoient, dans l'origine, qu'un supplément au langage d'action. Comment elles ont pu faire de nouveaux progrès. Les noms des personnes. Les noms adjectifs. Les prépositions. Comment les opérations de l'entendement ont pu être nommées. Comment les hommes sont parvenus à avoir un verbe, et à prononcer des propositions. Lorsque les hommes commencent à faire des propositions, ils ne savent pas toujours démêler toutes les idées qu'elles renferment. On a été long-temps avant de pouvoir exprimer, dans des propositions, toutes les vues de l'esprit.

CHAPITRE IX.

Comment se fait l'analyse de la pensée dans les langues formées et perfectionnées, pag. 93.

Pensée de Racine apportée pour exemple. Toutes les parties de cette pensée s'offroient à-la-fois à l'esprit de Racine. Fond de cette pensée.

Les parties principales de cette pensée se distinguent dans trois alinéas. Quelquefois on renferme plusieurs pensées dans un alinéa, et on les distingue seulement par des points. Dans le discours prononcé, les repos de la voix tiennent lieu d'alinéas et de point. Les repos, marqués par des points, ne sont pas tous égaux. Comment toutes les parties d'un grand ouvrage se développent avec la même méthode que les parties d'une pensée peu composée. Une analyse mal faite met du desordre et de l'obscurité dans le discours. Comment Racine développe les trois principales parties de sa pensée. Comment il distingue les parties dans lesquelles il les subdivise.

CHAPITRE X.

Comment le discours se décompose en propositions principales, subordonnées, incidentes, en phrases et en périodes, pag. 104.

Tout jugement, exprimé avec des mots, est une proposition. Trois espèces de propositions. Caractère des propositions principales. Caractère des propositions subordonnées. Caractère des propositions incidentes. Les propositions subordonnées peuvent avoir deux places dans le discours, et les propositions incidentes n'en ont qu'une. Ce qu'on entend par *periode*. Ce qu'on entend par *phrase*. Ellipse ou phrases elliptiques. Phrases principales qui concourent au developpement d'une autre. Il y a des cas où plusieurs propositions sont, à notre choix, une période ou une phrase.

CHAPITRE XI.

Analyse de la proposition, pag. 114.

Toute proposition est composée de trois termes. Proposition simple. Proposition composée. Un jugement est toujours simple. Une proposition peut être composée dans le sujet, dans l'attribut ou dans tous deux. De quelque manière que le sujet et l'attribut soient exprimés, une proposition est simple, si elle est l'expression d'un jugement unique.

CHAPITRE XII.

Analyse des termes de la proposition, pag. 120.

Idées qu'on se fait du sujet, de l'attribut et du verbe. Nous ne donnons des noms qu'aux choses qui existent dans la nature ou dans notre esprit. Noms propres. Noms généraux. Tous ces noms sont compris sous la dénomination de *substantifs*. Le sujet d'une proposition est toujours un nom substantif. En quoi le substantif et l'adjectif diffèrent. Les adjectifs modifient, en déterminant le sujet, ou en le développant. Il n'y a, en général, que deux sortes d'accessoires et deux sortes d'adjectifs. Les accessoires peuvent s'exprimer par un substantif précédé d'une préposition. Différentes manières dont le sujet d'une proposition peut être exprimé. Différentes manières dont on exprime l'attribut d'une proposition, lorsque cet attribut est un substantif. Le substantif qui est attribut ne sauroit être un terme moins général que le substantif qui est sujet. Différentes manières d'exprimer l'attribut d'une proposition, lorsque cet attribut est un adjectif.

CHAPITRE XIII.

Continuation de la même matière, ou analyse du verbe, pag. 131.

Le propre du verbe est d'exprimer la co-existence de l'attribut avec le sujet. Les élémens du discours se réduisent à quatre espèces de mots. Verbes adjectifs. Verbes substantifs. Il ne faut pas confondre le verbe substantif avec le verbe *être*, pris dans le sens d'*exister*. Les verbes expriment avec différens rapports. Le rapport du verbe à l'objet est marqué par la place. Les autres rapports se marquent par des propositions. Les ellipses sont fréquentes dans toutes les langues. De tous les accessoires du verbe, les uns appartiennent au verbe substantif *être*, les autres appartiennent plus particulièrement aux adjectifs dont on a fait des verbes. Le discours réduit à ses vrais élémens.

CHAPITRE XIV.

De quelques expressions qu'on a mises parmi les élémens du discours, et qui, simples en apparence, sont, dans le vrai, des expressions composées équivalentes à plusieurs élémens, pag. 142.

Mots qui ne doivent pas être mis parmi les élémens du discours. L'adverbe. Le pronom. La conjonction.

SECONDE PARTIE.

Des élémens du discours, *pag.* 148.

Principes qui ont été prouvés dans la première partie de cet ouvrage. Objet de la seconde partie.

CHAPITRE I.

Des noms substantifs, pag. 150.

Ce que l'on entend par le mot *substance*. *Substantif* vient de *substance*. Il se dit proprement des noms de substance. Il se dit, par extension, des noms de qualités. Deux sortes de substantifs. Les substantifs, plus ou moins généraux, font différentes classes des objets. Fondement de la distinction des classes. En multipliant trop les classes on confondroit tout. Règle à suivre pour éviter cet inconvénient.

CHAPITRE II.

Des adjectifs, pag. 157.

Quelle est la nature des noms adjectifs qui développent ou qui expliquent une idée. Quelle est la nature des adjectifs qui déterminent une idée. Adjectifs absolus et adjectifs relatifs. Dans notre esprit, toutes les qualités des choses sont relatives. Il n'y a point de règle générale pour la formation des substantifs et des adjectifs. Il y a des adjectifs qu'on emploie comme substantifs;

et il y a des substantifs qu'on emploie adjectivement.

CHAPITRE III.

Des nombres, pag. 163.

Nombre singulier : nombre pluriel. Les noms propres n'ont point de nombre pluriel. Ni les noms de métaux. Autres noms qui n'ont pas les deux nombres. Marque du nombre pluriel. Il y a des langues qui ont un duel. L'adjectif se met au même nombre que le substantif.

CHAPITRE IV.

Des genres, pag. 166.

Étymologie du mot genre. Fondement de la distinction des noms en deux genres. Comment on a souvent oublié ce qui a servi de fondement à la distinction des deux genres. Comment les deux genres ont été distingués par la terminaison des noms. Terminaison masculine, terminaison féminine. Les noms substantifs ne sont, en général, que d'un genre. Quelques-uns sont des deux. Les adjectifs sont toujours des deux genres. Marque du genre féminin dans les adjectifs. Variations qu'on remarque dans la terminaison féminine. Des avantages des genres.

CHAPITRE V.

Observations sur la manière dont on accorde, en genre et en nombre, les adjectifs avec les substantifs, pag. 172.

Adjectif qu'on met au singulier, quoiqu'il se

rapporte à deux substantifs. Adjectif qu'on met au pluriel, quoiqu'il paroisse devoir se rapporter à un substantif singulier. Les adjectifs n'ont point de genres, lorsqu'ils se rapportent à des substantifs de genres différens. Ils n'ont point de genres, lorsqu'ils se rapportent à une idée qui n'a point de nom.

CHAPITRE VI.

Du verbe, pag. 176.

Étymologie du mot *verbe*. Les observations que nous avons à faire sur les verbes sont communes aux verbes substantifs et aux verbes adjectifs. On distingue dans les verbes les personnes, le tems, les modes.

CHAPITRE VII.

Des noms des personnes considérés comme sujets d'une proposition, pag. 179.

Noms de la première et de la seconde personne. Usage de *tu* et *vous*. Les noms de la première et de la seconde personne sont de vrais substantifs. Les noms de la troisième personne sont différens suivant les genres. Origine de *il*, *elle*; ce sont de vrais adjectifs. Pourquoi on les a pris pour des noms mis à la place d'un autre. *On*, ainsi que *l'on*, nom de la troisième personne, est un substantif. Usage que l'on doit faire d'*on* et *l'on*.

CHAPITRE VIIL

Des tems, pag. 184.

Chaque forme du verbe ajoute quelque accessoire à l'idée principale dont il est le signe. Trois époques d'après lesquelles on détermine le présent, le passé et le futur. Les époques auxquelles se rapportent les formes du passé, pourront être déterminées. Il en est de même des époques auxquelles se rapportent les formes du futur. Il n'y a qu'un présent dans les verbes. Il y a dans les verbes des passés plus ou moins passés, et des futurs plus ou moins futurs. Différentes espèces de passé. Forme de passé que quelques grammairiens proposent, et que l'usage n'autorise pas. Différentes espèces de futurs. Forme de futurs que quelques grammairiens proposent, et qu'on ne peut pas admettre.

CHAPITRE IX.

Des modes, pag. 196.

Mode indicatif. Impératif. Mode conditionnel. Subjonctif. L'infinitif est un nom substantif. Les participes sont des adjectifs. L'infinitif avoir, joint à un participe, est un nom substantif.

CHAPITRE X.

Des conjugaisons, pag. 208.

Comment on a distingué quatre conjugaisons. En considérant les verbes par rapport aux conjugaisons, on en distingue de trois espèces. Verbes auxiliaires. La distinction des verbes actifs, passifs et neutres, ne doit pas être admise dans notre langue. Ni celle des verbes réfléchis, réciproques et impersonnels. Fausses dénominations qu'on a données aux tems des verbes. Moyens d'y suppléer.

CHAPITRE XI.

Des formes composées avec les auxiliaires, être *ou* avoir, pag. 218.

Le verbe *être* entre dans les formes composées qui expriment l'état du sujet, et le verbe *avoir* entre dans les formes composées qui expriment l'action. Exception à cette règle. Confirmation de cette règle. Formes composées, où l'on n'emploie jamais que le verbe *avoir.*

CHAPITRE XII.

Observations sur les tems, pag. 222.

Extension que nous donnons au tems présent. Pourquoi la forme du présent a été choisie pour exprimer les vérités nécessaires. Comment on emploie les formes des tems les unes pour les autres.

CHAPITRE XIII.

Des prépositions, pag. 225.

On pourroit distinguer deux sortes de prépositions. On ne doit pas distinguer les prépositions en simples et composées. Comment les mêmes prépositions sont employées dans des cas différens. Différentes prépositions ne sont jamais employées dans des cas absolument semblables. Prépositions qui s'emploient avec ellipse. Après avoir servi pour exprimer des rapports entre des objets sensibles, les prépositions ont été employées pour exprimer des rapports entre les idées abstraites. Quelquefois les dernières acceptions d'une préposition ressemblent fort peu aux premières. Premier usage de la préposition *à*. Par quelle analogie elle a passé à un second. A un troisième. A un quatrième. A un cinquième. A un sixième. A un septième. A un huitième. Quelles sont les premières acceptions de la préposition *de*, et par quelle analogie elle passe à d'autres. Comment elle exprime les rapports d'appartenance. Ceux de dépendance. En quoi diffèrent *des hommes des plus savans, et des hommes les plus savans*. Il y a ellipse lorsque *à* et *de* se construisent ensemble. ces deux prépositions paroissent quelquefois pouvoir s'employer l'une pour l'autre. L'ellipse peut empêcher d'appercevoir l'espèce de rapport qu'exprime la préposition *de*. Acception de la préposition *dans*. En quoi elle diffère de la préposition *à*. En quoi *en* diffère de *dans*. *En*, exprime des accessoires tous différens de ceux des prépositions *à* et *dans*. Premières acceptions de la préposition *par*. Autres acceptions.

CHAPITRE XIV.

De l'article, pag. 239.

Ecrivains qui ont les premiers connu la nature de l'article. On nomme article l'adjectif *le*, *la*. Changement qui arrive à l'article. L'article est un adjectif qui détermine un nom, soit par ce qu'il le fait prendre dans toute son étendue, soit par ce qu'il concourt à le restreindre. L'article se supprime, lorsque les noms sont déterminés par d'autres adjectifs qui les précèdent. Il ne se supprime pas, lorsque le substantif ne fait qu'une seule idée avec l'adjectif qui le précède. Proverbe où il est supprimé. Quand les noms propres prennent l'article, il faut de deux choses l'une, ou qu'ils soient employés comme noms généraux, ou qu'il y ait ellipse. L'article avec les noms des métaux. Usage de l'article devant les noms de ville, de royaume, de province. Usage de l'article avec les noms des quatre parties de la terre. Avec les noms de quelques royaumes. Avec les noms des astres. Avec les noms de rivière et de mer. L'article modifie toujours un substantif. Dans quel cas on répète l'article devant plusieurs adjectifs. Règle générale pour l'usage de l'article. L'article n'est pas absolument nécessaire.

CHAPITRE XV.

Des pronoms, pag. 253.

Comment les adjectifs *il*, *elle*, *le*, *la*, sont devenus des pronoms. Quelle est l'expression des pronoms. *Y* et *en* doivent être mis parmi les pronoms. *On* ou *l'on* n'est pas un pronom. Les termes figurés ne sont pas des pronoms.

CHAPITRE XVI.

De l'emploi des noms des personnes, pag. 257.

Comment on emploie les noms de la première personne. Comment on emploie les noms de la seconde personne. Emploi des noms de la troisième personne, *il*, *le*, *la* et *elle*, lorsque celui-ci est sujet d'une préposition. Ces pronoms doivent éveiller la même idée que les noms dont ils prennent la place. *Il*, a toujours la même acception, même avec les verbes qui n'ont ni première, ni seconde personne. Emploi de *lui*, *d'eux* et *d'elle*, lorsque celui-ci est précédé d'une préposition. Quelle est, dans le discours, la place du pronom *eux*. Quelle est la place de *lui*. Quelle est la place de *leur*. Emploi de *se* et de *soi*. *Lui* et *elle* employés pour *se* et *soi*. Emploi du pronom *y*. Du pronom *en*. D'*on* et *l'on*. Quand une femme doit dire, *je le suis*, ou *je la suis*. Autre question sur le pronom *le*.

CHAPITRE XVII.

Des adjectifs possessifs, pag. 270.

Ce qu'on entend par adjectifs possessifs. Les uns s'emploient sans article, les autres avec l'article. *Mon*, *ton*, *son*, s'emploient quelquefois avec les noms féminins. Quand on supprime ces adjectifs. Les adjectifs possessifs de la troisième personne ne s'emploient pas indifféremment pour les personnes et pour les choses. Règle à ce sujet. En quoi diffère, *ce tableau a ses beautés*, de *ce tableau a des beautés*. Difficulté sur les adjectifs *ses* et *leurs*.

CHAPITRE XVIII.

Des adjectifs démonstratifs, pag. 278.

Ce qu'on entend par *adjectifs démonstratifs*. De ce nombre sont *ci* et *là*. *Ci* et *là* ajoutés à *ce*. *Ce* avec le verbe être. Celui, celle. *Celui-ci*, *celui-là*.

CHAPITRE XIX.

Des adjectifs conjonctifs, pag. 282.

Quelle est la nature des adjectifs conjonctifs *qui*, *lequel*, etc. Souvent les adjectifs conjonctifs déterminent des noms qui n'ont point été exprimés. Des adjectifs *quoi* et *où*. Des adjectifs *quel* et *quelle*.

CHAPITRE XX.

De l'emploi des adjectifs conjonctifs, pag. 287.

Les adjectifs conjonctifs ne peuvent se rapporter qu'à des noms pris déterminément. Tous les conjonctifs se disent-ils indifféremment des personnes et des choses? Distinction à faire à ce sujet. Quel conjonctif on doit préférer pour exprimer le sujet de la proposition incidente. Pour exprimer l'objet du verbe. Pour exprimer le rapport qui seroit indiqué par la préposition *de*. Quel conjonctif on doit employer avec la préposition *à*. Emploi du conjonctif *quoi* avec les prépositions *à* ou *de*. *Que* employé pour *à qui* et pour *dont*. *Où* et *d'où* ne se disent que des choses. Emploi des conjonctifs avec toute autre préposition qu'*à* et *de*. Il n'est pas nécessaire de s'arrêter long-temps sur les régles de grammaire. Question.

CHAPITRE XXI.

Des participes du présent, pag. 295.

Les participes du présent ne sont susceptibles ni de genre, ni de nombre. Comment d'adjectifs les participes du présent deviennent substantifs. Analyse de ces participes employés soit comme substantifs, soit comme adjectifs. Équivoque à laquelle il donnent lieu, et qu'il faut éviter.

CHAPITRE XXII.

Des participes du passé, pag. 301.

Les participes du passé sont adjectifs, ou substantifs, suivant la manière dont on les emploie. Quel est la nature des participes substantifs. Comment on emploie les participes adjectifs, lorsqu'ils se construisent avec le verbe *être*. Comment s'emploient les participes adjectifs, lorsqu'ils sont suivis d'un verbe ou d'un adjectif. Premièrement, lorsqu'ils sont suivis d'un verbe. En second lieu, lorsqu'ils sont suivis d'un adjectif.

CHAPITRE XXIII.

Des conjonctions, pag. 313.

Différentes espèces de conjonctions. De la conjonction *que*.

CHAPITRE XXIV.

Des adverbes, pag. 317.

Ce qu'on entend par adverbe. Adverbe de qualité. Adverbe de quantité. Noms qu'il ne faut pas confondre avec les adverbes.

CHAPITRE XXV.

Des interjections, pag. 321.

Les interjections sont des expressions équivalentes à des phrases entières.

CHAPITRE XXVI.

De la syntaxe, pag. 322.

Objet de la syntaxe. Comment se marquent les rapports entre les mots. Arrangement des mots dans une proposition simple. Arrangement des mots dans une proposition composée. Quelle est la place de l'objet. Place des noms des personnes, lorsqu'ils sont l'objet du verbe, ou le terme. Place des adjectifs conjonctifs. Le sujet peut quelquefois suivre le verbe. Les propositions subordonnées ont plusieurs places dans le discours. Les moyens et les circonstances ont différentes places dans le discours. Un nom précédé d'une préposition, s'il est l'accessoire d'un adjectif, ne peut être transposé. Il peut l'être, s'il est l'accessoire d'un substantif. Différence entre syntaxe et construction.

CHAPITRE XXVII.

Des constructions, pag. 334.

Construction directe. Construction renversée ou inversion. Les constructions directes ou renversées sont également naturelles. L'ordre direct, l'ordre renversé ne sont point dans l'esprit ; ils ne sont que dans le discours. Exemple qui fait voir un des principaux avantages de l'ordre renversé.

FIN DE LA TABLE DES MATIÈRES.

www.ingramcontent.com/pod-product-compliance
Lightning Source LLC
Chambersburg PA
CBHW070830230426

43667CB00011B/1747